UE

Ultima Edu，专注教育创新

Growing Up

in

Conversation

Everything is Debatable

和孩子说一切

王 烁
楼 夷

——
著

华东师范大学出版社

·上海·

图书在版编目（CIP）数据

和孩子说一切 / 王烁，楼夷著 . -- 上海：华东师
范大学出版社，2025. --ISBN 978-7-5760-6205-2

Ⅰ . G78

中国国家版本馆 CIP 数据核字第 20250LT965 号

和孩子说一切

著　　者	王　烁　楼　夷
责任编辑	顾晓清
审读编辑	王文洁　韩　鸽
责任校对	姜　峰　时东明
封面插画	臧恒静
装帧设计	登出计划

出版发行	华东师范大学出版社
社　　址	上海市中山北路 3663 号　邮编　200062
网　　店	http://hdsdcbs.tmall.com/
客服电话	021 - 62865537

印 刷 者	苏州工业园区美柯乐制版印务有限公司
开　　本	787 × 1092　16 开
印　　张	29.5
版面字数	373 千字
版　　次	2025 年 8 月第 1 版
印　　次	2025 年 8 月第 1 次
书　　号	ISBN 978-7-5760-6205-2
定　　价	79.80 元

出 版 人	王　焰

（如发现本版图书有印订质量问题，请寄回本社市场部调换或电话021-62865537联系）

目 录

引 子

为何叶公好龙

文 / 王烁

朵拉的成长规划，妈妈是总设计师。

方针如下：

1. 不累着自己。

2. 不伤着孩子。

3. 发挥比较优势。

4. 着眼长期。

妈妈在得到 APP 开设《怎样培养有主动性的孩子》专栏，之前我没看过，开出来后去听了一遍，作为妈妈的人生伴侣、养娃的合伙人、养育方案的主要执行者，我有一些补充。

第一，跟孩子在一起时是学习的好时候，要向孩子重新学习如何学习。这样大人会真诚地享受跟孩子在一起的时间，因为有收获，不是纯付出。这点说来容易，但能不能做到，八成得看运气。

第二，请注意：是带两娃。带一个娃跟带两个娃不一样。对有些人来说，带两个娃是带一个娃难度的三倍；对另外一些人来说，难度减半。我属于后者。

第三，两娃之间的竞争非常激烈，最最关键的是要把竞争引导成带娃的助力，而不是变成麻烦之源。不要在两宝之间挑拨，"你看姐姐／弟弟都怎么样了，你还不怎么样"。要搞点多赢比赛。比如，两宝在车上打闹，就搞个安静比赛，谁能一声不发谁就赢，直到车到目的地时车门打开，赢家拿钱。又比如，晚上两宝不肯睡觉，继续打闹，那就搞个最快入睡比赛，赢家拿钱。这些比赛都很有效，但也只有效一段时间，接下来搞什么比赛，我得见机行事，这需要跟孩子长时间在一起，了解他们偏好的新动向。

第四，如果两娃打架无法避免，就尽量让他们在我的面前打架。要让他们觉得打架是被容忍的。"打架可以，打伤不行。""只能打，不许推，绝对不准踢。"划清边界，边界之内，可以当着我的面打架；一旦越界，后果严重，绝无商量。

第五，无论我在忙什么，只要孩子走过来跟我说话，我就跟他们说话，顺着说，反着说，启发着说，胡说，反正能说什么就说什么。

第六，一起看 BBC 纪录片，边看边讲，想起什么讲什么，孩子有什么问题答什么问题，答不上来的现场搜索。

第七，制造激励约束工具，钱是很好的管理工具，可细分，正向反向都能用，又让孩子与真实世界对接，开始量化思考，管理自己的欲望。把这放到最后讲不是因为不重要，而是因为非常重要，要展开讲。

我们家两宝，朵拉和二宝，钱这工具对朵拉已经很合适，对二宝还有点早。二宝对钱只有一个态度：花呗。使用钱做教养工具的父母不少，但有效果的不多。我了解了一下情况，发现关键在于孩子对钱仍然没有真正的支配权。没有支配权，钱就不是孩子的，对他们就没有真正的激励约束效果，好处没有，只剩下副作用。

父母为什么掉进叶公好龙的陷阱？最主要的原因是小朋友拿到的钱数量比较大，而最主要的来源是压岁钱，钱来得太多太容易，花起来大手大脚，家长不认同于是制止，然后又为了安抚孩子做点折中的补偿。这样做是全输：家长毕竟损失了钱，孩子也不开心，更没有获得与自己做主相伴而来的满足和责任感。钱不仅没有成为工具，反而成了负工具，成为父母失信的证据。

我们家不叶公好龙，这里简要介绍下做法。

首先，要求亲朋好友不给孩子压岁钱，实在拒绝不了的压岁钱，要跟孩子自己挣来的钱分账处理。压岁钱的动用要获得父母同意，自己挣来的钱可以自主决策。不过，孩子自主挣钱的标准、发放、记账，只由一个人也就是我负责，出入口集中，没有套利空间。

孩子自己挣的钱自主决定使用。不过，如果我们认同他们的决策，我们出一半；我们不认同的，孩子自己全款。用增量来影响孩子的决策方向。

到目前，我们家朵拉自主决策的大手笔购买，要么使她非常满足，要么使她事后为激情消费感到相当后悔。前者是充分享受到自己的努力成果，后者是体验到决策失误给自己带来的后果，两者都很有价值。

1

数学有何用

相对论

二宝学来一道题，自觉可以用它考住全家，于是精心策划，任劳任怨，只求一击成功。

首先，将公布题目的时间定在睡前的夜话环节，我们家的黄金时间。

然后，光速完成做作业、练体能、练冰球控杆三件套，以前磨洋工的做派一扫光。

再然后，心急火燎地把朵拉、爸爸、妈妈赶到卧室，关灯，开讲：

> 三顶帽子，两顶黑，一顶白，老师给同学 A 和同学 B 各戴了一顶，两人都只能看见对方，看不见自己。
>
> 老师问，你们戴的帽子是什么颜色的？
>
> 过了一会儿，同学 A 说，我知道了。
>
> 请问，A 戴的帽子是什么颜色？

说完，二宝扬扬得意。一天辛劳就等着这一刻。

爽就一个字。

不料。

我说我知道了。A 戴的帽子是黑色。

"你怎么知道的？！"二宝惊怒交加。

关键词是过了一会儿。过得这一会儿，A 便明白，B 不知道自己戴的帽子是什么颜色。但是，假如 A 戴的是白色帽子，B 就会知道自己的帽子是黑色；B 不知道，说明 A 的帽子不是白色，不是白色那便只能是黑色。

黑暗中看不见二宝的脸色，只听得他幽幽地说：

"爸爸我恨你。"

二宝，这道题告诉我们，从别人的反应可以推出很多东西来。你已经明白这点了，但有一点你还没明白，这种倒推法需要别人有"正常"反应。

所谓"正常"，就是既不能太笨，又不能太聪明。

如果 B 太笨，连从 A 帽子颜色倒推自己帽子颜色的能力都没有，那么 A 也无法推出任何靠谱结论。

如果 B 太聪明，不等"过了一会儿"结束，他便能从 A 的滞后反应中反推出自己的帽子是黑色的。

所以，这道题没有理论上的唯一赢家，实际中谁会赢取决于对手是谁。如果对手跟你一样聪明，就拼速度；如果对手很傻，则不论你有多聪明，都会被带傻。

一切都是相对的。

懂了吗？

"爸爸我恨你。"

家长免崩溃辅导法

辅导孩子致使家长崩溃是普遍现象，一伤身体，二伤感情。这时就要四两拨千斤，反客为主，倒挂金钩。

现在，每当我们家传出朵拉的大声怪笑，便是我在辅导她做数学题。怪笑不是孩子已变态，而是得意扬扬、自然释放。

我用的方法分两大模块，分别由一位大物理学家和一位大数学家担纲。

大物理学家叫费曼。他说学习的正解在于输出。能把一件事给别人讲清楚，才算真学明白了。这条路看似迂回，但只要你了解费曼，就知道它不疾而速，似远实近。费曼在诺奖得主当中也是不寻常地聪明。从数学到物理，在他看来都是题，要解就要找到最简洁漂亮的解法。以教带学就是他最简洁漂亮的学习法。

所以，辅导朵拉做数学题，不是我跟她讲，而是她跟我讲。

表面本末倒置，实质直指核心。除内置了费曼学习法等诸多好处外，它杜绝了家长反复教而孩子听不懂的僵局，从根本上消除了致使家长崩溃的诱因。皮之不存，毛将焉附？只要不辅导，就不会崩溃。

朵拉给我讲什么呢？

她以前做错的题。

她有一个错题本，里面是自己做错的所有题目。这是准备材料一。准备材料二是这些题的正确答案。这套方法对题库本身没什么特别要求，但对答案要求较高。答案的重要性超过题目本身。

答案不能只有结果，必须有详细的解题思路和步骤。孩子能不能自我学习，关键就在于答案的质量。家长要反向按图索骥，照着答案挑题库。

朵拉怎么讲呢？

这就轮到大数学家波利亚负责的模块。波利亚是大数学家，却长期任教中学，凝结出一本名作《怎样解题》，70年间将无数学生、老师和家长从崩溃的边缘拉了回来。波利亚不是讲什么题型怎么解，而是总结了一套通用解题法，可以说是元思维解题法。如果看得更宏大一些，它不仅可解数学题，还可解人生一切题。

运用费曼学习法 + 波利亚解题法辅导朵拉，我就是一部没有感情的复读机。

首先，朵拉要将做错过的题再做一遍。

然后，按照费曼学习法的精神，朵拉得将这道题给我讲一遍。

这时，复读机我就上线了，按波利亚解题法的指引，读出来一连串对朵拉的问题。

第一步：条件是什么？

第二步：求解什么？

第三步：你有什么思路？

第四步：分成哪些步骤？

第五步：答案是否正确？

如果不正确，重新用第一步到第四步来找到出错的地方，是计算错还是思路错？

如果正确，你使用的方法与答案的方法是否一样？哪个更巧妙？

第六步：这道题检测了哪些新知识点？检测了知识点之间哪些新

的组合方式？这是总结。

朵拉得一步步给我讲明白。

如果她的答案是正确的，按这六步讲完，这道题肯定就懂了。最后只要把新方法、新知识点及其新组合方式总结到错题本上，打上一个大大的钩，就可翻篇。每次嘎嘎的怪笑都发生在这一刻，满满的自豪。

如果她的答案是错误的，那么重复第一步到第四步。计算错好办，思路错麻烦一些。

如果是卡在思路上了，此时复读机我就要读出另一串为形成思路专门定制的问题：

已知条件有没有用足？

以前有没有做过相似题目？

以前用过的方法是否适用？

与相似题目的不同之处能不能通过辅助假设来解决？

能不能构造比这道题简单一点儿的问题，先解决它，再用它来解这道题？

答完这一串问题，朵拉往往就解出来了，于是跳转到前述第五、第六步，记要点，翻篇。

仍然解不出来的时候也有。这时要适可而止，我会让朵拉看答案，根据答案回溯第一步到第六步的全套流程。看答案对比错误是学习的一部分。好答案比好题目重要。

最后，该翻篇还是翻篇，只是要在这道题上打一个叉。下次复习时，错题本上打钩的题跳过去，但打叉的题要再来过。解题不是死亡冲锋，而是反复迭代。

反正最后总会把错题全都消灭干净，没必要让孩子立即强行攻坚。伤身体伤感情，还不见效。

久而久之，熟极而流。我当好复读机便可，辅导纯然形式主义化，甚至不用去看题目本身一眼。

家长不参与做题的好处多多，避免情绪崩溃还在其次，更重要的是这样才能长期辅导孩子，也才能辅导任何学科。不然的话，请问今天有多少家长能做高中数学题？物理题呢？化学题呢？

最重要的，等到孩子这套学习方法养成，家长便可以完全脱离辅导。用尽即弃，这是复读机的自觉。

确实，能用好费曼和波利亚，还要家长干啥呢？

一块岩石值多少?

两宝用各自账号在同一部任天堂 Switch 游戏机上玩《动物森友会》，结果便是一起生活在同一座岛上。邻居不好当，姐弟当邻居更不好当。

今天又出事了。

二宝不小心把朵拉放在豪宅门口的岩石（rock）给挖爆了。朵拉自然要发飙，但这次发得很冷静，因为需要计算。

用铁锹敲击岩石，每天能获得 9 块石头（stones），《动物森友会》中打造各种工具的必备材料。二宝挖爆了岩石，对朵拉造成损失，得赔。

问题是赔多少。

朵拉计算，今天 9 块石头，明天 9 块石头，后天 9 块石头，一直下去，是个天文数字，就向二宝要 900 块石头作赔吧，便宜了他。

二宝在岛上不事生产，主业是当一名风一样的男孩，整日跑来跑去，到哪里去搬 900 块石头给朵拉？有点儿发蒙。

我见不妙，赶紧把两宝叫到一起，还好两宝喜欢听我讲故事，而我有一个现成的故事。

巴依老爷借给穷人 1 个鸡蛋，过一阵子穷人来还鸡蛋，巴依老爷要 10 头羊，理由是蛋生鸡，鸡生蛋，循环下去，无穷多的鸡和鸡蛋。穷人只用还 10 头羊，占了大便宜。

朵拉，你想当巴依老爷吗？

"不想。但我感觉你接下来要讲一堆话，而且事后会写成文章。"

OK。

巴依老爷太贪。但他提出了一个重要问题：能永远持续带来固定收益的东西到底值多少？这个问题数学能解决。

"啊，又是数学时间！"

我要先跟你确定一个非常重要的东西——利率。利率是什么呢？如果《动物森友会》里能借钱，二宝向你借 10000 块，第二天要多还你多少，你才会愿意借。

第二天多还你 1000 块，你愿意借吗？

"愿意。"

第二天多还你 500 块，你愿意借吗？

"愿意。"

第二天多还你 100 块，你愿意借吗？

"不愿意。"

好，我们大致确定了你愿意接受的利率水平是 5%。朵拉啊，现在可以告诉你，一样东西每个时段内给你带来固定收益，永远持续下去，它到底值多少钱。

一个数学公式：$P=A/i$，P 是当前价格，A 是每个时段的固定收益，i 是利率。

它叫年金公式。之所以叫作年金，是因为有一种金融产品，你现在买它，它每年固定给你一笔钱，永远持续。年金公式就是用来计算你现在花多少钱买它合适。其实，不需要一定是钱，也不需要一定按年计算，只要满足三个条件——固定期限、固定收益、永续，就可以用年金公式来计算了。

《动物森友会》里没有利率，所以我刚才问你愿意接受的利率水平，就是为了给公式里的 i 取值。现在，我们可以准确地算出二宝应该还你多少块石头了。

180 块。

它等于 9/5%，9 是岩石每天给你带来的 9 块石头，5% 是你接受的利率水平，算下来正是 180 块。

"让我想想为什么。"

很简单，你要的是每天有 9 块石头，至于什么带来这 9 块石头你不需要关心。180 块石头，在 5% 的利率水平下，每天正好给你带来 9 块石头。

"懂了。"

懂了我就问你，如果你是那个借鸡蛋的穷人，该怎么对付巴依老爷？

二宝在一旁叫道："因为我，朵拉你才学到这么多，分我一半！"

炒大头菜最佳策略

夜谈会上，想起朵拉在《动物森友会》的大头菜（turnip）交易。

这可不是小事，大头菜是玩家在游戏里最重要的炒作工具，价格波动牵动千万颗心。

朵拉，大头菜是怎么个买卖法？

"每周日有人会到岛上来，把大头菜卖给我；接下来的六天，我可以把大头菜卖给岛上的 Tommy 社长。"

价格呢？

"价格每天都不一样。"

我知道朵拉第一次买卖是赚了。周日以 91 块买进 950 个，周一的报价是 47 块，没卖。周二的报价是 117 块，卖了。

大头菜价格波动真大。

朵拉当时正在第二次交易之中。周日以 108 块买进 2000 个，周一的报价是 67 块，没卖，周二的报价是 105 块，没卖，周三的报价是 99 块，还是没卖。

我看到两点。

第一，朵拉很有韭菜的潜质。第一次小赚，第二次全仓押上。韭菜都是这么长起来的。

第二，还有救。

朵拉，你上次为什么在周二卖呢？

"因为这是我第一次买卖，能赚我就卖，如果再等等可能赚更多，但我不等了。"

那你这次什么时候卖呢？

"等能赚钱就卖。"

朵拉，你已经看到过三个报价，都低于你买入的价格，接下来还有三次机会，但是，并没有什么保证会有报价高于你的买入价。这个世界并不欠你一次赚钱。你如果死等赚钱的价格，大头菜有可能砸在手里，六次机会过去，它就烂掉，你就亏光。

"是啊。"

怎么卖大头菜？我跟你讲两个道理。

第一，你现在是卖大头菜，唯一重要的是能卖出多少钱。至于当初你花多少钱买的，已经不相干了。

"为什么？"

因为你钱已经付了，价格不会再改变了。无论你是多少钱卖，都改变不了你当初多少钱买。在你做下一个决定的时候，不能改变的事情就相当于不存在，因为不变就没有影响。

过去的就让它过去吧。

所以：

第二，现在你只需要关心 Tommy 社长的报价，你的问题是怎么才能最大限度地在他的六次报价中找出最高价来。

我给你讲个最佳策略，策略就是方法。这个方法是数学家发现的。

我之所以让你每天在可汗学院（Khan Academy）上刷数学题，就是因为数学很有用，这次能帮你卖大头菜。

你总共有六次卖出的机会，对不对？每次如果你不卖，那个价格就过去了，对不对？每次只要你接受价格，就一定能成交，对不对？

朵拉，满足这些条件的话，数学能告诉你在什么时候成交的最佳策略。

如果选择次数确定，错过不再来，不可反悔，你又能辨别每次报价跟以前比是好还是坏，那么所有这类游戏有同一个名字：

波斯公主选婿。

很久很久以前，波斯国王为公主选婿，也就是找老公。让一百个优秀的年轻人排成一队，从公主面前走过，公主没有看上的就走过去了，公主看上的就叫住他。公主只有一次机会。

请问，公主怎么做才能把选中最满意老公的机会最大化？

朵拉，波斯公主选婿，跟你选择 Tommy 社长的报价是不是很像？

"是。"

我们先来看最简单的选法。如果公主随便选一个，从 1 到 100 选一个数字，对应着哪个人的位置，就选他。这个人有多大可能是最满意的那个？

"一百分之一吗？"

对，同样地，如果你从 Tommy 社长的六次报价中随便选一个，选到最高价格的可能性是六分之一。

但你和波斯公主都能做得更好。

因为你们做选择并不是抽签。抽签时你们什么信息都没有，是盲选。但你们不同，六次报价是依次报的，一百个年轻人是排成一队走的，每次报价，每个亮相，都带来新信息。信息有用。

举个例子。

如果只有一个报价，你是不是只能选它？

是。1/1。

如果有两个报价，你是不是只能随便选？你选第一个就不能选第二个，你放过第一个就只能选第二个。

是。1/2。

如果有三个报价，情况就不同了。因为第二个出来后，你能把它跟第一个比较。怎么用这个信息呢？

你要总是不选第一个，但如果第二个比第一个好，你就选第二个；如果第二个比第一个差，你就放过，选第三个。

这样做，你选到最好那个的机会就不是 1/3，而是 1/2。

四个报价，五个报价，六个报价……依此类推。数学家们算出来一个通用的公式，1/e。e 叫作自然常数，你暂时不用知道它是什么，知道 1/e 约等于 0.37 就好。

以波斯公主为例，她在一百个人中选，100/e 约等于 37，那么，前面 37 个人无论多么优秀，她都不要选，但从第 38 个人开始，只要出现比前面 37 个人优秀的，她就马上选定。这就是她选老公的最佳策略。

对你来说，六次报价，6 乘以 0.37 四舍五入约等于 2，那么，Tommy 社长周一、周二的两次报价无论多好，你都不要接受，但从周三开始，一旦出现比前面更高的价格，马上接受。这是你炒大头菜的最佳策略。

虽然你以前并不懂这个策略，但好在你这次的做法是符合它的。

你周日 108 块买入，周一价格是 67，周二是 105，前两次你都得放过，你也确实放过了；周三价格是 99，没有比 105 高，你没接受也是对的。你还有周四、周五、周六三次机会，只要价格高于 105，你就马上接受，哪怕它低于 108 买入价也是一样。你要忘掉 108，记住 105。这次亏就亏，以后你还有无数次机会。

"爸爸，这种做法帮我拿到最好价格的机会是多大？"

朵拉，大概也是 0.37，37%。

不算高是吧？

生活就是这样，你精心计算、准确操作，到最后也不一定得到最好的回报。只不过，不这样结果会更糟。37% 总好过 1/6 吧！

钱挣钱与人挣钱

朵拉玩完今日份的《动物森友会》，我随口问她这星期大头菜行情怎么样。

"我没买。"

我大吃一惊。买卖大头菜是朵拉最爱，朵拉为此早早设置好周日早上的闹钟，一大早就爬起来跟批发商 Daisy 做交易。

发生了什么？

"爸爸，我发现买大头菜会亏钱，即使赚钱也赚不了多少。另外，不买卖大头菜我也能靠劳动挣钱，比如栽摇钱树，比如钓鲨鱼。一条鲨鱼卖一万多块呢。"

明白了。爸爸教你一个词。交易大头菜有可能亏钱，这就叫作风险。你担心风险，所以不交易。这可以理解，但并不聪明。如果你见风险就躲，最后反而会吃亏。

"为什么？"

因为现实中所有的事情都有风险，只要做事就得准备承受风险，一味躲开是不行的。什么风险都不冒的话，你就不应该起床。

关键要看风险是否值得冒，躲开不值得冒的风险，冒值得冒的风险，叫作管理风险。

大头菜价格每天不同，有时高于有时低于你的买入价格。爸爸教你用波斯公主选婿的方法来决定哪天卖出大头菜，就是一种管理风险的方法。

结果怎么样？

"我有次按你说的这办法亏了很多钱。价格始终很低，结果到最后一天，我闭着眼睛卖了。亏多少我都不知道，因为亏得我都不想知道。"

对，再好的方法也不能保证你每次都挣钱，但它能保障你在较长时期中做出平均而言最合理的选择。你如果亏了一次就放弃，其实就是白白亏了。

另外，不知道自己亏了多少也是不对的。管理风险的第一步是了解风险，你不能因为不喜欢亏就连亏多少都怕知道。

"但是我还是不想亏啊。"

朵拉，爸爸告诉你一个道理。《动物森友会》里设计大头菜交易，绝不是用来拿走你们的钱，肯定是用来让你们挣钱。你从游戏设计者的角度来想想，他们设计这东西是想让游戏更好玩，不可能是故意整你。大头菜交易肯定符合两点。

第一，如果你总是按照合理方法来做交易，长期而言肯定挣钱。

第二，每次挣不挣钱不确定，可能亏钱。

"你说得有道理，可是我不需要买卖大头菜挣钱，我可以只栽树钓鲨鱼，一样挣钱。"

不，你需要。

我跟你讲个道理。

一个人刚开始工作的时候，一分钱没有，只有挣钱的能力。几十年后退休，不再工作，挣钱能力归零，只有钱。这中间的几十年，他有两种资源，对应着两种挣钱的方法：一种资源是自己的能力，提供别人需要的东西，用劳动挣钱；另一种资源是已经挣来但没花完的钱，用这些钱挣钱。

朵拉，你跟我讲过，长大后想要拥有很多钱。如果想实现自己的愿望，你就得两种挣钱的方法都用上才行。如果只用劳动去挣钱，不用钱挣钱，就等于绑上一只手去跟别人比，不是为难自己吗？

更何况，你绑上了更能挣钱的那只手，因为啊，钱挣钱比人挣钱快。

"为什么会这样，爸爸？"

朵拉，我讲几个原因。

第一，人睡觉，钱不睡觉。人一天工作 8 小时，钱一天工作 24 小时，它不累。

第二，钱比人更能成长（scalable）。什么意思呢？你喜欢画画，假设你卖画挣钱，你一天最多就能画三幅画，再多画不了，那你一天能挣的钱最多就是三幅画的价格，到这里就到顶了。钱不一样，100 万也好，1000 万也好，1 亿也好，都始终能继续增长。

第三，人的劳动跟电一样，随发随用，无法储存，只要你没劳动就没有劳动带来的收入。钱不一样，可以储存。储存钱的地方太多了。比如，储存在银行里就有利息。再比如，拿钱买房就等于把钱存在房子里。

之所以说钱生钱比人挣钱快，很重要的一个原因就是把钱变成房子后房价涨了，全世界过去几十年来都这样。

专门研究钱和劳动这些事情的人叫经济学家，有个经济学家叫托马斯·皮凯蒂（Thomas Piketty），他搜集了很长时间里很多国家有关挣钱的数据，得出一个结论：$r > g$。

这是什么意思呢？就是爸爸刚才讲的，钱挣钱比人挣钱快。r 指的是钱挣钱的速度（return on capital），g 指的是经济增长率（growth of the economy），大体上指人挣钱的速度。

他说，$r > g$ 这件事，使得富人越来越富，穷人越来越穷。富人有余钱，能用钱挣钱，挣得越来越快。穷人没有余钱，全靠劳动挣钱，所以越来越赶不上。

"爸爸，富人越来越富，穷人越来越穷，这好吗？"

这是不好的。但金融手段容易变成现实，它可不管我们觉得它好不好。我讲这些是为了提醒你，你可不能因为害怕风险就放弃 r。放弃 r 的话，你将来多半不能实现自己挣很多钱的理想。风险是用来管理的，不能一看见它就逃跑。

"懂了，我这两年做可汗数学题挣了几千块钱，怎么才能用它挣钱？能买房吗？"

朵拉，这个我们慢慢讲。

选择困难

朵拉自学概率初步，解出一道题，自豪又得意，过来考我。

"两个信封，只知道其中一个信封装的钱是另一个信封装的钱的两倍，但不知道哪个是哪个。你拆开一个信封发现 10 块钱，如果可以换成另一个信封，你换还是不换？"

这有何难？

根据已知条件，另一个信封里装的钱要么是 5 块要么是 20 块，五五开，得出期望值（expectation）是（5+20）/2=12.5 块。

换！当然换！

朵拉有点儿不服气，问第二个问题：拆开第一个信封无论是多少钱，对换不换信封有影响吗？

你说呢？我反问。

朵拉认为不影响。她把 10 块换成 20 块算了算，发现换还是划算。

你的答案本身是对的，但用的方法不完美。问的是抽象的问题，你用具体的案例去答，有点儿对不上。

"怎么抽象？"

既然说是无论多少钱，那么你用 x 代表它，然后看看有什么不同。

朵拉明白了：第一个信封装的钱是 x，第二个信封装钱的期望值是（x/2+2x）/2=5x/4。只要信封里有钱，5x/4 总是大于 x。无论第一个信封里有多少钱，总是应该选择换信封。

朵拉拿出了第三个问题，这个问题她答不上来：这是不是个悖论（paradox）？

确实是悖论。

不论第一个信封打开有多少钱，都应该换第二个信封，刚才已证毕。可是，我选第一个信封本身是随机的，哪个被我先打开都完全可能。凭什么我打开它本身就使得我必须选择另外一个信封？

"你讲讲这是怎么回事。"朵拉终于将住了我的军。

答不上来怎么办？

老实承认，老实去学，学懂了再讲。

第二天，我把朵拉叫过来。

朵拉，你给我出的题有来头。它叫作双信悖论，是概率论中很有名的悖论。要在数学上解释清楚很不容易，不过我想了个办法，不严格，但好懂。

"你讲。"

信封里的钱总是有人放进去的。假设你事先知道他放的钱最多不会超过1000块。你打开信封发现600块，你会换信封吗？

"不会，因为另一个信封里的钱不会是1200块，那就只能是300块。"

假设你事先知道他放的钱最多不超过1000块，并且从1块到1000块是随机选的，你打开信封发现100块，你会换信封吗？

"会。因为另一个信封里是200块的可能性大。"

对。我们可以这样试很多次，但不论怎么试，你换不换信封都取决于他怎么往信封里放钱，对不对？只要你知道他怎么放钱，你就能决定换还是不换。对不对？

"对。"

但是，在一种情况下，你无法做决定。假如他往一个信封里放了无限多的钱，你换还是不换？两个无限多和一个无限多没法选。你就永远卡在这里了。

往信封里放无限多的钱事实上不可能，但题意并没有排除掉，所以制造出悖论。

"有点儿晕。我得想一想。"

你慢慢想。你考了我这么多，我反过来考考你。

回到最早的问题，一个信封里是 10 块钱，另一个里可能是 5 块，可能是 20 块，你换不换？

"不换，因为 10 块钱能拿到手，换的话有可能是 5 块。"

这说明你厌恶风险。

人分成三种，一种厌恶风险，一种喜欢风险，一种风险中立。怎么区分呢？

这两个信封就能区分。你愿意接受低于期望值但是确定的钱，就是厌恶风险。有人跟你相反，如果是 5 块或者 20 块的信封，他宁可放弃到手的 10 块也要换。

"为什么会这样？"

刚才你是担心拿到 5 块，他跟你相反，他更注重能拿到 20 块。付出高于期望值的代价的人，喜欢风险。至于那些只出 12 块 5 毛一分不多一分不少的人，就是风险中立。

"我觉得不一定。"

怎么讲？

"要看钱数。如果是 1 块钱对 5 毛或者 2 块，我就会选后面这个。"

有道理。每个人不同，每个人面对不同的情况选择也不同。对你来说，确定得到 1 块钱与确定得到 10 块钱不同。大家也差不多。我举个极端的例子，如果一边是 1 亿现金，另一边是 1 万块和 10 亿的可能性一半一半，大多数人会选现金，尽管后者的期望值是前者的 5 倍以上。因为对大多数人来说，有没有 1 亿现金，差别比有 1 万还是有 10 亿要大得多。而且，你不能指望这种选择会经常发生，往往一辈子只有一次。大多数人在这个时候会变得非常厌恶风险，不管他们平常是什么人。

在这个时候还能选择高期望值的人，要么是 10 亿对他特别重要，要么是对他来说这事不是一辈子一次，而是经常发生。这种人只能是有钱人。反过来说，越是大事，有钱人相对越有能力拥抱风险，获得较高期望值的收益。不是他们更聪明更有能力，大家都差不多，而是他们更能承受风险。

"你会怎么选？"

告诉你一个法则吧：如果是可重复的事情，那么选择期望值高的。如果是一辈子只能选一回的，怎么选都没有错。它是人生选择，而每个人的人生属于自己。

谁放屁

　　家里有罐炒黑豆，二宝发现后吃不停嘴，然后就变成了人间大炮，专门发射臭弹，全家人仰马翻，苦不堪言。

　　晚上，朵拉来问我：什么叫贝叶斯推理（Bayesian inference）？

　　我大喜。

　　朵拉，贝叶斯推理非常重要。它有个特点：一方面，我们每个人每时每刻都在用贝叶斯推理；另一方面，用归用，我们几乎从来不细算。

　　为什么说每时每刻都在用呢？你今天出门带不带伞，要看今天下不下雨。但下不下雨是将来的事，你怎么知道呢？你就看看天色，阴沉你就带，晴朗你就不带。

　　天色是你刚刚获得的信息，根据新信息来调整行为，就是贝叶斯推理的本质。我们每个人都是一部天然的人肉贝叶斯推理机。

　　生活中的许多事都像这样，要么带伞要么不带，是与非，1 或 0，所以，虽然我们都是贝叶斯推理机，但决策的颗粒度很粗。我们不细算。不细算其实是很有道理的。我们的祖先在东非大草原上的时候，听见附近树丛里传来沙沙的声响，必须马上决定是逃跑还是开打，不能细算沙沙声来自风还是猎豹。细算不合算。算对了收益有限，算错了没命。

　　所以，演化赋予我们以贝叶斯推理，但懒得给我们细算方法。

　　再后来，我们人类自己发明了细算的方法，发明人叫贝叶斯，所以用他的名字来命名这个方法。

"怎么细算呢?"

二宝今天猛放臭屁。我们就举这个例子。突然,我们闻到一股臭气,有人放臭屁,请问是谁放的?

"那肯定是二宝。"

你现在就在用不细算的贝叶斯推理。二宝是猛放臭屁,但这不等于臭屁一定都是他放的。具体有多少几率是他放的臭屁,我们得细算。

我先写几个式子:

P(宝):指二宝放屁的几率,P 是 probability(几率)的简写。

P(臭 | 宝):"臭 | 宝"指当二宝放屁时这个屁是臭的,P(臭 | 宝)是其概率。

P(宝)×P(臭 | 宝):指二宝放臭屁的概率。

好了,现在的问题是我们闻到了臭屁想知道有多大概率是二宝放的,它可以写成:

P(宝 | 臭)。

它等于多少呢?

首先,它取决于房间里有几个人,然后,取决于这些人放屁的概率,然后,取决于这些人放的是臭屁的概率。

假如房间里只有二宝一个人,那么不用细算我们也知道是他放了臭屁。但如果细算的话,这个式子是这样的:

P(宝 | 臭)=P(宝)×P(臭 | 宝)/P(宝)×P(臭 | 宝)

这个式子看着没什么意义，它当然等于 1。

但如果房间里不止一个人，我也在。这个式子就不一样了。

$$P（宝｜臭）=P（宝）×P（臭｜宝）/[P（宝）×P（臭｜宝）+P（爸）×P（臭｜爸）]$$

分母新增的部分是我放臭屁的概率。整个分式的含义是二宝放臭屁的概率在所有人放臭屁的概率中所占的概率。

"那怎么计算呢？"

这时我们就需要知道 P（宝）、P（爸）、P（臭｜宝）、P（臭｜爸）。如果我们对这些信息已经有所判断，就把判断反映到概率上。

比如说，我们大体知道二宝只要放屁就一定是臭的，那么 P（臭｜宝）=1。我呢，一半一半，所以 P（臭｜爸）=0.5。

P（宝）和 P（爸）是多少比较难判断，但贝叶斯推理为这种情况做好了准备。它说，如果我们对一件事只知道它有多少种选择，但对各种选择的概率一无所知，那我们就平均分配，所以，P（宝）和 P（爸）都设定在 0.5，毕竟一个人只有放屁或不放屁两种情况。

0.5 不一定对，简直可以说一定是错的，但在我们不知道怎样才是对的的时候，贝叶斯推理要求我们必须有个起点。要是错得太离谱，我们以后再想办法调整。

把这些值代进去，我们就得到：

$$P（宝｜臭）=P（宝）×P（臭｜宝）/[P（宝）×P（臭｜宝）+P（爸）×P（臭｜爸）]=（0.5×1）/（0.5×1+0.5×0.5）=2/3$$

臭屁是二宝放的概率是 2/3。

还比较符合预期，对吧?

如果房间里不止我们俩，你也在，那么情况又发生了变化。

"爸爸，我放屁不臭!"

朵拉，那就把你的 P（臭 | 朵）设为 0.1。这样的话：

P（宝 | 臭）=P（宝）×P（臭 | 宝）/［P（宝）×P（臭 | 宝）+P（爸）×P（臭 | 爸）+P（朵）×P（臭 | 朵）］=（0.5×1）/（0.5×1+0.5×0.5+0.5×0.1）=5/8

人越多，二宝的嫌疑就越小，这符合直觉，但直觉不能告诉你二宝嫌疑下降了多少，贝叶斯推理就可以，减少了 2/3−5/8=1/16。

"真妙啊!"

谁又放屁

朋友们看到《谁放屁》，提了些建议，我想起来给孩子们讲贝叶斯推理的更简易方法，不需要列式子，敲黑板。

抓住朵拉，又给她讲了一次。

朵拉，我上次给你讲的是你将来在课堂上学贝叶斯会学到的方法，现在要讲的课堂上多半不会讲，但更容易理解。上次讲用比例，这次我用频次。

怎么做呢？

举个例子。假如你不知道太阳明天会不会升起，你就找一块黑石头、一块白石头，一开始给升起或不升起 1：1 的比率。如果明天太阳升起了，你就加一块白石头，如果没升起，你就加一块黑石头。太阳自然是天天升起，白石头越来越多。一年下来，太阳升起的比率高到 365/366。每过一天，你对太阳下一天升起的信心都会增强。

"可太阳绝对会升起的啊！"二宝插话。

那可真不一定。

"太阳总有一天会死亡，虽然那是在很久很久以后，而且在那一天到来之前，也许有别的事情发生，导致它提前死亡。"朵拉向二宝解释。

好了，我们现在可以回来讲放屁了。闻到臭气，我们想判断是谁放的。

第一步，假设我们对此一无所知，那么就平均分配概率，朵拉、二宝和我每人领一块屁牌。在这一刻，我们认为每个人放屁的概率是 1/3。

第二步，但我们想起一些信息，二宝自胡吃海塞炒黑豆以来，已经放了无数个屁，就算成 97 个吧。

妈妈悲愤地插话："绝对不止！"

别多话，为了数学的美观，我们就定在 97 个。

那么，二宝一举领到 97 块屁牌，加上原来的一块，合计 98 块屁牌，再加我和朵拉一人一块。

那么，我们判断，这次臭气来自二宝放屁的概率是 98/100=98%。

然后我们验证一下，如果这次确实是他放的，那么下次我们闻到臭气时，我们判断来自二宝造孽的概率就上升到 99/101≈98.01%，以此类推。但假如事实上不是他放的，那么下次我们闻到臭气时，判断来自二宝造孽的概率就下降到 98/101≈97.02%，以此类推。每次出现新的证据，我们都相应地调整判断。

"我看二宝是很难翻身了。假设不是他放的，他得被冤枉多少次才能扳回来啊？"

我们这里把每次放屁的影响看作相同，只关乎一块屁牌。这种情况下，二宝要回到 1/3 的平均概率之前，要被冤枉 194 次。

"他太惨了。"

在现实中，我们不是这样做判断的。证据的影响力不一样，有时会特别大。再举个例子，狼来了。

牧童第一次喊狼来了之前，大人们在狼真来了一边放了 9 块白石头，在狼其实没来一边放了 1 块黑石头。一般人不拿这种事开玩笑。

第一次发现被骗后，大人们放了 8 块黑石头，不是 1 块，被欺骗的感觉很不好。

牧童第二次喊狼来了，大人们看两边各 9 块石头，五五开，但人命关天，还是去看看吧。第二次被骗。

被骗一次的感觉很不好，被骗两次的感觉极不好。这孩子是坏胚。大人放了982块黑石头。

证据交叉验证，其力量远不止做加法。三人成虎讲的也是同样道理。

牧童第三次喊狼来了，大人一查，黑石头占比99.1%。骗我一次是你的错，骗我两次是我的错。

骗我三次？

没有第三次。

运气与疗效

二宝生病坚持学习，在我书桌上学数学，我坐在一旁看书，过几分钟就把书放下，在电脑上记录一个数字：

28、30、33、37、40、44、45、46、48、52、56

朵拉观察良久，终于过来问我："你在做什么？"

我在记录二宝每次咳嗽的时间。28 指二宝在这个小时的第 28 分咳嗽。从 28 分到 52 分这段时间里，他咳嗽了 10 次。

"记录这些时间有什么用？"

跟许多小朋友一样，二宝感染了支原体，不发烧但咳嗽。今天去了医院，看了医生，开始用药。我想看看用药效果如何。

用药效果好不好，我并不能变成孙悟空钻到二宝身体里面去观察。二宝的身体对别人来说是个黑箱。只能去找一些可观察的指标，来对用药效果做出判断。去医院看病，会检查血样，拍 X 光片，但我们没有这些设备。对我来说，最直观又最有效的指标就是他咳嗽的间隔时间。

"不咳嗽不就说明有效吗？"

最好当然是不再咳嗽，但如果还没有完全止咳的话，怎么判断效果？

"间隔时间越长效果就越好。"

答对了。但你的回答是定性的，我记录这组数字，是为了给出定量的回答。

二宝本来咳嗽的间隔时间就有长有短，并不是说每隔一段固定时间咳一次。我怎么才能比较有把握地下判断，说某次间隔时间变长是因为药效，而不是因为运气呢？

"多测几次？"

你话是没说错。但多测几次本身也只是在定性的意义上更有把握，我想做的是定量。

"那你到底怎么做？"

你看，根据我上面搜集的这组数据，二宝每次咳嗽间隔的时间分别是2、3、4、3、4、1、1、2、4、4 分钟。它们的平均值是 2.8 分钟。也就是说，平均下来，每隔 2.8 分钟，二宝会咳一次。

能不能说，只要二宝下次咳嗽的间隔时间高于 2.8 分钟，就说明药有效果？

"不一定。可能是偶然，咳嗽时间本来就是上上下下的。"

对。要判断是否有效，我们要找到这组数据的标准差。

计算方法是这样的：每个数据减去平均值，取平方，相加，再除以数据个数，最后开平方，得到的就是标准差。为什么要这样计算我们先不讲，你现在需要知道的是，标准差反映这组数据围绕平均值分布的情况。标准差越大，说明距均值越远。

"知道标准差有什么用？"

如果知道一组数据的平均值，又知道其标准差，我们就知道了很多东西。

比如说，二宝现在咳嗽平均间隔 2.8 分钟，标准差大约是 1.2 分钟，那么，我就知道二宝咳嗽间隔时间，有 2/3 是在 1.6 分钟和 4 分钟之间，有 95% 是在 0.4 分钟和 5.2 分钟之间。

有了这些知识，我就能对药效做有根据的推断。比如说，如果二宝隔了 5 分钟咳嗽，虽然间隔长了不少，但我并不能肯定地说是因为药效，因为还有 10% 左右的可能性是偶然。

　　但是，如果二宝间隔了 10 分钟才咳嗽，我就能有把握地说，这不是偶然事件，而是用药起了效果。

　　因为啊，10 分钟与均值 2.8 分钟相差了 7.2 分钟，等于 6 个标准差，对应着一亿分之二的概率。如果这是偶然的话，那二宝的运气好到可以去买彩票了。

　　反过来说，如果这不是运气，那么便是药效了。

　　所以，要做出有根据的判断，以近知远，以所知知所不知，我们需要这么几样东西：

　　第一，知道过去和现在，这得靠搜集数据。我刚才记录二宝的咳嗽时间，就是在搜集数据。

　　第二，分析数据，今天我做的是去找平均值和标准差。以前手算要半天，后来用 Excel，现在用大模型，秒出结果。

　　第三，根据过去和现在的数据所含信息，挖掘出接下来收集数据中的信息，以此做出判断。

　　"爸爸，以后我的考试成绩你都要记录下来。我要知道成绩多少是因为运气，多少是努力。"

我想当警察

读博弈论大师托马斯·谢林论文集，心有所感，把朵拉叫过来：给你出道题。

晚上，我们全家每个人都想看书，看书需要照明。每个人都有盏灯，但每盏灯的光线都不够。假如说看书需要 20 瓦电灯的照明，但我们的灯泡只有 10 瓦。又假如说你和二宝坐在我两侧，那么我分别从你们那里得到一半的照明，一边 5 瓦，加起来就够 20 瓦了。

大家都把灯打开，大家都能得到足够的光线。我为人人，人人为我。

但是，一个人加两个邻居，互相借光，这个办法有缺点。坐中间的人可以两头借光，坐边上的人不行。如果你坐在边上，你可以从我借一边的光，但另外那头没人，无光可借。你的所有光线加起来 15 瓦，不够看书的。

你怎么办？

"我会把灯关掉，开着我又看不了书，光浪费电。"

但是，你把灯关掉，我就成了坐在边上那个人，我的光线也不够了。我怎么办？

"你也把灯关掉。"

对。我把灯关掉，二宝怎么办？

"他也把灯关掉。"

对。就这样，关灯不会停下来，妈妈最后关灯，大家都关灯，谁也别想看书了。

你看，从所有人开灯到所有人关灯，只要一个人关灯，就停不下来。

我的问题是：有什么办法能够让大家都把灯开着？

"我当警察，到边上去巡逻，谁关灯就让他打开。"

但是，边上的人他吃亏啊。凭什么让他吃亏？

"谁让他坐在边上的？"

坐在边上命不好，就该吃亏吗？更何况，你当警察就不能看书了。你本来想看点书，为什么变成当警察呢？

"为了大家看成书。"

你看，你本来是为了让全家看点书，但结果我们家就分化了。有人当警察管人，有人被警察管起来，不说管与被管公不公平，结果至少一半人看不成书。就算是为了全家，但你不觉得付出太大了吗？

有什么办法，不用管人也不用被管，让大家自愿把灯打开，谁也不吃亏，都能好好看书？

"我想想。"

过一会儿，朵拉回来找我。

"把边上消灭掉就可以。没有谁坐边上，就没有谁吃亏。"

怎样消灭边上？

"坐成圆圈，首尾相连，就没有谁是坐在边上，每个人都有两个邻居，那么每个人都会自愿开灯，每个人都是自己有 10 瓦，从左边借 5 瓦，从右边借 5 瓦，光线就够了，不会有人因为吃亏关灯。"

答对了。你看，朵拉，只要有好法子，就不用去管人，也不用被人管。

"我不想看书，想当警察。"

2

钱为何物

金钱话事

朵拉 7 岁时，我在 Excel 上给她做了张现金流量表，存入 1000 块钱初始基金。钱从此对朵拉来说不一样了。她可以自力挣钱，也可以自主花钱。

让小朋友理解钱的道理，接受约束，自主决策，管理预算，承担后果，又不造成激励扭曲，这些事可不简单。

我一点点来。

什么要自己花钱？

朵拉问："什么东西要我自己花钱买？什么东西是爸爸你花钱？"

你现在的一切需要都是我花钱，除了这几种情况：你想要但我不同意买的，你自己花钱；浪费东西，你自己花钱；饭点不好好吃饭，然后要吃零食，自己花钱。这个单子还会变，到时通知你。

"你为什么答应买乐高给我出一半钱？是不是所有东西你都出一半钱？"

你买哪款乐高都行，多贵多便宜都行，你自己定；为什么我出但只出一半呢？因为我们是利害相关者（stakeholder），爸爸想帮你学会用钱挣钱，而你得为自己的决定负责。

"钱有什么用？"

钱是要拿来用的，没有用途的钱一文不值。

"那你的钱都用掉了吗？"

那倒没有。先别说我，说你自己。你现在账上有1122块钱，为什么不用掉？你是想攒起来将来买个大东西吗？

"不是，我想花一点儿，留一点儿。这样我就总有乐高可以买，都花掉，将来没得买了；都攒着，现在没得玩。"

那你是把钱分成两部分，一部分现在花，一部分将来花。前者叫消费，后者叫储蓄。储蓄就是将来再消费。你想过没有，如果不是有钱这个工具，你是不是得现在就把东西用掉？因为东西很难保存。米饭、肉、车子都很难长期保存，吃不了用不完就浪费了。

你看，狮子没有钱，打完猎物必须尽快吃掉。下一次能不能打到猎物要看下一次的运气。人不一样，我们用不完的东西保存在钱里面，将来需要用的时候再用钱去换。钱这个工具不光能让大家在今天彼此交换东西，还能帮大家在今天和将来之间交换东西，就像时光机一样。

如果狮子会用钱，他会干什么？

"买个冰箱。"

▎ 价格改变行为

朵拉喜欢上乐高店里的镇店之宝迪士尼城堡，但标价是3699块，对她来说是天文数字。

我问她，假如乐高店老板愿意降价，降到多少钱你会开始考虑买？

"1500块，而且老规矩，你出一半。"

降到多少你会毫不犹豫地买？

"900块。"

你看，3699 块你完全不想买，1500 块你会考虑买，900 块你绝对买。所以说，价格改变，行为就跟着改变了。

"对。就像昨天晚上你去洗澡，不想让我跟二宝打架，所以把我给二宝读书的价格提高了一倍。我就干了。"

我出高价，你就选择多挣钱，放弃了背着爸爸打二宝的乐趣。

"值。"

┃ 合作不必是朋友

朵拉，现在两个乐高放在你面前：一个是动力火车，一个是迪士尼城堡。你同样喜欢玩动力火车，而且它还便宜 1/3。你选哪个？

"动力火车。"

老规矩，我出一半，剩下一半你现在就付得起了。

"我要是付了，自己账上的钱就花光了。能不能让二宝也付？"

好主意。但是你要搞清楚，如果二宝也付一半，那么你们就共同拥有动力火车，一人拥有一半。你还记得"分享"这个词吗？ share，它还有个意思是股份。火车不能一人玩半个，但整个火车你们各有一半的股份。share 不是嘴巴说说的，用钱来说的分享就是股份。你想对动力火车做什么，得二宝同意，他想做什么也得你同意。你们平等，因为出的钱一样多。你愿意跟他平等吗？

"我愿意。I'm desperate（我急死了）。"

朵拉，这就叫作 money talks，金钱话事。想想看，如果你没有想到让二宝出钱，你有可能让二宝跟你一起玩乐高吗？

"本来不可能，但现在我们必须做朋友了。"

你们做朋友我很高兴，不过老实告诉你，就这件事，你们不用非得做朋友，只要能合作就行。为什么不做朋友也能合作呢？因为你们都想玩动力火车乐高，又不想出太多钱。这就叫作利益。利益使得你愿意跟他合作。这就够了。

▎第一次创业冲动

有钱的人心思活络。看到任天堂游戏机 Switch 的纸板游戏 *Labo*，朵拉瞬间移情别恋，忘掉了迪士尼城堡，也忘记了动力火车。

爸爸研究了一下，一部主机 2000 块出头，五合一纸板游戏要 600 多块，玩起来最低限度要 2700 块。老规矩，爸爸出一半。剩下的 1350 块怎么办？朵拉陷入了沉思。

方案一：朵拉和二宝各出一半，共享游戏机主权。二宝同意根本不是问题，二宝对花钱只有一个态度：花呗。只出不进是二宝现金流量表的特色。问题在别处：*Labo* 用平面纸板拼搭立体游戏，二宝乱撕破坏共有财产怎么办？

于是，朵拉创造出方案二：

"不用二宝，我一个人出钱？不过我的钱不够。"

原来，朵拉想的是这个：自己出钱，独享产权，二宝玩的话按次计费。好处是一股独大，想自己玩就自己玩，想回收投资就让二宝玩，而且二宝玩的次数肯定比共有产权情况下要少得多，毁坏游戏纸板的风险因此变小。

"朵拉，这个想法很好，相当于你开始做生意：投资买游戏机和纸板，按玩的次数卖给二宝。"

其实朵拉账上只有 1132 块，不够一半。为鼓励朵拉创业，我优化了方案：如果朵拉愿意把所有的钱都拿出来，那么爸爸兜底。

朵拉有了新的烦恼。

"你说二宝玩一次的价格定多少公平？"

"这跟公平不公平没有关系，做生意只要双方愿意就行。只是你要想清楚几件事：第一，二宝玩得越多你挣得越多，但他弄坏纸板的风险也就越大。第二，不论你定价多少，能从二宝那里挣的钱数是有限的，他现在总共就是874块钱，他又不会挣钱，不会变多。你做这个生意划不划算，要考虑好这些因素。"

夜色深沉，消费还是创业，合资还是独资，控制风险还是独霸权力，面对一系列两难，朵拉在越来越深的思考中败给了昏睡。人生艰难决策始。

▌ 怎样多挣钱？

朵拉开始自己花钱买东西以后，手笔越来越大，第一笔是229块的乐高，第二笔是549块的乐高，第三笔是2700块的任天堂Switch+*Labo*，虽然有爸爸出资一半，朵拉账户仍然急剧缩水，只剩下487块。

朵拉现在只有一个挣钱的门路，给二宝念书，一本10块，薄的5块。花钱如流水，但挣钱如抽丝，朵拉心中非常焦灼。

"爸爸，有什么别的办法挣快钱？"

说说你对别人有什么用处？有用处才能挣钱。

"唉。"

不要太悲观。你有什么用处可能自己没想到。我举个例子，你再长大一些，就可以靠babysit（照看）二宝挣钱了。不过babysit可不是现在这样跟二宝玩。它是个工作：你得陪着二宝，不仅不能打他，还要照顾他，不让他受伤，还要给他做饭。

"讲讲别的工作。"

有些原则是金钱买不动的。

朵拉喜欢画画。以前在圣地亚哥上幼儿园大班时，学校举办活动，让学生回家筹款。朵拉手不绝书，给全家每人画了一幅画，筹满 100 美元。那时朵拉还不明白钱的价值，只是想不负学校期望，并入围比萨晚会捐款人名单。我们都想帮助朵拉实现愿望，手松得很。

这次不同。

朵拉，这次画得好才有钱。我看了以后说"WOW"才会付钱；如果我不说"WOW"，就不付钱。这次是做生意，我是你的顾客，不是你的爸爸。

"可以。"

朵拉把自己关在屋里两小时，给爸爸画了一幅肖像，《站在月球阿尔卑斯奶酪山顶仰望火星的 Jerry》。

为什么把爸爸画成老鼠 Jerry？

"因为你属鼠，而且像 Jerry 一样聪明。"

WOW！生意达成，朵拉拿走 100 块。

续金钱话事·第一把尺子

朵拉犯了大错，被我严厉批评，并罚款 50 块。其间我跟她说，爸爸现在处于 serious mode（严肃模式），而且是 serious mode 中的最高级，mad（气得发狂）。朵拉知道回天无力，只好接受现实。

晚上，朵拉来找我。"爸爸，你一共有几级？"

我平时偏严肃，不过朵拉知道还有另一面，每晚聊天聊得她咯咯大笑，睡意全无：Daddy, you are so funny!（爸爸，你太有趣了！）我说自己是双模的，有 serious mode（严肃模式），也有 funny mode（有趣模式），但这没啥，人就应该是多模多工。

朵拉——我想别的小朋友也差不多——看事情往往只有两重：是非、好坏、对错，于是要么喜欢要么不喜欢，没有中间地带。我觉得这不是性格使然，而是认知能力不足。怎样让他们知道人生不是开关而是无数层灰度呢？

我慢慢试。

比如，我时不时从当下情境中跳出去，说一下现在我是什么 mode。比如上面说自己是在 serious mode，又强调顶格满档。此外，但凡朵拉说起自己开心不开心时，我就问她，从 1 到 10，10 是最开心，她现在是几？《金钱话事》发出后，朵拉靠平分读者赞赏挣到了人生第一笔大钱。手之足之，舞之蹈之，问她有多开心。

"10! I'm rich!（我有钱了！）"

慢慢水到渠成。朵拉来问我的 serious mode 有几级，在她固然是想侦察爸爸有多少种状态，在我则忽然二流归一。

"你去拿纸和笔。"

朵拉拿来纸笔。我画了一条线，越往右越 funny，越往左越 serious，中间是正常状态，依次标上数字 –5 到 5。

–1 到 1 是正常。"正常是什么"？朵拉问。"就是平静，peaceful。"我再标出最左边 serious 满格，mad，这是已知数。剩下的数字对应着我什么情绪状态，我跟朵拉一一核对，均有贡献。比如说，serious 第三档，–3，对应着截稿期（deadline），这出自我，毕竟我是个新闻工作者。–2 对应"好好吃饭"，则出自朵拉。就这样，我们填满了 –5 到 5。

–5：气得发狂（mad）

–4：冷冰冰（icy cold）

–3：截稿期来临（deadline）

–2：朵拉你给我好好吃饭！（finish your dinner!）

–1 到 1：正常（normal）

2：放松（relaxed）

3：好心情（lighthearted）

4：笑个不停（all smiles）

5：开玩笑（joking）

朵拉，这就是爸爸的情绪 10 级计量尺。爸爸的情绪是什么状况，对照尺子一查就知道。人的情绪是多层次的，像二宝那样只有开心不开心就太简单了，当然，要是太复杂也不合适。10 级对我们来说比较合适。

"这张纸我要永久保存！方便查对。"朵拉知道跟爸爸斗智斗勇是个长期的事业。

睡前反思人生，早上爬起来，朵拉做出了自己的情绪 10 级计量尺（scale of emotion，爸爸执笔）。

最左是最不开心，最右是最开心，从左到右依次是：

-5：气得要爆炸（exploding）

-4：跟二宝世界大战（big fight）

-3：假期要结束了但作业没做完（homework unfinished）

-2：好好吃饭！（finish the dinner）

-1 到 1：正常（normal）

2：微笑（smiling）

3：吃海底捞

4：过生日

5：发财了！发财了！（I'm rich!）

朵拉算了算，近期有一次 -5、一次 -4、一次 -3，但有无数次 3、一次 5。生活没有溺爱她，也没有欺负她。

我把两把尺子的图片存到笔记本电脑中的"金钱话事"栏目里。朵拉不解："尺子跟钱有什么关系？"

你不是不知道怎么用钱吗？查下这把尺子就知道了。如果没有这把尺子，你就跟二宝一样，只知道开心不开心，不知道有多开心多不开心，所以只有两个决定：要或者不要。有了这把尺子，你就可以分开定价。最让你开心的你给最高价，最让你不开心的你给最低价，或者反过来说，你出最高价让它消失。

我们用尺子试试。上次说的迪士尼城堡乐高，价格是 3699 块。3699

块给你带来的开心是在什么位置？

"4.7 吧。"

这么精确啊，那乐高呢？

"最多 3。"

不用我说，朵拉自己得出了结论：绝不花 3699 块买乐高。

朵拉有了新的担心，自己的尺子跟别人的尺子不一样怎么办？

我告诉她，肯定不一样，你的尺子跟我的就不一样，但不一样是好事。假设一款乐高在所有人的尺子上都在同一个位置，让大家都开心得要死，会发生什么事？

"他们会把乐高店挤爆。"

正确。只有尺子不一样，大家付的价格才不一样。你喜欢什么，不用自己挤着去排队，让钱替你排队就好了，你出价高就等于排在前面。

"我的钱得排在我想要的地方。"

朵拉性格耿直，我有点儿担心她就拿着一把尺子量万物。正好这两天看 BBC 纪录片《人类星球》（*Human Planet*），讲到印度东北部降雨量极大的山区山洪汹涌，村民们把榕树气根牵过山沟对岸，精心护理，这些气根保持生长，数十年后成为桥梁，坚强又有弹性，能抵御山洪。

跟这桥一样，你的尺子也是活的。你今天造它出来，反映了今天什么东西让你开心或不开心。明天会有新东西让你开心或不开心，那你就修理、照顾这把尺子。尺子永远生长，就跟那座桥一样。

"就是长大吧。"

再续金钱话事·做买卖就不打架

今天是历史性时刻。我见证了朵拉与二宝之间的第一次买卖。

暑假将尽，两宝无学可上，跟我去办公室度日。同事给二宝一个漂亮的小盒子，朵拉很羡慕。在回家的路上，朵拉跟二宝商量，5块钱卖给她行不？当然行。二宝纯直男。

一件小事，意义重大。

从前，要是朵拉看中二宝手中的宝贝，两个办法：一是抢，二是骗。抢无须多说，暴力当头。所谓骗，就是要"帮助"二宝玩他的宝贝。二宝自然不同意，那就强行"帮助"，说到底也是抢。每次打得惊天动地。

现在，买卖解决问题，世界和平了。

我问朵拉，这个买卖你们俩谁赚了？

"我赚了！我赚了！这么漂亮的盒子才5块！"

如果不是买而是抢，你抢到就是赚到，二宝确实就亏了。但做这个买卖，你赚了二宝就亏了吗？要是觉得自己吃亏了，二宝会卖给你吗？

"不会。难道我们都赚了？"

正确。一个买卖要做成，得买家愿意买，卖家愿意卖，双方都觉得自己赚到了。不过，为什么双方都能够觉得自己赚了？

"因为想法不同，我更喜欢盒子，二宝更喜欢钱。"

不光你们俩不一样，所有人都不一样，所以你往窗外看，满大街全都是买卖。朵拉你也要多做买卖，因为只要做成买卖，你就赚到了。

怎样才能多做买卖呢？就像今天发现你跟二宝对盒子的想法不同一样，要去发现你跟别人什么地方想法不同。想法越是不同，不同的时候越多，你的买卖就越好做。

"是的，要是都一样就只好卷了。"

金钱四话·通胀问答

我跟朵拉聊天，向来把她当成大人，只是知识和能力欠缺，所以尽量照顾，但不受她限制。我不把自己降到小朋友的高度跟她对话。与其化作 50% 的自己，不如寄希望于小朋友的好奇能将其潜能带到 200% 的高度。后者才有惊喜。

"爸爸，我有个问题，但是觉得有些蠢。"

没有蠢问题，只有蠢回答。提问说明自己不知道但想知道，想知道永远不愚蠢；回答说明自以为知道，但搞不好其实不知道，所以有可能是愚蠢的。

"那好，谁印钱？"

中央银行，一个国家只有一个中央银行，你把它当作政府的一部分就好。

"从你这里挣钱的话，我得卖东西给你或者帮你做事。央行是怎样把钱给别人的？"

朵拉，这问题很深刻。我跟你做买卖，钱没有多出来，只是换了手。央行不同，只要印钱，钱就凭空多出来一块。多出来的钱怎么发出去非常重要，谁多拿谁少拿，就改变了社会的财富分配。

假如社会只有你和我，一人有一块钱，一样多。央行新印一块钱，给了我。现在我有两块，你有一块，我比你多一倍。

央行印钱，增加钱的数量，也改变钱在社会里的相对分布。你的钱表面上没有变少，但实际上变少了。

假设过去社会总共有两块钱的物品，我买一块钱的，你买一块钱的；现在我有两块钱就全买下来了。你的钱数是没变，但这些钱对应的物品变少了。以前两块钱对两块钱的货，你占一半；现在三块钱对两块钱的货，你变成只占 1/3。

这就是通货膨胀，简称通胀。

通胀发生需要两个条件：一个是央行多印钱；二是央行把钱发出去的时候，不是均匀地发出去。如果所有人的钱同样增加，而所有货物的价格同样上涨，那就跟发钱之前一模一样，只是表面数字变了下而已。实际上不是这样，政府把钱发出去，一定是有人拿得多，有人拿得少。对拿得少的人来说，同样物品的价格变高了，或者说，他用同样的钱能买到的物品变少了，这是同一个意思。

"我有点担心通胀，又不是特别担心。通胀让我手上的 2000 块钱价值减少，不过减少得也不多。"

钱是拿来用的，如果没有好的用途，暂时放着也行，虽然通胀会使它的价值减少，但总比全乱花了好。不过有些时候得把钱抢着花出去，不管买到什么都行，因为钱一文不值了。

"什么时候？"

比如说，现在有个国家，钱上原来印着 3 个零，现在印着 10 个零，这是说明钱更值钱了呢，还是说明钱不值钱了？

"我想想。"

不值钱了。这个国家政府多印几个零，假装这钱还值钱而已。但是钱值不值钱，要看它能换多少东西。如果大家都不想用东西换钱，钱就不值钱了，不管上面印着什么数字。不过，大家都不用钱的话，会有大问题。

"不用钱也可以做买卖的，我知道，叫 barter trade（交换），刚在夏令营的古代文明课上学的。"

这夏令营上得值了。用东西换东西可以做，就是比较麻烦。假如你用自己的乐高去换任天堂纸板游戏，首先，你得找到另外一个小朋友，有任天堂纸板游戏，而且他想要乐高；其次，他愿意要二手乐高；再次，多少乐高换多少纸板，你们还要谈得拢。钱没这些问题，正常情况下大家都想要钱。所以，用钱做买卖，买卖就多。反过来，如果不用钱了，买卖就急剧减少。

你再想想，如果大家都不做买卖了，你的生活会受什么影响？

"爸爸你得去……种田？"

问你会受什么影响，不是问我！不过你说得对。我们家自己不种吃的，用钱买。如果钱没用了，爸爸就得去种田。这很难，首先得有块田，其次爸爸并不擅长种田，爸爸擅长的是写文章。

钱有用，爸爸就能做自己擅长的事，用这个来换钱，再换吃的；钱没用，爸爸就只好去做自己不擅长的事。不光爸爸，所有人都是一样。钱有用，大家才能去做自己擅长的事，然后交换；钱没用，大家都得种田，苦哈哈。

"真惨。钱这东西要管好。"

金钱五话·怎样用钱生钱

　　前两天跟朵拉讲了人力资本和财务资本。这两样东西所有人都有，只是多少而已。人力资本（human capital）就是能挣钱的本事。财务资本（financial capital）就是人力资本挣来但没花完的钱。这组概念对小朋友来说是不是太抽象了？我有点儿不放心，检测一下。

　　什么叫人力资本？

　　"就是我给二宝读书来挣钱。"

　　什么叫财务资本？

　　"就是首先我得有本书。"

　　敢打赌朵拉回答得比多数人正确。读书挣钱这门生意要做成，有钱买书（财务资本）＋能读书（人力资本）得同时成立。

　　爸爸与朵拉谈钱已经谈了一个月，对话整理成"金钱话事"系列，在公众号发出来。这对朵拉来说是金钱教育，对爸爸来说是再教育。

　　"金钱话事"系列收到的赞赏一半分给朵拉。坏处是朵拉收赞赏的大钱收惯了，有点儿看不上给二宝读书挣小钱，好处是朵拉爱上跟爸爸谈钱，每天晚上主动过来问：今天晚上谈什么话题？

　　朵拉手中的财务资本屡创新高，已有 2200 多块。爸爸告诉她通胀会侵蚀这些钱的价值，她有些舍不得，问怎么办。今天就谈这个。

　　就像人力资本可以用来挣钱，财务资本也可以。用钱生钱，你的钱才能战胜通胀。

"用钱生钱是什么意思？"

其实，钱只靠自己是生不了钱的，但钱可以买到别人为你挣钱。你拿钱买任天堂 *Labo* 纸板游戏是消费，拿钱买别人为你挣钱叫作投资。要用钱生钱，你得投资。

"怎么投资？"

举个例子，现在你给二宝读书挣钱。马上要开学，你忙着做作业，没时间，就可以花钱买别人给二宝读书挣钱，然后你和这个人分享挣来的钱。

"我买不到人。"

那是因为你在我们家"知识食物链"上的位置是倒数第二，只比二宝高一级，爸爸妈妈都在你上面，你买不起。话说回来，你会考虑投资二宝吗？就是借钱给他挣钱。

"不考虑，我想把钱借给你。"

假设二宝向你借钱，承诺跟你分享的钱比较多呢？比如他借 100 块，承诺还你 120 块，爸爸只承诺还你 110 块。你借给谁？

"还是借给你，虽然你分得少，但你还得起。"

哈哈，看来朵拉你比较厌恶风险。跟二宝相比，爸爸风险小：本来就有钱，还能挣钱，而且只要有钱肯定会还你。二宝没钱，不太会挣钱，有了钱也不一定想还你。借钱给二宝风险是很大。不过风险小有风险小的坏处，就是分给你的钱也少。比如说现在，风险最小的是借给银行，每年分给你 3%。算算你的 2200 块一年能拿回多少钱？

"66 块，真没劲。"

二宝风险大，银行回报低，要买到靠谱的人给你挣钱，这件事可不容易。

"容易。我把钱借给你。"

金钱六话·让孩子明白钱能否买到一切

不少朋友提醒我跟小朋友讲钱要小心，要注意内部动机与外部动机的差别。通俗地说，别让孩子最后做一件事不是因为做这件事本身带来的满足，而只是因为钱这个强大的外部刺激。跟孩子讲钱，要防止孩子以为钱能买到一切。

可我一直在想的却是，怎么正确地让朵拉明白钱能否买到一切。

第一，让小朋友明白钱是什么。钱是工具，它本身没有价值，其价值在于帮助有价值的东西相互交换。什么有价值？你对别人有用才有价值，无论是能造出别人想要的东西（物品），还是帮别人做事（服务）。钱是度量衡，它几乎能度量一切，但真正重要的是用钱来度量的那两头。你想要什么？拿什么来换？只是中间经过钱的中介而已。朵拉现在天天想怎么使自己更有用，我还得宽解她别着急。

第二，让小朋友理解复杂。小朋友看事情往往只有两重：是非、好坏、对错，于是要么喜欢要么不喜欢，没有中间地带。这不是性格使然，而是认知能力不足。怎样让他们知道人生不是开关？钱能帮忙。钱是天生的量化工具，定量比定性更能表达复杂。从 1 到 10，你有多喜欢一样东西，有多讨厌一件事情？越喜欢的你就付越多的钱去获得它。通过每天跟朵拉玩这个游戏，我帮助她打造了自己的人生第一把尺子，先有尺子，后有定价。

第三，让小朋友发现交易有魔法：但凡双方自愿达成的交易必然是双赢，从此分配不必通过争斗，而且但凡能交易就不要争斗。当然，交易并不必须用钱，但用钱，则交易容易很多。

第四，让小朋友知道，对任何人来说，钱都不能从他那里买到一切，但一切皆有代价，没有什么是真正免费的。

讲到这里时，我停下来想了想，决定还是往下讲透为止，朵拉能听懂多少就听懂多少吧，况且我们也不知道什么时候说的什么话最后会被孩子记住。当年父母讲给我们的道理，我们记住的，跟他们以为的也不是同一些道理。

我说：钱不能从你这里或从任何一个人那里买到一切，但钱最终能买到一切。

过程是这样的：

1. 一切均有代价。

2. 对绝大多数人来说，绝大多数代价可以用钱定价。

3. 但是，每个人心里都有个清单，清单上是对他来说不能用钱定价的极少数东西。priceless，无价，不是指特别贵，而是指不能定价，无论价格是多少。一个人认为哪些东西不能定价，决定了这个人的本质。

4. 但是中又有但是，人与人不同，人多如海沙，人心如针尖。你认为不能为之定价的那个东西，在这世上总能找到另一个人给它定价。

5. 所以说，把所有人视为一个整体再来看，则一切都可定价。任何人、任何社会都不能接受钱能买到一切，但钱事实上总能买到一切，就是这个原因。

证毕。

我问朵拉，你认为钱能买到一切吗？

"不能。钱不能买到人。"

我摸摸朵拉的头，善良的小朋友。

我把跟朵拉讲钱的内容写成文章发在微信公众号 BetterRead 上，收获的赞赏分朵拉一半。朵拉每天晚上都要找我问"今天晚上谈什么"。我问她喜欢讲钱是不是因为能分钱，朵拉说不是，就算没钱分也想讲钱。

为什么？

"讲钱有意思。"

我明白了，跟孩子讲钱，只要我们自己真明白钱是怎么回事，就不必太在意什么外在动机会不会挤出内在动机。在小朋友那头，这两样东西自然会水乳交融，难解难分。

孩子比我们担心的要强大。

金钱七话·不必事事讲道理

朵拉早上想要个东西，使出哭泣大法，加入表演属性，捏着嗓子怪声怪气。我大怒，正告朵拉，想哭就好好哭，真哭，给你十五分钟哭个够。像这样哭得又假又难听，想要什么都绝对不给！

朵拉绝望。

跟朵拉吵架后照例要复盘。晚上聊天，我问朵拉，获得自己想要的东西有多少种办法？

朵拉张嘴就来："买，buy。还有交换，barter trade。"

行。这一段金钱话事没白来。

我说，不止，你还可以要，ask，也可以求，beg。如果你想要想得发疯又没有其他办法，虽然不推荐，可以试试哭。但是哭就好好哭，不要cry in a wicked way，哭得假模假样，音调怪异。你这样试过好多次了，效果怎么样？

"不好。"

想清楚目标，看看准备的办法，再衡量它能不能达到目标。

"想要什么东西时，我还想到几个办法，抢，rob，或者偷，steal。"

是，但没有这么简单。第一，首先这是非常不好的事情。第二，抓住要坐牢。你愿意坐牢吗？第三，人家会说，你这么漂亮的小姑娘怎么是个小偷？

"还是用钱买好。"

怎样获得想要的东西还跟你与对方的关系有关。我是你爸爸，你是我女儿，我命令你 behave（不要调皮捣蛋）。你能不能说爸爸的命令不对，你就是要 misbehave（调皮捣蛋）？

"不能。"

看，跟小朋友并不需要事事都讲道理。只要大人够讲道理，反过来讲权威也行的。

番外：随机应变

带娃如带兵，兵无常势，水无常形，找固定方程式是找不到的，但又不是毫无头绪。手段要灵活，灵活的前提是无条件的爱，爱的客观表达是时间，而这一切都以对孩子的充分了解为中枢。

朋友们前前后后提了不少问题，我一一作答。

⑦ 问：我看到你并不避讳用钱来奖励孩子。具体标准是什么？是奖励额外做的好事，还是分内的事但做得好？会不会造成孩子有奖励才做事的问题？

答：具体说我的标准，是额外的努力要奖，分内的不做要罚。不过我觉得无所谓，因为我觉得不用担心孩子被钱带偏。这是因为孩子怎么对待钱，取决于家长怎么对待钱。你有事，孩子才有事；你没事，孩子肯定没事。

⑦ 问：假如奖惩不是钱，是孩子看电视的时间，把它作为奖惩的标准，会不会把孩子的看法固化，以为看电视就是"好事"，不看是"坏事"？

答：你想得太多太远了。带娃没有标准答案，要根据孩子的情况随机应变，随机应变的前提是先做起来，再调整。

不要怕带娃方案会出错，你放心，它一定会出错。但家长工具箱里的工具太多了，相对于孩子处于绝对的优势，出错再调整就是了。要灵活，随机应变，不要自缚手脚。

⑦ 问：父母看法不一样怎么办？一方认为应该用奖惩，一方认为这样孩子就失去了自驱力。

答：比奖惩好不好更重要的是，在教养孩子这事上，家长之间要有一致意见，达不成一致意见的时候，要决定听一个人的。听谁的其实都行，关键是只能听一个人的。

这个人是谁呢？

最早期绝对是听妈妈的，母子连心有强大的生理基础，妈妈有绝对大的话份，不听妈妈的，什么也不可能实现。

长大一些后，应该是谁出力多听谁的。但这只是应该，实际上，最终会变成谁主意大听谁的。生活就是这样，不要跟它对着干。无论是对家庭整体来说，还是对孩子教养这一件事来说，父母之间保持一致最重要，比选择哪种方法好一点儿要重要得多。不要因小失大。

⑦ 问：孩子对练琴或做作业有抵触怎么办？

答：教养孩子要搞真民主，不要搞假民主。所谓假民主，就是看上去给孩子许多自主权，实际上当孩子做出自己不喜欢的选择时，"拉抽屉"，打折扣。所谓真民主，就是自己清楚，也让孩子清楚，哪些事情他有自主权，哪些事情他没有。他有自主权的，家长要认账。他没有自主权的，家长做决定，用不着跟孩子商量，不容讨论。

什么事情可以给孩子自主权，什么不可以？每个家庭有自己的清单。我们就是练琴自主，作业没商量。所以，我们家不练琴。

⑦ 问：孩子不做作业怎么办？

答：办法太多了，家长工具箱里的工具太多了，在孩子对于家长对他们的爱有完全信心的前提下，什么工具都可以用。你提这种问题，估计你们家搞假民主太多，人心散了，不好带了。

問：怎么算完全有信心啊?

答：把爱与教养分开。无论如何都爱他们，但教养是另一回事。爱不是你藏在心里的那种爱。孩子非常现实，家长对孩子的爱，必须有非常客观的尺度。

我说的客观尺度不是钱。我很重视钱在孩子教育中的作用，但家人之爱不能用钱来度量。

我说的客观尺度有两个。一是时间，你把多少时间给他们。二是对他们有用，他们有什么问题你用心帮助。所谓他们要解决的问题，不是什么大事，最重要的一条就是他们在小朋友阶段会经常过来找你说话，提问题。这时候你要把手上的事情放下，先回答他们的问题，再回去做自己的事情，哪怕你真的很忙，哪怕孩子的问题真的很难答。

你要是能做到这两点，孩子心里明镜似的。

問：回到刚开始奖惩的问题，我看了一些心理学家写的书，他们提到不要用"外部评价机制"去占领孩子的心智。问题是没奖励就没动力。所以我才有这些问题。

答：你可以去看看这些心理学家的子女教育效果如何。我估计不会差，但也不大会显著高于平均水平。奖惩可以，不奖惩也可以，有个阶段奖惩有个阶段不奖惩也可以，但我不认为奖惩绝对不可以。

说到底，孩子是独特的，每个孩子都独特，孩子的每个阶段都是独特的，教养孩子不能是一成不变，而是得随机应变。随机应变的前提是了解孩子，了解的前提则是多花时间。时间花到了，刚才的问题就消失了。

3

阅读他人的人生

何以好诗

"什么是好诗？"

这段时间给朵拉夜话历史，她对暗黑权谋有点儿腻味了，主动转换话题。

中国古代史书讲的就是一部周而复始的权谋史。要听权谋有的是，要听别的不容易。

但诗不一样，诗里面什么都有。

讲点美好的吧。

朵拉，接下来我给你讲唐诗。

下终南山过斛斯山人宿置酒
李白

暮从碧山下，山月随人归。

却顾所来径，苍苍横翠微。

相携及田家，童稚开荆扉。

绿竹入幽径，青罗拂行衣。

欢言得所憩，美酒聊共挥。

长歌吟松风，曲尽河星稀。

我醉君复乐，陶然共忘机。

夜话前，我把《唐诗三百首》这一页打印出来，让朵拉自己先读一遍。

繁体字朵拉读不懂，没关系，不认识的字跳过去，繁体字你将来会学到，现在尽力猜猜就行。

熄灯之后，黑暗之中，我讲了三遍。

第一遍，完整背诵这首诗。

第二遍，念一句讲解一句，朵拉有问题就问。

第三遍，再次完整背诵。

第一遍为了感觉，第二遍为了理解，第三遍为了体会。

朵拉，这首诗好吗？

"好。"

好在哪里？

朵拉说不出。

这很正常。只知其好不知其好在哪里的事情，我们经历过很多。

我来给你讲讲吧。

第一，切身。

这诗中最打动爸爸的句子有两处。

第一处是开头四句：

暮从碧山下，山月随人归。
却顾所来径，苍苍横翠微。

天黑之际，李白走下终南山，往天上看去，月亮跟着他归来，往来路看去，夜色中一片苍翠。

这个画面，只要你曾经在月色中下过山，就知道它是什么样子：轻快、静谧，又有一点点令人安心的神秘。

爸爸在四川山区出生、长大，非常熟悉这画面。李白把爸爸熟悉的画面，用流水一样的语言重现。爸爸心中有口上无的回忆，被李白写出来了。

还有一处：

长歌吟松风，曲尽河星稀。

松风之中，李白与朋友作长夜之饮，边饮边唱，直到深夜银河里的星星稀疏下去。

它也是一幅画面：长夜酒阑，纵情歌唱，兴致无前。

一个人，只要他不是一生乏味得无可救药，一定曾经是这幅画中人。只要曾身处其中，就会懂得，这是最快乐的时候：无牵无挂，惜取眼前。

爸爸想起了这些时光。

第二，流畅。

这首诗讲了七个画面：

下山，回顾，到达，庭院，夜谈，歌唱，酒阑。

从头到尾，节奏舒缓，却又流转自如，一气呵成，像极了电影中一镜到底的长镜头：极尽技巧，又克制内敛。

李白的诗以气势著称，这首诗说明他把气势藏于胸臆的功力同样深厚。

第三，视觉推动。

这首诗每一句都是视觉，如同你身临其境，与李白一起下山，一起回望，一起做客，一起欣赏庭院，一起长饮，一起欢笑，一起纵歌，一起醺醺然醉倒在松风里。

朵拉，不仅是诗，只要是写作，无论你是讲个故事，还是介绍一件事物，乃至发个议论，视觉推动都是最有效的方法。

要让你的文字使读者仿佛能看到你所讲的东西，要让你的姿态（posture）仿佛是读者参观这些东西时的解说员，要让你跟读者处于彼此心领神会的对话之中，把他带去你想带他去的地方。

视觉推动自然也容易掌握。你以后写文章时，试一试。

"好的。"

其实，今天讲的这三点：切身、流畅、视觉推动，都可以用在你的写作当中。

第一，尽量写得切身，用真实体验打动读者；

第二，尽量写得流畅，不让读者在阅读中遭遇断裂和跳跃；

第三，尽量用视觉推动，让读者感到如在眼前。

做到这三点，必然是好文章。

这时，一件意外发生了。

二宝等了良久，终于按捺不住，沉声吟道：

一道残阳铺水中，半江瑟瑟半江红。

可怜九月初三夜，露似真珠月似弓。

这是白居易的《暮江吟》，二宝上幼儿园时背诵的篇目。

朵拉，这首诗有好的地方。

"好在哪里？"

"半江瑟瑟半江红"这句，精准地讲出了日落时分江水的景象。这种景象人人心中有，人人笔下无。知道，见过，但写不出来。白居易写出来了，给他一个赞。

但是，这诗有个断层。

你看，前两句讲日落，是傍晚。后两句讲露珠，不是深夜就是凌晨。

"我知道了。前两句跟后两句之间没有过渡。"

对。一个人读到前两句，会自然有所期待。太阳西下，然后呢？

然后，就到深夜了吗？

中间那段时间哪里去了？

跳跃和转移不是不可以，很多好诗都有，但不能过于突兀，你打断了读者的期待，不能毫无交代。白居易在这里就毫无交代。

所以，作为整体，这诗不够好。跟李白上面那首诗的流转自如一比，就更明显了。

"爸爸，诗是越流畅越好吗？"

也不一定。你听听这首。

咏雪

张打油

江山一笼统，井口一窟窿。

黄狗身上白，白狗身上肿。

这诗是不是流畅得很？

"是。"

你觉得它好不好？

"它很有趣。"

它有趣，是因为它流畅得有趣。但你也只是说它有趣，没有说它好，因为它流畅到有点儿油滑。

"对。"

流畅本身是好事，但如果只有流畅，而且过于流畅，就不再是诗了，而是打油诗。

"什么是打油诗？"

就是刚才这种流畅到油滑的诗。今天我们也把它叫作顺口溜。

李白何许人

为了竞争老师颁发的背诗比赛金牌，朵拉背得不亦乐乎。她属于盲背，倒背如流，不解其意。背多了自然有惑，有惑就来找我。

"你给我讲讲什么意思。"

她选了《行路难》。

行路难

李白

金樽清酒斗十千，玉盘珍馐值万钱。

停杯投箸不能食，拔剑四顾心茫然。

欲渡黄河冰塞川，将登太行雪满山。

闲来垂钓碧溪上，忽复乘舟梦日边。

行路难！行路难！多歧路，今安在？

长风破浪会有时，直挂云帆济沧海。

我一句句讲。

金樽是金杯；清酒指精酿好酒，没有杂质；一斗是十升，每斗卖一万个钱；玉盘指用玉做的餐具；珍馐没具体说是什么，总之是难得一见的食物，也值一万个钱。

总之是极度奢华的一席酒。

但李白不开心。

放下酒杯，扔掉筷子，不吃了，站起来拔出剑，四方望去。

"他想干嘛？"

吃得再好也不重要，重要的是要大显身手，所以忍不住拔剑，但拔出剑来却无处施展，所以心下茫然。

想要渡过黄河，大河结冰。

"结冰不就可以走过去吗？"

朵拉，这是诗不是论文，不要挑刺，你只需要知道他想渡河而不成，转头去登上太行山，又遇大雪封山。总之，处处遇堵。李白志向难伸，上升无路。

既然上不去，那就退下来，到小溪边钓鱼去。

难道李白放弃了？不是。自从姜太公在渭河边钓鱼开始，钓鱼在中国历史文化背景中有特殊意义，指有本事的人等着帝王来上钩。

果然，刚刚开始钓鱼，李白就做起白日梦，梦到自己坐船经过太阳边上。伊尹，商朝的开国功臣，当年做过这个梦，然后就被商汤看上了。

诗里，李白一会儿淡泊，一会儿热衷。但你仔细看就发现，淡泊是假淡泊，热衷是真热衷。

梦总是要醒的。李白醒来长叹，人生难，人生难，走过那么多岔路，不知自己身在何处。

本来到这里诗意已完，结束正好。但李白偏不，他平地拔起，忽然给了个光明的尾巴：难归难，我总有得意那一天。

朵拉，你觉得《行路难》这诗好吗？

"不好说。"

我觉得不好。不是说它绝对地不好，而是李白写过的类似诗中，有比它好很多的。李白这个人两头都想要，最想要人生得志，如果不得志则想表示自己无所谓。两头要本是人之常情，但这不是什么高尚美好的情怀，写得太露骨了就不好。《行路难》就写得露骨。

《将进酒》就好得多。

将进酒

李白

君不见黄河之水天上来，奔流到海不复回。

君不见高堂明镜悲白发，朝如青丝暮成雪。

人生得意须尽欢，莫使金樽空对月。

天生我材必有用，千金散尽还复来。

烹羊宰牛且为乐，会须一饮三百杯。

岑夫子，丹丘生，

将进酒，杯莫停。

与君歌一曲，请君为我倾耳听。

钟鼓馔玉不足贵，但愿长醉不复醒。

古来圣贤皆寂寞，惟有饮者留其名。

陈王昔时宴平乐，斗酒十千恣欢谑。

主人何为言少钱，径须沽取对君酌。

五花马，千金裘，

呼儿将出换美酒，与尔同销万古愁。

《将进酒》同样讲李白在热衷与淡泊之间的纠结，但热衷被藏了起来，只看见淡泊，而这又是何等的淡泊。

诗意爽快如瀑布，一泻千里；诗句华美如锦缎，随意而精巧。但凡我们还保持清醒，就知道古来唯有酒徒留名是胡说八道，但在将进酒的顺流直下中，我们怎么能保持得了清醒。这就是诗的力量，它能扭曲现实，让我们相信——至少接受——非现实的画面。

不过，我读过的李白诗中，还有更好的。

"对，你跟我讲过，《月下独酌》。"

月下独酌

李白

花间一壶酒，独酌无相亲。

举杯邀明月，对影成三人。

月既不解饮，影徒随我身。

暂伴月将影，行乐须及春。

我歌月徘徊，我舞影零乱。

醒时同交欢，醉后各分散。

永结无情游，相期邈云汉。

月下，花园里，有酒无伴，有点儿凄苦。一般人这样做叫喝闷酒，李白不然。

他不要一个人。

怎么办？

请明月也来喝一杯。

朵拉，你能想到请月亮来一杯吗？

"不能。"

李白能。我想，能写出请明月喝一杯，是因为李白真的这么做过。没做过这事的话，很难想象得到。

什么样的人才会请月亮喝酒？

"有点儿疯。"

在凡人看来是有点儿疯，因为天才认为可能的事，天才认为合理的事，比凡人多很多，所以天才做的事，会超出凡人的边界；凡人不理解，就说天才有点儿疯。

你往下看——

> 举杯邀明月，对影成三人。
>
> 月既不解饮，影徒随我身。
>
> ……
>
> 我歌月徘徊，我舞影零乱。
>
> 醒时同交欢，醉后各分散。

明月既已入局，就算不会喝酒，也得陪着李白玩下去。明月，李白，李白映月的影子，且饮且歌且舞，难解难分，如胶似漆，直到沉沉醉去。

逻辑严谨，文字精美，层次分明。哪有半点疯的样子。

《孙子兵法》里讲："凡战者，以正合，以奇胜。故善出奇者，无穷如天地，不竭如江海。"

用这两句话来看《月下独酌》——

以奇胜：引明月下来。诗意之奇，如天地，如江海。

以正合：明月下来之后的局面，安排得顺流而下，一气呵成，没有一丝缺憾。诗才之纯熟，足以驾驭一切诗意。

李白的诗才是顶级水平，而诗才可学。李白的诗意不能用水平来衡量，它独特无伦，奇诡却打动人心，无穷如天地，不竭如江海。

天才扩展了我们体验的可能边界，是精神世界的探险家，因为在偶尔极少数时刻里，他们把自己活成了诗。

朵拉，这三首诗里的李白不是一个人。《行路难》里的李白是个俗人，《将进酒》里的李白是个妙人，《月下独酌》里的李白是个仙人。

"李白究竟是什么人？"

他既是俗人，又是妙人，也是仙人。他什么都是。

友情的李杜滋味

"杜甫为什么总这么悲伤？"

夜话唐诗讲到杜甫，才讲了两首，朵拉就发现了规律。

朵拉，你观察很敏锐，但说得不够准确。

杜甫是哀而不伤。

什么意思呢？

他的诗都以悲凉作底层，就好像他所体会到的人生。

天下，从安定变得大乱；自己，始终怀才不遇。

岁月蹉跎，不仅志向得不到伸展，甚至连温饱都难保全。他的境遇不幸，他的朋友们境遇不幸，他所见到的人们境遇不幸。

所以不得不哀。

但不伤。

因为杜甫没有任自己被悲凉淹没。他珍惜偶然遇到的温暖，也把自己有的一点儿温暖传给别人。

所以不伤。

杜甫的诗，是艰难时世中的彼此慰藉。

比如今天这首：

赠卫八处士

杜甫

人生不相见，动如参与商。

今夕复何夕，共此灯烛光。

少壮能几时，鬓发各已苍。

访旧半为鬼，惊呼热中肠。

焉知二十载，重上君子堂。

昔别君未婚，儿女忽成行。

怡然敬父执，问我来何方。

问答未及已，儿女罗酒浆。

夜雨剪春韭，新炊间黄粱。

主称会面难，一举累十觞。

十觞亦不醉，感子故意长。

明日隔山岳，世事两茫茫。

我一句句讲。

人生不相见，动如参与商。

今夕复何夕，共此灯烛光。

夜雨之中，杜甫与二十年不见的老朋友相见，很可能是偶遇。参商是两颗星，一颗出来，另一颗就消失，永远不会相见，所以古人用参星商星比喻久别。

天色已黑，老友灯下重逢，岁月的无情与偶然的幸运，共同制造了这画面。

少壮能几时，鬓发各已苍。

访旧半为鬼，惊呼热中肠。

焉知二十载，重上君子堂。

身逢战乱，当年朋友一半都死了。两人又悲伤又开心。悲伤朋友凋零，开心再见如故。

昔别君未婚，儿女忽成行。

怡然敬父执，问我来何方。

问答未及已，儿女罗酒浆。

夜雨剪春韭，新炊间黄粱。

朋友家人冒着夜雨到田间拔来韭菜，生火用黄粱米做饭。这说明朋友处境不佳，老友夜访，倾尽全力招待，也就是做到这样。

但这又有什么关系！

朋友儿女满堂，教养很好。在艰难困顿中，朋友保持住了命运夺不走的东西：对子女的良好教育，意味着对未来存有希望。对朋友的深情厚谊，意味着过去美好时光不曾忘。

主称会面难，一举累十觞。

十觞亦不醉，感子故意长。

明日隔山岳，世事两茫茫。

喝吧。

不辞一醉。

但在友情的滋养中，怎么也不醉。

难得一刻，彼此温暖，相互慰藉。明日之后，两人会再次分别，各自继续离乱的人生。

朵拉，前两天讲李白的《下终南山过斛斯山人宿置酒》，跟今天杜甫的《赠卫八处士》题材相似，也是李白到朋友家做客、饮酒、聊天。你觉得有什么不同？

"李白开心，杜甫又开心又悲伤。"

对。李白下终南山，到田家做客，在松风间歌唱，看银河星稀，是全然单纯的快乐。

杜甫与朋友，则是在历尽挫折后，两人带着满身伤痕重逢，暂时把这些忘却，享受眼下的欣喜。

但是，忘可以忘，命运并没走远，仍然包围着他们。

我刚才讲，杜甫的诗以悲凉为底色。杜甫与朋友在灯下叙旧，然而从远处看去，一灯如豆，黑暗无边无际。

为什么都是写友情，杜甫与李白这么不同？

"不知道。"

原因可能很多。比如他们的个人处境有差别，际遇有差别，等等。但是，爸爸告诉你，最重要的，是哪怕这些情况完全一样，他们两个人的体会也会很不一样。

诗人对世界的体会是独特的，只属于他们自己。

他们的独特，我们的幸运。

朵拉，你会长大。他们会在你人生的不同时刻，分别打动你，或者同时打动你。

一点儿烟火气

朵拉给我个意外。

今晚夜话，上来就吟诗。

水调歌头
苏轼

明月几时有？把酒问青天。

不知天上宫阙，今夕是何年？

我欲乘风归去，又恐琼楼玉宇，高处不胜寒。

起舞弄清影，何似在人间？

转朱阁，低绮户，照无眠。

不应有恨，何事长向别时圆？

人有悲欢离合，月有阴晴圆缺，此事古难全。

但愿人长久，千里共婵娟。

不错，可以，很好。我表扬她。

朵拉讲，这是每天清晨上课前的早读内容，一来二去就会背了，但不知道是什么意思。

这好办，我知道。先从另一首诗讲起。

前两天给你讲过李白的"花间一壶酒"，同样是咏月的千古名篇，但一诗一词差别很大。

"花间一壶酒"是李白的独白、独唱与独舞。他不思念谁，只是排解寂寞，明月是他的玩伴，影子是他的分身。但凡可能，他还想上天去游历一番。从始至终，一个人，想其所想，愿其所愿。清冷，孤寂，仙气凛然，一丝烟火气也无。

这是李白。

苏轼不同。

这首词讲的是思念。

苏轼也在月下，也是一个人，但又不完全是一个人：他在思念一个人。

朵拉，你还小，不知道什么是思念。

思念的时候，一方面，你觉得有些孤单，因为思念的那个人不在身边；另一方面，又不是特别孤单，因为你有人可以思念，而你思念的那个人也在思念着你。

思念是种复合情绪。

你与你思念的人一时不能相见，是很遗憾，这没办法。好在，虽然相隔千里，你们还能共享一轮明月，就好像月亮在居中传递你对他的思念、他对你的思念。

是不是很温暖？

"是。"

苏轼就是这样一个温暖的人。他生在宋朝，和平年代，命运比李白算是好一点儿，但不多。才华横溢但志向不得伸展，平生抱负无法实现，这些两人是一样的，区别在于李白想不开，苏轼想得开。

人生无可奈何的事很多。无可奈何就只能承受，既然只能承受就不妨想开一点儿。这是苏轼的态度："人有悲欢离合，月有阴晴圆缺，此事古难全。"

李白不同。

李白的态度是，人间没意思，我要上天去。"永结无情游，相期邈云汉。"

苏轼不想上天："我欲乘风归去，又恐琼楼玉宇，高处不胜寒。"

他嫌天上太冷清，要留在这不尽如人意的世间，这里至少还有思念。苏轼是个有烟火气的人，也为这世间添了很多烟火气。

"他们两个谁更好？"

朵拉，这个问题问错了。他们都是最好的诗人。

正确的问题是：你更喜欢谁？

在回答这个问题之前，我把杜甫拉进来。

前两天给你讲杜甫的"人生不相见"，杜甫显然也是个有烟火气的人，但他的烟火气跟苏轼又有不同。

底色不同。

杜甫的底色是悲凉。人生悲中有欢，弥足珍贵，可是转瞬消失，回归茫茫黑暗。苏轼的底色是达观。我哪里也不去，世界再不完美，也值得好好活着。

回到刚才的问题，李白绝世，杜甫悲凉，苏轼达观，你更喜欢谁？

"我不知道。"

不知道很正常，我也不知道。

每个人喜欢的各有不同。就算是同一个人，在人生的不同时刻，因为遭遇，因为心境，喜欢的也会各有不同。

可能，那些经历过所有境遇的人，会同时喜欢他们。

以成败论英雄

今天给朵拉讲故事，照例开场先问问题。

"什么叫以成败论英雄？"

就是看结果：结果好，你就好；结果不好，你就不好。

"但结果好不好不一定是我能控制的。"

确实是这样。一般来说，一个人做事，能控制的是过程，就是用什么方法什么程序什么标准去做，但结果不能控制，因为在人控制范围之外的事情太多。

所以就出现了个奇怪的现象。一方面，大家往往承认，以结果论英雄不合理；另一方面，大家实际上多半还是以结果论英雄。

"为什么会这样？"

你听完陈汤的故事就明白了。

陈汤是汉朝派往西域使节团的副使。

陈汤出使的时候，汉朝强盛，击败了匈奴，匈奴分裂为南北两部，南匈奴向汉朝屈服，北匈奴不肯，在郅支单于带领下逃到了康居，大概在今天的巴尔喀什湖附近。

这里离中原极远，汉朝皇帝要派支军队过来，至少万里之遥。郅支单于以为在这里是安全的。

但是，陈汤不这么想。

西域三十六国，如果从中间算，离长安七八千里，离康居两三千里。

陈汤心里有个大胆的计划。这个计划不是临时想起来的，应该藏在他心里很久了。他以前没有得到过什么正经职务，只是不停上书要求参加西域出使团，终于成行。

他的计划是，到了西域以后，利用汉朝的威势、汉朝使节的身份，征发西域各国军队，远征康居，拿下郅支单于，建不世奇功。

这计划事先不能说。朝廷的主流意见是郅支逃得这么远，派大军远征，收益有限，风险很大。更何况，就算朝廷决定征讨，一定会派有经验的宿将，没陈汤什么事。他一无声望，二无资历，三无经验。

到得西域，先斩后奏，这是陈汤立功的唯一机会。

正使甘延寿觉得陈汤突袭郅支单于的计划不错，但他要先报告朝廷。陈汤当面不说什么，但趁甘延寿生病，盗用符节，征发完西域各国军队。等甘延寿病好，想制止，陈汤拔剑翻脸：现在停，死路一条。

甘延寿就同意了，不同意也不成。如果现在叫停，擅发西域军队的罪名陈汤逃不掉，但他作为正使也逃不掉。汉法森严，搞不好就是死。

只能拼命向前。

拿下郅支单于，立下大功，将功补过，才有活路。

两个人，就借着汉朝的威势，拿着使节的信物，就在几千里外征发西域各国几万军队，向更几千里外的强国发动战争。

真敢干。

陈汤和甘延寿很幸运。他们打到康居，打到郅支单于城下，一路顺利。

最幸运的是，郅支单于没有逃走。如果郅支单于逃走，茫茫草原，到哪里去追他？

郅支单于没走，有各种原因。我猜最主要的原因，是他带领的这部分北匈奴人的生活方式发生了根本变化。

史书称匈奴是行国。所谓行国，就是不定居，游牧，逐水草而居。但朵拉你看，郅支单于到了康居，居然就筑起了城，而且不是暂时性的简单工事，里外共三重。中心是单于宫城，其外是土城，最外是木城。

他带领的这部分匈奴人，已经定居下来了。

这里还有个有趣的插曲。

陈汤带领军队来到郅支城下时，看到一支奇怪的守军。一部分披重甲上城，一部分在城门结鱼鳞阵。

匈奴是骑兵，向来是打得赢就打，打不赢就四散，怎么会披重甲这种拖累马匹速度的东西？又怎么会在城头防御？

在城门结鱼鳞阵，又是什么操作？匈奴什么时候有了步兵，而且是结阵精巧的步兵？

后世有人相信，这是东方军队与西方军队的第一次交手。他们猜想，披重甲结鱼鳞阵的是一支罗马军队。他们在波斯战败后流落到这里，为匈奴所用。

只有猜想，没有证据。

既然是猜想，爸爸也想猜一猜。

鱼鳞阵不是罗马军队的发明，而由希腊人首创。希腊人的重装盾甲兵方阵战法曾经横扫亚细亚。两百年前，在亚历山大的带领下，他们灭掉波斯帝国，远征至印度。在中亚留下了一些希腊化国家，最近的一个就在大夏。按史书记载，这个国家被灭掉的时间，距陈汤征郅支只隔了几十年。

爸爸猜，陈汤在郅支城下看到的西式军队，也许是按希腊重装盾甲兵方阵训练，出自灭亡不久的大夏。国破家亡，这支军队流离失所，最终为刚刚定居下来的北匈奴所用。

不管这支军队的来源是什么，他们没能挡住陈汤、甘延寿的攻击。城破，这支北匈奴全部被杀被擒，郅支单于被杀。

甘延寿、陈汤向长安报喜：大功告成。

战报有个响亮的结尾：

明犯我强汉者，虽远必诛！

意思是说：我们发动这场远征，宣示凡是侵犯大汉的，再远也追杀到底。

说得这么响亮，固然是因为大捷之后有豪气，还因为他们其实没有十足的底气，需要发动一场舆论攻势。

大捷固然是大捷，但毕竟是超越授权，擅自发兵。

前者应得不世之赏，后者应得不逃死罪。

皇帝怎么定？

朝廷上发生了争论。一派认为应罚，一派认为应赏。

主张罚的说，如果赏的话，不是鼓励以后的人都超越授权乱来吗？成了自己受赏，败了国家付代价，还怎么管理？

主张赏的说，立下这么大功劳如果还罚的话，那怎么鼓励以后的人消灭敌人？

你觉得哪边说得对？

"都有道理啊。"

道理是都有道理，但皇帝不能在道理之间无所适从，总要有个解决方案。

最后，皇帝取了折中，赏，但是赏得不十分重。

决策逻辑是这样的：

超授权乱来如何处理，看结果。功劳大，就算功过相抵有余，有赏；功劳小，就算功不抵过，要罚。

说到底，这就是以成败论英雄。

陈汤的运气太好了，立下了可能立下的最大功劳。郅支单于就待在那里不动等他来，他来了就打赢了，最完美的结果。但凡有一点儿差池，他就有大麻烦。这是赌徒的命运，他自己也很清楚。

回过头来说朝廷。朝廷有更好的办法吗？

"不知道。"

这要看朝廷想要什么。

如果朝廷想要的就是安定不生事，就会制止这些不守规矩的家伙，以罚为主，一切按规矩办。

但如果朝廷还重视军事胜利，就得在规矩上有点儿弹性，让那些不守规矩敢冒风险的人去试试。

如果事事按规矩办，从西域发报告回长安，经过朝廷辩论，审慎决策，再把决定通知回去，且不说多半是不同意，就算是同意，最短也得两个月时间吧。

天高皇帝远，将在外君命有所不受。想赢就得在过程、程序、规矩中留下空间。事事管住，过程、程序、规矩是完美了，但功业就没有了。

在这个故事中，关键因素是距离，距离太远。但还有许许多多其他因素，比如信息，又比如时间，使得顶层如果把下级按过程、程序、规矩管得死死的，就只好跟业绩说再见了。在任何一件具体的事情上，下级的信息比上级更丰富具体，反应比上级更快更及时。

怎么办？

只有这个老办法，以结果论英雄。

不能随便越权，但不是绝对不可以。你越权，这件事就是你的锅。做好了功大于过，做砸了两罪并罚。

以结果论英雄有永恒的生命力。

因为，要是反过来不以结果只以程序论英雄，最后不可能得到英雄。

只能得到官僚。

一切尽在算中

假如你是位使节，在辽远之地承担说服某政权依附大汉的使命，怎么样，朵拉？

"很好。"

不过，时运变迁。西域还是那个西域，仍然是夹在汉朝和匈奴中间。大汉却不再是虽远必诛的那个汉了。

那个汉叫西汉，已经消亡，今天这个汉，叫作东汉。它的力量很难伸到西域来，一路上的麻烦太多。

"那我的工作不好办。"

岂止不好办。你接着往下听。

一开始，主人态度很好，招待很热情。然而，过了几天，主人态度就冷淡下来，招待也有一搭无一搭。

这是信号。

问题是，你能读出什么？

"危险？"

危险是对的，但具体是什么危险？

要做出判断，你要回答一个关键问题。什么才能使刚才还很热情的东道主变脸？

"匈奴？"

很有可能。西域诸国在汉和匈奴之间左右讨好。这是没有办法的事，为了生存，谁也不能得罪。如果没有特别硬的理由，东道主不会得罪你。而什么理由也硬不过匈奴人到了。

一般来说，如果必须得罪一方，西域诸国往往选择得罪汉人。西域自古以来重匈奴轻汉。没办法，匈奴近，汉远。汉人对此也很清楚。

好，现在你形成了一个判断：主人的态度变了，是因为匈奴人到了。

匈奴人到了，你的处境就很糟了。如果他们知道汉使在这里，要东道主把你们交给他们带走。后果是什么？

"死？"

可能。就算不死，也是作为人质被带到草原上，永离家园亲人。

"逃跑行不行？"

逃跑有几个问题。

第一，你只是有个判断，并不确切地知道匈奴人来了。如果你判断错了，跑得莫名其妙，丢尽大汉的脸面，回去以后，死路一条。

第二，即使匈奴人真来了，你能逃到哪里去？西域周边都是大漠，你能逃多远？身处绝域，你的护身符只有大汉的威望和你的力量。威望不够用了，而逃跑的人没有力量。

"那该怎么办？"

首先，你得验证自己的判断，确定匈奴人确实到了。

你把接待你的人叫进来，不经意突然问他一句：匈奴人来几天了？

他没有防备，说话就穿了帮。匈奴人的确到了。

你有 36 个人，匈奴有一二百人，还有东道主的偏向。

与我以前跟你讲过的陈汤故事不同。

陈汤是个冒险家，趁出使西域时，利用汉朝的威信发动西域各国的军队，远征北匈奴郅支单于。

今天你不是要建功立业，只是想活命，回到家乡。你手下的 36 个人也一样。

人虽少，但齐心，为了活着，为了回家，都成了亡命徒。

只有一条路可走，把匈奴人都杀了。

"那东道主不是会很生气吗？"

要看情况。

如果东道主事先知道了，会很生气，会把你们关起来，防备你们去攻击匈奴人。这是肯定的。

所以，问清楚匈奴人的人数、位置后，你就把接待你的人绑起来，藏到屋子里。等东道主知道你想干什么，一切就都结束了。但是，如果你已经把匈奴人杀了，你想想，东道主会怎么办？

"他会有麻烦。"

他麻烦大了。

他有两个选择。

一是把你们抓起来，献给匈奴，并且向匈奴解释发生了什么。

这样做的话，首先把汉朝往死里得罪了，更何况，解释得清楚吗？匈奴这么多人，死在你的国家，你到底是哪边的？匈奴人信吗？

如果他不敢走这条路，就只剩一条路可走，放弃两头讨好，专心依附汉朝。一不做二不休。人被杀虽然跟我没关系，但实在要当有关系就当有关系好了。

也就是说，朵拉，如果你不能改变现状，命运往哪个方面走，主动权就在别人手上。但如果你改变了现状，别人就只好朝着你的方向走。

问题是，你得有实力改变现状。

天时，地利，人和，你一个都没有。

你只有 36 个人。

还有一个计划。

深夜里，大漠中，你们摸到了匈奴人的营地。

你把 36 人分成两队，一队埋伏在大门口外，弓箭准备。一队在后方放火、敲锣。

为什么要敲锣？

"要敌人以为进攻的人多。"

在后方放火、敲锣，深夜里匈奴人不明情况，以为遭到大军攻击，争着从前门逃走，迎面遇到弓箭雨。

这个方案简单明了，有效得残酷。匈奴人全部被杀。

你把他们的脑袋扔在东道主面前。就如你预计的那样，东道主气归气，只能选择加入你这一方。

你改变了现状，大家就朝着你的位置调整方向。

所以说，一个人不讲理不行，但也不能总讲理。因为讲理的人忙着适应现实，而现实是由那些不讲理的行动派塑造的。

你不能总是适应现实。

不过，你什么都算对了，就是漏算了一条。

"什么？"

你还是回不了家。

皇帝听到你的功绩，很高兴，做了决定，以后西域的事都交给你来办。

于是，你就在西域工作了一辈子。

"我是谁？"

你是班超。

未提出的问题，不回答的回答

怎样回答一个不能提出来的问题，朵拉？

"都不提出来，怎么能回答？"

对方确实没说出来，但你必须回答，不回答的结果是你会死。怎么答，办法得你自己找。

生活不公平，有时你就会掉到这种处境里。

今天掉进去的人叫陈平，汉朝开国功臣。

他一生侍奉过许多主人。最早跟着项羽，就是楚汉相争与刘邦争天下的那个，后来转投刘邦，得到重用，成为间谍头子。刘邦死后，他帮助吕后——刘邦的皇后——整治刘家的人。在吕后死后，他带着大臣们整治吕家的人，扶刘家的人上台。

翻云覆雨，一辈子下来，始终做阴损的事。这种人往往没有好下场，比如昨天讲的酷吏。酷吏的命运是被下一个酷吏收拾。

陈平不同。他做的事更上不得台面，却得了善终。不论怎么变来变去，他始终跟赢家站在一边，荣华富贵到头。

凭什么他做得到？

听下面这故事就能明白。

当时，陈平离开项羽转投刘邦，要渡河。船家看他长得仪表堂堂又孤身一人，猜到他是逃将，就想对他下手，因为逃将身上往往有金银财宝。

船家在河上动手，那是再简单不过了。两三下做翻，细软搜出来，人扔到河里去。

陈平何等聪明人，一下子就看出船家有杀机。

怎么办呢？

这就是开头问的，怎样回答一个没有提出的问题。

这个问题是：你有财宝吗？

这问题船家不会问，但陈平必须回答，不回答就是个死字。

但怎么答呢？

难道走过去告诉船家自己没有财宝吗？

不行。

第一，船家不会信。还是要把你做翻了，搜一搜，扔下河。

第二，你不能揭破船家的杀机，揭破就是翻脸，翻脸就要动手，动手你就死。

你必须维持住表面的和平，利用这短暂的和平时期给出回答，让船家知道你身上并无财宝。机会窗口很短，再不回答，船家就要动手了。

于是，陈平脱掉了衣服，帮助船家划船。

用不是回答的回答，陈平回答了船家没有提出的问题。

他向船家展示得明明白白，自己没有夹带财宝，衣服都脱掉了。

他用的又是非常合理的借口，帮船家划船，什么都没揭破，还释放了善意，帮你搭把手。

船家被吃得死死的，完全没有理由动手，杀机只能消散。

船到岸，陈平下船，前往刘邦的大营。未来的日子里，间谍头子、宰相生涯，无数刀光剑影在等待着他，而他会一一履险如夷。这一切，都是因为在生死关头，他能像这天一样，发出正确信号，用那个不是回答的回答，回答那个不能提出的问题。

懦夫韩信

夜色已深，时间不够用了。

朵拉还吵着要我讲人物故事。

那就讲个短的。

朵拉，今天讲韩信。

韩信跟这两天讲的刘邦、项羽同时代，都是秦朝灭亡之际出现的风云人物。他站在刘邦这边。幸好是他站在刘邦这边，刘邦才能战胜项羽。他是那时最优秀的将军。有句话叫作"韩信将兵，多多益善"，无论多少兵他都驾驭得了。

刘邦也很佩服他。他说，韩信百战百胜，我比不上。

韩信出身贫寒，自小想从军打仗，找了把剑佩着，但他身材并不强壮，看着滑稽。有个大孩子欺负他，堵住韩信的路说，要么你杀了我，要么你从我胯下钻过去。

韩信想了想，就从他的胯下钻过去，慢腾腾地走掉了。大家哄笑他，说他是懦夫。

后来，天下大乱，韩信从军，风云际会，成为一代名将。

功成名就后，他回到家乡，找到当初欺负他的这个人，大家以为他要报复。

没有。

他觉得这人又傻胆子又大，适合当炮灰，让他当兵。

朵拉，从这个故事里，你看出韩信是个什么人？

"他不记仇。"

韩信是不记仇，但我觉得不记仇是结果，而不是原因。根本原因是韩信极度理性（rational）。

他当初不杀欺负他的人，是因为杀人要偿命，为这人搭上他自己的命，不值得。他就忍了。

不仅忍了，他心中还没留下怨恨。

多年以后，他再见到当初这个人，还是根据给定现实条件来决定自己的选择。杀他没什么用，当炮灰倒还有点儿用处。那就留着当炮灰吧。

韩信绝对理性，像个机器人。

绝对理性，可以解释韩信为什么能成为一代名将。比如说，他面临强敌，做好进兵准备，这时派去的说客已经说动对方，传回消息让他止兵。韩信把所有因素放到一起考虑，就考虑现在，不考虑过往，觉得反而是进兵的最好时机：正因为对方已经被说动，战志没了。至于说客的命运，沉没成本不影响决策。

韩信进兵，敌军崩溃，崩溃之前，把说客给烹了，就是扔大锅里煮了。

"啊！"

韩信对自己狠，能忍胯下之辱，对别人当然更狠。绝对理性就是这么冰冷。

"爸爸，韩信这么厉害，为什么不是他当皇帝？"

哈哈哈，这是个好问题。爸爸也想过。不过想的不是他为什么没当皇帝，而是为什么他这么厉害，却始终被当上皇帝的刘邦吃得死死的。

刘邦对韩信，既不得不用又始终忌惮。不用不行，不用连仗都打不赢；用的话，又怕将来制不住他。

所以，刘邦但凡有机会，就会夺走韩信的军权。《史记》上，战争期间，刘邦自己打了败仗，一驾马车跑几百里，冲到韩信的军营里，直接夺走军权。这可是韩信的军营啊，他就不怕韩信翻脸？

而且，这么干不是一次，刘邦干了两次！

韩信这么聪明，当然也知道刘邦忌惮他，但他在心里权衡利弊，始终没有找到发作的最好时机。

再后来，战争结束，刘邦当上皇帝，突然上门拿走韩信权力的事，刘邦又干了一次。

第三次！

韩信还是忍了。

一而再，再而三，一忍再忍三忍，忍到最后，发作的时机再也没有了，只剩下任人宰割的命运。

最后，韩信都不是死在刘邦手里，而是死在刘邦老婆手里。统兵多多益善、杀人不可计数的一代名将，毫无抵抗地死掉了。

刘邦牢牢吃死韩信，因为算准了一点：韩信太理性，太理性的人不会孤注一掷。

刘邦不同，他常被人认为是无赖出身，一辈子靠豪赌爬上来。刘邦吃韩信，就是搞突然袭击，逼韩信孤注一掷，赌他出不了手。逼一次赢一次，连赢三次。结束。

说到底，太理性就是真怯懦。

韩信不是时人以为的那种懦夫，他是理性的懦夫。

拼命，懦夫终究是不行的。

枭雄的五个瞬间

"你这样不行。"我告诉朵拉。

朵拉听到一个好故事，喜欢得不得了，要讲给我听，却又讲不出来。故事太复杂，她记不住。每次努力要讲，两三句之后都转到"太复杂讲不了，总之故事特别好"，告终。

等她循环到第三遍，我打断她，故事不是这么讲的。

讲故事不是原样重述。

比如说，画画，你看到一个人物，看到一处风景，觉得有趣，画下来，是原样重现吗？

"不是。"

你画你看到的，你看到的不需要是原样。且不说你现在不能完全记住这个故事，就算你能记住，一丝不差重述，也不是好故事。讲故事也得讲你看到的。

举个例子。这两天我们在讲历史人物。今天我讲项羽。

项羽是埋葬秦朝、终结秦始皇万世不绝梦想的那个人。他的一生很短，却很丰富。爸爸讲他的故事，就用五个典故来讲。这些成语，你可能听到过，可能还没有，但都跟他有关。

第一，取而代之。

项羽少年时，看到秦始皇车驾经过，非常羡慕，说道："彼可取而代

3 阅读他人的人生 | 099

之。"意思是说，凭什么皇帝就他做，我也要做。

项羽的祖父是项燕，项家在楚国世代为将。秦灭燕之战中，项燕拥立楚王，苦战到底，结果被杀。项羽与秦有不共戴天之仇。在街头看见秦始皇车驾时，他还在逃亡。但他的第一反应不是深仇大恨，也不是复仇时机未到的隐忍，而是羡慕。

第二，破釜沉舟。

秦始皇死后，天下大乱，项家起兵。项羽即将大战一场，也是他崛起中最重要一战。敌人极强大，项羽又刚夺得兵权，内部不服，部队随时可能崩解。

朵拉，如果是你，你会怎样做？

"难，不知道。"

敌人在对岸，项羽领兵渡河，然后把船凿沉，把饭锅砸破。你知道这是为什么吗？

"我想起来这个成语了。把船凿沉，就没有退路。把饭锅砸破，就没饭吃。"

对，没有退路就只能向前，只有打赢一条路可走。打赢什么都有，打输死路一条。本来军心不稳，这下稳了。项军拼命，大胜，项羽成为霸主。

不过，朵拉，故事中没讲到，项羽手下为什么不走另一条路，投降秦军？

"不知道。"

因为这条路不存在。秦国法律非常严酷，造过反的人投降也得死。所以要借鉴项羽这个打法的话，不能照抄，要看具体情形。如果不是制造出这种除了拼命就必死的特殊情形，破釜沉舟不仅没用，反而会加速完蛋。如果秦军允许投降的话，项军一过河就散了，都投降了。有时，留个口子赢得才快。

第三，鸿门宴。

鸿门是个地方，离秦国都城咸阳不远。项羽带兵驻扎在这里，摆下宴席，请刘邦过来。

鸿门宴的意思，就是宴无好宴，暗藏杀机。表面上请你来吃喝，其实随时要你的命。古往今来摆了无数场这种宴，但自从项羽和刘邦这一席之后，通通都叫作鸿门宴。

项羽为什么想杀刘邦呢？

因为灭秦的功劳项羽最大，而刘邦捡了个便宜，趁着项羽在东边力战的时候，西进入关，拿下咸阳。这下子两个人怎么摆呢？

摆什么摆，杀掉最简单。项羽势力比刘邦大多了。

刘邦明知是鸿门宴，去还是不去？

不去不行，不去就坐实了罪名，项羽趁机进兵，马上就完。

只能硬着头皮去。刘邦这人，能屈能伸，去了鸿门，各种卑躬屈膝，好话说尽，又走后门，项羽居然就改主意不杀了。除了刘邦这些水磨功夫，项羽之所以不杀刘邦，还有个面子问题。本来起兵时大家说好，谁先入关谁就做关中王。要是把先入关的刘邦杀掉，他作为新一代领袖，面子上有点儿难看。

其实，难看一点儿算什么呢？刘邦不怕难看，后来就成了汉高祖。

在自己的巅峰时刻，项羽错过了最好的机会。

第四，四面楚歌。

接下来几年，楚汉相争，项羽跟刘邦争夺天下。项羽虽然老打胜仗，形势却越来越吃紧。终于，刘邦集合了各方面大军，将项羽包围在垓下。包围是包围了，但项羽打仗还是很厉害，刘邦老也拿不下来，僵持。

一天晚上，项羽听见四面传来楚国的歌谣，非常震惊他是楚国人，自楚地发家，楚人是他的父老子弟，如果连他们都加入汉军了，自己还有何指望？

其实，这是刘邦的小花招。他让汉军士兵特地学唱楚国歌谣，就是要送出这个假信号，达到这个真效果。

朵拉，你要记住，信号极为重要。信号有时是真的，有时是伪造的，但真真假假本身，没有接到信号那一方作何反应重要。你如果要发信号，一定要想清楚对方接到你信号后会怎么想、怎么做。信号发对了，四两拨千斤，不战而屈人之兵。

刘邦这次就发对了。项军崩溃，项羽往家乡方向逃跑。

第五，不肯过江东。

项羽拼死逃命，刘邦拼命追杀。项羽的家乡在长江以南，楚国故地，那地方长江自西南向东北流淌，所以叫作江东。项羽好不容易逃到江边，一人一船在这里等着他。等他的人是当地亭长，相当于今天的居委会主任。亭长劝慰他说，大王，一点儿挫折没事的，只要过得江去，家乡父老都支持你，很快卷土重来。

其实，项羽用得着劝吗？他一路逃亡为的不就是回根据地吗？

但是，就因为亭长这番话，项羽突然改主意，不过江了。他突然意识到，回去很丢脸。五年前八千子弟兵渡江争天下，五年后一个人灰溜溜地回来，太没面子。项羽转身，回去战死。

天下归刘。

朵拉，你觉得项羽的故事讲得如何？

"真好。"

你觉得项羽这个人如何？

"他做得对，过江太丢脸了。"

哈。但是人活着总是会丢脸的，爸爸就丢过很多次脸，你将来也会，丢脸不舒服，但也不是不能忍，要看情况。如果不想丢脸的结果是断送性命呢？

"那我要想想。"

朵拉，项羽争胜要强好面子，除打仗本身以外——他打仗是可以的，他跟人打交道也好，处理重要事务也好，基本上是争胜要强好面子的膝跳反应，一碰就反应，就看每次碰到的地方是争胜还是要强还是好面子。在鸿门和垓下，刘邦两次都碰对了。

很多人同情项羽，觉得他单纯；不喜欢刘邦，觉得他流氓。其实，项羽也许单纯，但单纯并不意味着不残忍。他为了控制军权，两次发动事变杀掉上司。秦军向他投降之后，他觉得控制麻烦，活埋了二十万人。

我说这些不是说他特别坏，这些其实是那个时代的标准打法。我只是想说，项羽可不是单纯可亲，他就是膝跳反应，回路特别简单，做事没有权衡，只有狠戾。

这种人得了天下，会比刘邦更好吗？

未知生

夜话时，朵拉跟我讲，她怕死。

我问，死有很多种，你是都怕还是怕其中一种？

"我觉得，死了就什么感觉都没了。一切都消失了。可怕。"

我明白朵拉怕的是终结，以及与之一起到来的湮灭。

朵拉，许多人跟你有同样的恐惧。为了克服恐惧，他们做出很多事，有些很了不起。我跟你讲过《史记》。司马迁在后记里说：君子疾没世而名不称——有抱负的人最怕死不留名。所以，你跟司马迁是同一类人。

谁也不能战胜死亡，但为了战胜对死亡的恐惧，司马迁留下一部《史记》，史家之绝唱，无韵之离骚。司马迁只有一个，《史记》只有一部。普通人死去，留下什么？

"什么也留不下来？"

不是。最起码，他们在别人心中留下记忆。人们活着的时候，是他们这一生做过的所有事情的总和。人们死去以后，是他们在别人心中留下的记忆的总和。

只可惜，记忆不易保存。有条件的人，为了时刻提醒后人记住他们，就去修纪念碑。没条件的人，像爸爸这样的，得另想办法。

"你有什么办法？"

写。司马迁留下《史记》，但不是说非得是司马迁才能写。我也能写。

司马迁想让所有人记住他，我只想让我重视的人记住我，比如你和二宝。

我们这些年聊的天，都写成文章发在 BetterRead 上了。将来你们会离开我们独立生活，就靠回忆联结我们。总有一天我会死，如果那时你们大脑里的回忆靠不住了，这些凝结成文字的回忆还在，就仍然有联结。

"那我怎么办？"

你能做的事情很多。你也许能写，也许能留下纪念碑或者别的什么。你的问题是现在还不知道能做什么。这也很正常。你的人生刚刚开始，一切都没有成型，一切也都有可能。

你不用着急。活着做什么事情，死了留下什么回忆，是一辈子的事情。你暂时想不明白，可以先不用想它。等到你经历过一些事，做过一些事，再回过头来想，来得及。孔子说过一句话：未知生，焉知死。就是说，搞明白怎么活着，才搞得明白怎么死。

你的这个问题极大，它没有正解，而回答很多。以前跟你讲过古希腊的斯多葛主义者。可以说，他们的全部智慧就在于如何面对死亡。也是一句话：竭尽全力活好，坦然面对死亡。把每天都当作最后一天来过。生命在任何时刻戛然而止都了无遗憾。

"这样真的好吗？"

好不好是一种价值判断。首先要问的是谁有资格为一个人如何活过这一生下判断，换句话说，谁有资格做裁判？你看过的美剧中，经常有人在被他人评论后反问：Are you judging me?（你是在评判我吗？）评论者往往语塞。

因为啊，人不能做他人的裁判。《圣经》说，只有上帝能做裁判。"Are you judging me?"一问，就把对方给将军将死了。

"我们不信上帝，我们的裁判是谁？"

你想想。如果不接受他人做裁判，不相信上帝做裁判，谁是我们的裁判？

"没有？"

有。我们的裁判是自己。

我们这一生，做过许许多多事情，有些好有些不好，更多是不得已。自己不得已做的事，顾名思义，就是只能这样。人生要顾及的太多，自己做决定时照顾不过来，几乎不会有一个决定是完美的，只有相对不是最坏的决定。但你不能因为不完美就不做决定，一做决定就得自己承受后果，过程中的是非曲直只能自己消化，无法乞求别人的理解同情。别人如果理解同情就最好，但如果他不理解不同情，你靠求是求不来的。

自己考虑，自己决定，自己承受，最后只能是自己做自己的裁判。

"根据什么来做裁判？"

conscience，良知。良知这东西，按照孟子的说法，"不虑而知为良知"。你看到别人遇到危险，不由自主地想去救，就是你的良知在催促你行动。孟子认为良知是与生俱来的善意。我的看法不同。我认为良知来自一个人的经历。一个人是他所有经历的总和，而良知是所有经历的总和从善恶维度看过去的结晶。

"然后一个人又用良知来为自己的经历做裁判。"

对的。这就是个循环论证，经历—结晶—自我裁判，我们的人生就是个自我循环的历程。

"Daddy, this is so profound.（这真深刻啊。）"

天地不仁

朵拉问我："植物生孩子吗？"

我想了一想，知道她的意思。

朵拉，我整理一下你的问题。

你是说，人生孩子得男人和女人在一起。但是植物不能动，不能走到一起来，那怎么生孩子。是这样吧？

"对。我看过《小威向前冲》，知道爸爸妈妈怎么生我们。但植物怎么办呢？"

《小威向前冲》是个儿童性教育绘本，讲精子小威如何赢得游泳比赛的故事。

朵拉，顾名思义，动物会动，走到一起来。植物杵在那里不动，你想想怎么生？

"爸爸，如果生不了，是不是植物就没孩子？没孩子的话难道不是迟早要死光吗？"

朵拉，你不用担心。动物有动物的法子，植物有植物的法子。

比如说花吧。

有些花是雌雄同体的，就是男的和女的都在一朵花里面，随时在一起，生孩子很方便。

但是呢，这样方便是方便了，并不好。

因为同一株植物自我繁殖，始终是自己，没有变化。一是不容易生出健壮的下一代。二是完全对付不了环境变化，环境一变就死。

所以呢，大多数花是雌雄异体的，就像男人是一个人，女人是一个人。那就回到你的问题：它们怎么生孩子呢？

它们需要帮助。

第一种帮助是风。风一吹，花粉飞起来，飞啊飞，飞到别的花蕊里，就能生孩子了。你看每年春天，花粉满天飞，搞得你经常打喷嚏，就是花要生孩子啊。

第二种帮助来自动物。你说说有什么动物喜欢待在花丛里？

"蜜蜂。"

对。蜜蜂采蜜，采完这朵采那朵。花粉就沾在蜜蜂身上，被它带到别的花蕊里，就能生孩子了。

"植物真聪明啊。"

朵拉，你说得对，又不对。

对，是因为植物显得很聪明，利用了蜜蜂。

不对，是因为植物没有脑子，它没有想过怎么生孩子。植物能生孩子不是因为聪明，而是因为很久很久以前，有许多植物，各有各的方法生孩子，但用其他办法生孩子的植物都死光了，就剩下我们今天看到的这种。

这就叫作 natural selection by fitness（物竞天择，适者生存）。今天的植物这样生孩子，是因为环境选择了它们这种生孩子的方法。

比如说，花要生孩子，得有蜜蜂。

假如没有蜜蜂，你觉得还用这种法子生孩子的花，能生出来吗？

"不行，会死光。"

所以说，蜜蜂采花蜜，看上去有点儿不劳而获，占了花的便宜，其实是花缺了它不行。可以把这看作一种交换：花"请"蜜蜂传播花粉，付花蜜给它当酬劳。

"爸爸，它们知道吗？"

它们不知道。这只是爸爸的一种比喻，只有人才会这样比喻。花和蜜蜂是不管这些的，但凡不这样来，它们就会死。

我与你之间，用说话交流；它们之间，只能用生死来交流。

朵拉，有一句话你现在多半不懂，我先讲给你听：

"天地不仁，以万物为刍狗。"

说的是同一个意思。

你什么都可以想，什么都可以做，也可以什么都不想不做，最终是环境做选择：

环境不讲感情，也不管你想什么，只看你做什么。

4

游戏即学习

游戏人生

两宝玩游戏，我是有管理地鼓励。

两宝跟我们小时候不同，那时可玩的虽然少，但一起玩的孩子多。现在是可玩的多，一起玩的孩子少。再不想办法让他们玩玩，太可怜了。两宝看 BBC 动物纪录片时，简直无法直视屏幕。小狮子们除了嬉戏不干别的。

问题是，什么游戏？怎么玩？

答案是：让他们玩最好的游戏，跟他们一起玩。

以前讲过《塞尔达传说：旷野之息》，那是大作。这次讲个小品。清明节假期回乡，在苹果商店里面找到个小游戏，规则极简单，玩法却足够复杂，打发了我的旅途时光。

朵拉看见，很鄙视：几个数字推来推去的，有什么好玩？

我说：老规矩，你得先玩几局，如果还说不好玩，那才能说不好玩。

我们家有规矩，新鲜东西如果没试过就没资格评价，试过才能下判断。我发现，小朋友往往会过早地失去对新鲜事物的兴趣，因为新鲜事物往往让他们一上来就受挫，新鲜嘛。谁喜欢受挫呢？但如果一受挫就放弃，能学会什么呢？于是就有了这规矩，努力过才有资格放弃。

当然，小朋友要做到，我也要做到。

一会儿，朵拉回来了。"爸爸，这游戏真好玩，还挺难。"

游戏叫 *Threes+*，4×4 的棋盘格，开局时数字 1、2、3 随机占了 9 格，剩下 7 个空格。规则是这样的：1 与 2 不能直接合并，但如果 1 与 2 彼此相邻，就可以互相合并为 3，3 则只能与相邻的 3 合并，合并成 6 后也只能与相邻的 6 合并，依此类推。

玩家上下左右推数列，合并数字；每推一次，系统就增加一个数字占据一个格子。合并消去数字以腾空格子，系统持续追加数字占据格子，玩家在两者之间的虎口中奔命，在棋盘最终被填满之前，制造出尽可能大的数字，越大越好。

我玩了两天，目前的纪录是 384。朵拉很佩服，她刚上手，只能做到 96。"你怎么玩的？"

游戏规则很简单，但简单并不意味着一览无余。规则相当于公理，要想玩得好，得找到这些公理能推出哪些定理。说起来是推导，但推导并不是你在心里想就想得出的，得观察，得推算。

观察和推算什么呢？

第一，方向很重要。

系统会提示下一个数字的类型，但你注意到没有，当你推动数列时，下一个数字在哪个位置出现？

"没有注意过。在哪里？"

它会出现在与这个数列移动方向相反同时相隔最远的那个格子上。

"啊，我怎么没发现！"

如果只有一个数列移动就简单了，下一个数字出现在哪个位置是确定的。但是，每次推动数列时，只要是没有被棋盘边缘挡死的数列都会移动，下一个数字出现的位置有多个选择。往哪里移，涉及哪些数列，结果大不同，得根据下一个数字的类型，以及棋盘上的形势，来做决定。

玩这个游戏，方向很重要。它决定下一个出现的数字是你的援兵还是障碍。

第二，次序很重要。

有时，前后左右都有合并消去的路径，先走哪一条更好？

"我没想过，就是唰唰地推。"

你这叫凭手气撞大运。

有时这些路径是兼容的，你选哪条都能走到另一条，这时怎么选无所谓。有时，这些路径是不兼容的，先走哪一条必须讲究，选择一条，其余的就消失了，你必须推算出哪条路走得更远，选它。还有些时候是两种情况同时存在，选一条路则另一条路消失，选另一条路则两条路都能走通。还有些时候你想往右得先往左，想往上得先往下，因为那边有援军，获得支援后再转回来。

玩这个游戏，次序很重要。棋盘上最多时也只有七个空白格，意味着你只有七次机会，用完就死，一个也不能浪费。必须精心规划次序，才能上下左右闪展腾挪，争取生存空间。

第三，概率很重要。

它虽然是个小游戏，选择也不多，但结果并不注定，不存在最优玩法。

为什么呢？

因为下一个数字是什么，系统只提示类型，并不会直接说是哪个。也因为它出现在哪个位置上——像前面说的那样——往往不唯一，而有多个选择。如果两个位置有可能，那么它出现在某个位置的概率，就是1/2；如果三个位置有可能，那么它出现在其中某一位置的概率就是1/3。1/2、1/3，就叫作概率。而下一个数字是1、2还是3、6、12、24、48……也是个概率。这两件事都不确定，所以结果不可能确定。

通过认真观察，仔细推算，我尽量让概率对自己有利，但最后结果不能保证。

"我觉得你开局时想得太多，其实开局怎么玩都行。"

你说得对。开局怎么玩都可以，或者说，因为路径很长，不确定性很多，无论哪条路都无法从结果来倒推说它好与不好，毕竟看不到结果。

但是，正是因为选哪条路都可以，你选一条路就要有个合理的理由。我看你开局是胡推一气。这样很爽吗？

"也不是。"

我跟你不同。我根据棋盘上的形势来看已经有哪些数字，分布在哪里，下一个数字是哪种类型，根据这些选一个概率对我最有利的路线。

我知道，开局就这样做也许从结果看没多少意义。我的精心规划多半经不起漫长道路上的意外多发。但是，既然总要选一条，我就选根据已知信息来看的那条合理路线。

要不然，别人问我："你是怎么玩的？"我总不能说："胡来。"

这游戏虽然小，但跟生活有点儿像。怎么活都是种活法，因为谁也看不到终局。正因如此，选择一种有合理性的活法，可以让你感到活得有意义：按照已有的条件、你的喜好、你认为的合理性，选择你的活法，不用到头来说：这日子我胡乱过一气。

当然，认真观察，仔细推算，走合理路线，到最后还是要面对运气。棋盘只剩最后一格时，选一边是生路，选一边是死路，就是不知道哪边是哪边，这时就孤注一掷吧。

朵拉，你经常让我给你讲成语。这里就有好多成语：尽人事听天命，谋事在人成事在天。所有的模型都是错的只是有些还有点儿用。

我还在感慨，朵拉已经逃走了。

搭便车搭到净身出户

任天堂游戏《动物森友会》自"大流行"以来大热。玩家开发小岛，定制性极高，无任何压力，无忧无虑。

可是，家有两宝，事情就不一样了。

一台游戏机只能上一座岛，所以两宝只能共存于一岛。一共存，就有了不平。

朵拉栽摇钱树，开矿，打造工具，建博物馆，开演唱会，料理花园，逢山开路遇水搭桥，把小岛开发得花团锦簇。

二宝什么也不做，跑来跑去，跑到哪儿玩到哪儿。虽然个人发展不起来，到现在朵拉住上大房子他还在住帐篷，但也能沾到朵拉辛苦建设的光。只要出得帐篷，各种福利一样享受，连级别都跟朵拉一样，毕竟他们俩都在一个岛上，级别跟岛走。搭便车，就是这么爽。

终于有一天，二宝偷采了朵拉辛苦植下的摇钱树。朵拉积怒已久，顺势爆发。

"太不公平！我要毁掉你！"朵拉喊。

等等，朵拉，毁掉是什么意思？爸爸告诉你，我们家绝不允许打人。

细问之下，朵拉讲了计划。还好，游戏事游戏了，她的毁灭计划是在二宝的帐篷外设置层层栅栏，把二宝封锁在内，让他出不了门。出不了门，自然就享受不了朵拉的建设成果。

二宝在旁听着，感觉无法破解，哭了。

我心有不忍，出面调解，给出三个建议：

第一，事前协商。朵拉搞建设之前，跟二宝商量好让他出多少钱，协商一致才修。第二，协商不成的话，还搞不搞建设朵拉自己看着办。第三，朵拉培训二宝，让他长本事多挣钱，有钱好付给朵拉，也帮助建设。

我觉得自己考虑得再周到不过了，最后留下一句话：朵拉，这三个建议你采纳最好，但即使你不采纳，也不许霸凌二宝。我们家不允许霸凌，无论是在游戏里还是生活中。

第二天，二宝来找我："爸爸，我跟朵拉谈好了。她同意不毁掉我了。"

我问，你们俩到底是怎么谈好的。

二宝说："我提议把我的一切都给她，她同意了。现在好了。"

一切都给她？？？好了？？？

我想了想，做了个艰难的决定：不介入。不管怎么说，两宝用自己的方式达成了和平。

第三天，我看见二宝登上小岛，把帐篷里的家具一样样搬出来，把口袋里的宝贝一件件掏出来，把钱全部拿出来，再把身上衣服全脱光，直到脱无可脱。等到朵拉上岛来，把这些东西全部拿走。

二宝，他"净身出户"了。

什么最贵

朵拉，你最近玩《动物森友会》，它是个采集建造游戏。你现在最想达成哪些目标？就说三个。

"第一，挣钱。第二，把岛升级到五星，就能让歌星来我的岛上开演唱会。第三，住更大的房子。"

那你说说看，要实现这些目标，你最重要的资源是什么？

朵拉陷入了沉思。

不用想那么复杂。这个答案一说出来，你就知道它明显得不得了。

朵拉继续沉思。

朵拉，是时间。时间是你最重要的资源。要实现这三大目标，你分别要做许多不同的事。所有这些事都占时间。时间是不可共用的。你用它来做了这件事，就不能用它来做那件事。

你有多少时间？

"每天 30 分钟。"

我跟朵拉的约定。她完成学习之后每天可以玩 30 分钟游戏，个别情况下可以用钱来买游戏时间。

30 分钟够吗？

"不够。爸爸，你是想多给我时间吗？"

不是。我只是想提醒你，你最重要的资源又是最稀缺的就是时间。时间对你来说最贵。另一方面，你得用时间来完成目标，相当于你用时间来买目标。你用最贵的东西来买目标，需要怎么做？

"爸爸，是精打细算吗？"

是。但精打细算之前，你得做好计划。你的三个目标，是想每天全都有所进展呢，还是说先实现一个再实现另一个？三个目标之间，有没有逻辑关系？也就是说，必须先完成一个才能开启另一个？等等，等等。

你要先透彻理解自己的目标，再看如何把最贵的时间最有效率地分配给它们。这就叫作计划。

"懂了。"

朵拉，你知道你要上学了吗？

朵拉不爱谈这个话题，但她知道，如果一切正常，她大约本月中旬得复学。

你上学以后，时间是比现在多还是比现在少了呢？我说的不是游戏时间，而是你每天的时间。

"少了。"

对。你上学要花时间，做作业要花时间，做可汗数学和每日作文要花时间，跟同学玩要花时间，玩游戏也要花时间，你要做的事情只会多不会少，而且上学后上床睡觉的时间肯定会提前。

如果现在你都觉得每天时间不够用的话，将来只会更不够用。你怎么办？

"爸爸，我得做好计划。"

对。我教你一个做计划的方法，把你要做的事情放到日历里，有一些是定期做的，有一些是不定期做的，都放进去。然后你就知道你什么时候有多少时间可以用来做什么了。

然后，你才可以做计划，有了计划，你才可以精打细算。

如果你需要日历本，我给你找一本放到你的书桌上。

"爸爸，不用，我的平板上有日历。"

朵拉，这也是我的推荐。电子日历有很多好处。第一个好处是定期要做的事设置成重复就行。我建议你把每天都要做的事情确定成固定时间，比如可汗习题和作文；第二个好处是可以给要做的事情设闹钟，到点提醒。

"对！闹钟！我需要它！"

首富的命运

塞尔达是个宝库，我怎么都能讲出一套话来。

我问朵拉：整个海拉鲁世界里，谁最有钱?

朵拉想了不到一秒钟："嘿嘿嘿，是我。"

你说的"我"是谁?

"就是用我的账号打的'林克'呀。"

用朵拉账号打的林克，确实很有钱，装备全升级到顶格，现金超过20万卢比。

我摇了摇头。

"国王?"

我摇了摇头：国王是个鬼魂。

"那谁最有钱?"

我给了朵拉一个答案，事前想不到，事后别无选择。

小贩虫子（Beedle）。

跟朵拉聊塞尔达多了，我一说出口，她就明白为什么。不过，为了教育到位，我还是把理由说出了一二三。

第一，买卖价差巨大。同样一件东西，卖给虫子跟从他那里买，价差50% 随随便便。

第二，几乎没得选择。林克漫游在海拉鲁大地上，不时会在道路上遇见行商，或卖宝石，或卖蘑菇，或卖肉食，但这些人散在各处，营业范围只是一类商品，唯独虫子，垄断了所有驿站内的全部销售，无论是什么品类。行商千千万，虫子独一家。

第三，虫子有后台。林克光速来往驿站，因为有自己的通道。每个驿站旁都有神庙，通过神庙传送门，林克光速来往，交代得清清楚楚，这是英雄的特权。

但虫子呢？看上去仿佛一个卑微的小贩，为什么林克到达一个驿站，总是发现虫子已经先到了呢？哪怕马上赶往下一个驿站，又总是虫子先到了呢？

我跟朵拉深入研究过，一致认为驿站不简单，必然存在另一套秘密的传送门装置，将所有驿站连接成一张实时物流网络，而虫子显然掌握了它。传送门安装在哪里？我们暂时没有研究出来，目前的嫌疑是马厩。

就这样，虫子掌握了海拉鲁全世界实时物流网络，垄断了在节点上的所有贸易，以巨额价差卖给别无选择的客户。他是首富。

朵拉极为同意，还产生了新的问题。

"虫子销售的货物品类那么丰富，它是怎么生产出来的？"

我笑了。朵拉还是太年轻。

掌握通达全世界的实时运输网络并垄断贸易的人，是不需要自己生产任何东西的。他在世界这头买进，卖到世界那头，从所有人那里买进，卖给所有人。

这就是贸易的奇妙之处。

他什么都不生产，却比任何生产的人都有多得多的品类，因为他集合了所有人的需求，吸纳了所有人的生产。世界上有什么，他就有什么。

他不是首富，谁是首富？

朵拉还有最后一个问题。

"他的钱这么多，放到哪里去了？"

　　虫子这一生，居无定所，永远生活在旅途中。他的财富全部藏在大地上。林克漫游在海拉鲁世界里，如果足够机智，足够警醒，经常会发现宝箱，打开一看，是笔宝藏。

　　"这些宝藏是谁埋下的？"

　　还能有谁！

　　从英雄那里赚的钱，最终被英雄拿走；取之于世界的，还归于世界。这就是首富的命运。

牺牲谁

"是不是谁都可以在复活神庙（Shrine of Resurrection）里复活？"

朵拉既然问出好问题，我就得给个好故事。

复活神庙是《塞尔达传说：旷野之息》里的关键设施，类似现代的ICU+超低温冷冻装置，英雄林克在战场上倒下，塞尔达公主将其送入复活神庙，一睡百年，醒来后拯救世界。

朵拉的问题是，除了林克，有没有别人在神庙里复活？

我说，没有。

"爸爸，是神庙只能用来复活林克吗？"

不是。神庙普度众生，谁都能复活。

"那为什么只有林克？"

因为复活一个人需要付出代价（price）。代价不是钱（money）。你付出，才能得到。复活神庙要求的代价是，你要救一个人，就要付出一个人；你要救一个对你来说有多重要的人，就要付出一个对你来说同样重要的人。神庙取走一条命，还给你一条命。

与神做交易，跟与魔鬼签契约一模一样。没有人能跟神做这个交易，除了塞尔达公主，所以只有林克一个人能够在复活神庙醒来。

朵拉，你猜塞尔达公主付出的是谁？

"猜不到。"

其实你猜得到，用上面的条件去套，对塞尔达公主来说，跟林克同样重要的人还能有谁？

"她的父亲，中土国王。"

是的。她牺牲了自己的父亲。她为了林克重生，把父亲的生命许给了复活神庙。国王死于那场大战，但到底怎样死的并没有交代过，因为这是宗被精心保护的秘密。父亲没有死于刀剑，而死于女儿与神的约定。

"爸爸，真是太悲伤了。"

是很悲伤，但没有你想的那么悲伤，因为这不是出卖。国王一共出现过两次。

一次是在林克出洞后完成初步修炼，国王的灵魂现身，向他讲述百年前中土王国与魔头加伦的大战。一次是林克与塞尔达消灭加伦后，国王与战死的四大护法的灵魂站在海拉鲁城堡上，与两人告别，然后安息。

请问，国王恨公主吗？

"不恨，每次见到林克，他都要林克赶快去救公主。"

对的，朵拉。只有塞尔达公主能做出这个艰难的决定，也只有国王能理解女儿的决断，坦然接受，毫无芥蒂。

"为什么，爸爸？"

因为这是守护者的责任。国王和公主是中土的守护者，必须做出别人做不出的选择。有一个词你肯定听过，贵族。爸爸不喜欢这个词。一说起贵族，好像有高贵的血脉，生来高贵。爸爸跟你讲，没有谁生来高贵，这世界上只有高贵的行为。有人说自己因为血脉注定是贵族，你就要背过脸去不理他。如果一定要用贵族这个词的话，我只能说，那些做出高贵行动的人才是贵族。

人民奉养塞尔达公主和国王，他们的职责就是守护，在关键时刻做出牺牲。他们做到了。他们之所以高贵，不是因为身份，而是因为在需要的时候，他们做出最大牺牲，履行了职责。

"爸爸，我不想当公主，只想要公主待遇，行不行？"

秒懂博弈论

朵拉指导妈妈打游戏大作《文明》有一阵子了。我问她体会。

"必须得打仗。"

但你看电影不是但凡打斗就要捂眼睛的吗？

"那也没办法。不打仗，别的文明就来打你。你又不能找块地方自己躲起来发展，那样太慢了。"

就是说，你的文明必须跟其他文明接触，才能发展得快，但一接触，往往就得打仗。是这样吗？

"是。"

好，既然你玩 game（游戏），我来跟你讲讲 game theory（博弈论）。在现实中，假设你和二宝各自面临两个选择：战争与和平。你会选择战争还是和平？

"战争。因为我喜欢打二宝。"

这里先不考虑你的个人爱好。假设你对二宝无爱无恨，你会选择战争还是和平？

"战争。"

为什么？

"因为二宝会选择战争。"

对。如果二宝选择战争的话，你也应该选择战争。但是，如果二宝选择和平的话呢？你该选择什么？

"战争。因为他选和平我选战争，那么对我有利。"

对。无论二宝选择战争还是和平，你都应该选择战争。反过来说，这对二宝也是一样的，无论你选择战争还是和平，他都应该选择战争。

"但是这有个问题：我们打仗难道每天都得从早打到晚吗？这样好吗？"

是不好，但你们锁死在这里了。这就是囚徒困境，是博弈论里讲的一种经典的均衡。均衡就是一旦到了这里就出不去。

"怎么办呢？"

假设这个战争与和平的游戏不止你们俩玩，还有第三个人，比如我。会有什么不同？你先想想。今天太晚了。明天再讲。

秒懂纵横术

前一天跟朵拉夜话囚徒困境（参见《秒懂博弈论》），朵拉意识到跟二宝陷入永恒战争不是什么好事，想走出来。我趁势给她留了道思考题：如果战争与和平的游戏不止他们俩玩，再多出一个玩家，会有什么变化？

朵拉想了一天，还是蒙的。

假如说第三个玩家是我——爸爸。你们还能打仗吗？

"不一定。我们打仗你有时管有时不管。"

对。但如果我不让你们打，你们还打得起来吗？

"打不起来。"

让你们打你们就得打，不让你们打你们就不能打，这么霸气的玩家就叫作霸主（hegemon）。你们的战争与和平游戏里一旦出现了霸主，你们就不能自己做决定了。有霸主不见得一定是坏事。有的霸主是好的，叫作仁慈霸主（benevolent hegemon），比如爸爸，管住你们不让你们整天打仗。有的霸主是不好的，不管你们死活，让你们做什么你们就得做什么，又反抗不了，那就是灾难。

"我不喜欢霸主，除非我当。"

对，爸爸当霸主这件事你只能接受。但在别的游戏当中，在霸主还没有出现的时候，你会有两个想法。第一个是自己当霸主，第二个是不让别人成为霸主。不过，二宝也好，第三个玩家也好，也同样有你这两个想法。你知道会发生什么吗？

"谁想成为霸主，我就团结另外一方，不让他当上霸主。"

你觉得自己能成为霸主吗？

"难。"

你记得昨天留的问题吗？你和二宝怎么才能从永恒战争中解放出来？现在有了第三个玩家，你们就有办法了。如果第三个玩家要当霸主，你就会跟二宝合作去制约他。如果二宝受到伤害，你还会去帮助他。你觉得以前会这么做吗？

"以前怎么可能！"

现在呢？

"现在会，因为留着他有用，没了他，下一个被伤害的就是我。"

今天我跟你讲的这些道理叫搞力量平衡。大家都想当霸主，但最不想的是霸主被别人当，所以就搞平衡，谁力量大，其他人就联合起来对付他，英语中叫作 balance of power，中文叫作合纵，就是弱者联手制约强者。其实还有一种相反的做法，叫作连横，就是弱者依附于强者，以便活下去，英语把这叫作 bandwagoning。把合纵和连横合起来，中国人叫作纵横术。你知道为什么叫这个名字吗？

"不知道。你讲。"

两千多年前，那时叫作中国的这块地方有七个国家打仗，那是战国时代。西边的秦国最强大，其他的六个国家都在东边。合纵指的是这六个国家团结起来对付秦国，连横指的是这些国家中有一些依附到秦国那边去。你猜发生了什么？

"不知道。你讲。"

这六个国家试过合纵，也试过连横，但最后都被秦国消灭了。合纵和连横都不容易：六个国家要齐心协力，难；依附于强者求生存，也难。这世界上没有什么重要的事情是不难的。

朵拉睡着了。

进阶的本质：从扶墙组到卷王

第一次看二宝上冰时，我是绝望的。

二宝身材在同龄男孩中偏瘦，进小学后，学校提供的体育兴趣班中，有的是我们申请了未通过，有的是我们忘了替他申请，有的是我们没忘但二宝忘了递交申请。总之，最后唯一参加的就是冰球。

冰球。

我有点儿发怵，但没得选，只能硬顶上。

每周一次陆地训练，大半学期下来，我问二宝，冰球有意思吗？

"NOOOO。"

想想也是，说是冰球，又不上冰，站在地上挥杆，问好不好玩没有意义，都还没玩到呢。二宝之所以还继续奉陪，只是因为早早给他置办了一身行头：头盔、护膝、护肘、冰鞋，穿上蛮帅。

学期末，第一次上冰。几十号人按水平分成了三组。一组是已经能自如滑冰的，一组是能滑一点儿的，一组是完全不会的。我分别称他们为快班、慢班、扶墙组。

扶墙组什么意思呢？

一上冰就摔，一摔就站不起来，教练教他们的第一课就是扶墙走路。

扶墙一样摔。一课下来，二宝摔了几十跤。

问他觉得怎样。摔成这样还能觉得怎样？但不问也没别的可问。

"我恨冰球。"

效果戏剧化了一点，但我有心理准备。

这里有个三段论：

第一段：没有哪个小朋友天生喜欢挫折。

第二段：学习任何新东西都一定会遭遇挫折。

第三段：小朋友会恨学习任何新东西。

怎么办？

一恨就放弃不是办法。因为小朋友不仅会放弃这，还会放弃那，放弃一样无所谓，放弃每一样就完蛋了。

硬逼着小朋友不放弃也不是办法。容易把逼从方法变成目标，那就更完蛋了。

还是得多了解二宝的情况，问问吧：你摔了那么多次跤，有什么想法？

"我告诉自己，死也要爬起来。"

有些意外又有些欣慰的回答，二宝有韧劲。那要把这点韧劲用到刀刃上，给他一个可见目标。

你恨冰球，我理解你的心情，但你现在没有恨它的资格。什么东西你得掌握了才有资格说爱还是恨。你现在还什么都不会呢。这样吧，打冰球得先学会滑冰，你先把滑冰学会，到那时如果你决定不打冰球，我们就不打。

这是一个合理要求。滑冰是个可见目标，二宝已经有所付出，也不想完全付诸东流。

他就同意了。

这也是个有一点儿机心的安排。一个人的想法是会变的。一上来就受挫，受挫就想放弃，这是一上来的想法。但如果挺过这个阶段，掌握最基本技能，感受到这项运动带来的快乐，多半就不会放弃了。

如果你刚学会滑冰，平生第一次感受到脚下的顺滑、耳边掠过的风声，还有速度释放的欣快，你能停下来吗？

滑冰如此，冰球如此，所有体育项目都如此，绝大多数学习都如此：努力就能进步，进步带来快乐，快乐刺激出进一步的努力，如是循环。

自驱力不是从天而降的，也不是孩子与生俱来的，而是正反馈给他的。家长需要做的，就是带领孩子进入这个正反馈。

什么时候摸到天花板？

想太多了。现在完全没有摸到天赋边界的可能性，纯粹只是先让孩子进入努力—进步的正反馈。努力到头了，才能说得上拼天赋。绝大多数时候的绝大多数学习，面对的主要问题都是努力不足，而原因是学习者没有进入正反馈的轨道。至少对孩子来说，没有进入正反馈轨道的原因是一遇挫折就放弃，于是没有机会感受到努力—进阶的快乐。

它是学习的本质，也是快乐的源泉。

在最容易放弃的最初阶段，家长需要推孩子一把。其实，孩子学习能力超强，只要能保持学习，没有什么能阻止他们越过最早阶段。

第三节课后，二宝告别扶墙组，开始滑冰。我没提他还恨不恨冰球这回事，他也没提。黑不提白不提，这事消失在空气中。

再后来，正式进入冰球训练，二宝逐渐添置了护腿、护腰、护胸、护脖，全副披挂，训练时间增加。

再后来，他参加冰球俱乐部，开始人生把一切运动都算上的第一场比赛。第一次当后卫，制造了乌龙球；第二次当前锋，进了三个球。胜败得失真真切切。

再后来，教练请他客串守门员。他眉头紧皱，思前想后，觉得责任重大，怕丢球对不起同伴。责任感、荣誉感自然而然降临。

运动也重塑了二宝的社交思维。小孩子都喜欢跟大孩子一起玩，二宝更是如此。朵拉的社交圈，二宝从来都想方设法打入。现在不同了。朵拉邀请他跟自己朋友一起出去玩，二宝谢绝，他要跟自己的队友们一起玩。

二宝训练量不算大，但一是保持稳定，每周固定次数，尽力不中断，二是在家继续陆上练习，三是自己琢磨，回味得意时刻，反思搞砸原因，构想怎样做得更好。他走在学习的正轨上。

渐渐地，二宝成为学校里同年龄学冰球小朋友们重视的对象，此时距扶墙生涯不过五个月。

积极参加冰球训练的小朋友增多了，训练次数也增加了。心事多的二宝又感到了压力。

我跟他讲，有压力很正常，但你要看明白格局。只要你保持住现在的努力水平，俱乐部也好，校队也好，都会有你一席之地。但是，你们这个年龄组的队伍能否取得成绩，却主要看你的小伙伴们打得怎么样。

你不要担心他们进步，你要希望他们进步。

二宝大悟：

"对，我要让他们都卷起来。"

5

作为学习的学习

生活会毒打他们

学习意味着探索未知，探索未知意味着失败，没人喜欢失败，而每个人面对失败是不一样的。

两宝就不一样。

朵拉比较厌恶失败，面对新事物总是先从旁观察，内心戏过完，觉得有一定把握才会参与。

二宝比较进取。前两年朵拉骑自行车，二宝也想骑，但不会。他先观察别的小朋友怎么骑车，然后自己上马，结果自然是摔，摔完再回去观察，观察完再上马，如是三番就会了。

他很得意，跟我讲自学经历。我借机把朵拉叫过来一起说教：这叫试错，trial and error，先试，错了调整，调整完再试——任何学习的基本操作。

我在心里记了一笔：二宝已经懂得学会一样东西必经失败，将来遇到失败时我要提醒他今天的经历。

失败很快就来了。二宝学冰球上冰就摔，好在不放弃，几个月后成功进入冰球俱乐部，他相当自豪，我们相当满意。

昨晚夜话，我跟两宝讲学习。

学习新东西一定会失败。如果不失败，那你们没学到新东西。但是，失败太多的话就太痛苦，你们会放弃。所以在失败与成功之间有个比例问题。有研究发现最合适的比例是 15%。如果试 100 次失败 15 次成功 85 次，你既不会失败得太痛苦，也不会感觉没有挑战太乏味。

两宝都豪气地表示 15% 的失败率不是事儿。

接下来的问题是，有时会失败次数太多，这时该怎么办？

"观察别人怎么做，然后去试。"二宝说。

这样做大体上是对的，而且你一直是这么做的，很棒。我这里要加上两个建议。

第一，如果能调难度，那么先把难度调下来。

第二，如果能加工具，那么先把工具加上去。

不能一失败就放弃。这个你们都懂，如果一失败就放弃，那你们什么都学不会。但光不放弃不够，还要想办法把失败率降下来，所以不能简单重来。如果失败率过高，要么调难度，要么加工具。

举个例子，骑兵加长矛对付机关枪，失败后原样再来，那叫愚蠢。要么以骑兵加长矛挑战骑兵加长矛，要么配上机关枪对机关枪，前者是降难度，后者是加工具。

下调难度和加工具都志在把失败率调整到合适水平。至于这个水平是不是 15%，其实没有那么重要。如果研究是对的，那也是针对大多数人而言，但大多数人不是一个人，朵拉和二宝你们自己都是一个人，有自己的个性。对你们来说，合适的失败率是什么水平，只有你们自己才知道，能在学习新事物的过程中发现。

在战略上要藐视失败，在战术上则要重视失败。记住一条：通过调难度和加工具，找到最适合自己的那个失败率。

好了，问你们俩一个问题。对你来说最合适的失败率是多少？

二宝答 70%，朵拉答 30%。

豪气干云。

没关系，生活会毒打他们。

学习是什么

二宝学会骑自行车，非常自豪。

晚上来找我。

"爸爸，学习是什么？"

我精神大振。这个问题我会答！

二宝啊，学习有三种情况。

第一种是自学，就是去做，做得好最好，做得不好就改，慢慢就学会了。

"对，爸爸，就像我这样，骑着骑着就会了。我很聪明。"

第二种是向别人学，别人怎么做，你跟着做，慢慢就学会了。

"对，爸爸，就像我这样，骑着骑着就会了。我很聪明。"

我觉得情况有点儿不对，但还是硬着头皮讲下去。第三种是读书，书里告诉你怎么做，你跟着做，慢慢就学会了。

"对，爸爸，就像我这样，骑着骑着就会了。我很聪明。"

我们家的规矩，小朋友来找爸爸说话，爸爸一定要停下手上的事，跟他们至少说上几句。

朵拉能独处，二宝好交际。平时来找我的多半是二宝。

"爸爸，我们来做一个听话的游戏，就是从现在起，你听我的话。"

"爸爸，你逼我读书吧。"

为啥?

"我没事干啊。"

长时间居家把二宝都逼成这样了。

二宝出手打了朵拉,朵拉非常高兴,绝不还手。

"再来!"

两宝家的规矩是打一拳 10 块。

二宝读书挣的钱,因为打朵拉,都被罚进了朵拉的兜里,朵拉也很满意。

感觉二宝读书是为了打人自由。

但是,由于假期太长,殴打花钱太多,二宝的现金账已归零。

破罐子破摔,二宝觉得反正没钱扣了,趁机殴打朵拉。朵拉坦然受之。

一边挨打一边计费。

一打就是 70 下。

临时法庭即时开庭。

朵拉:"他打了我 70 下,我一下也没有还手。"

爸爸:"二宝,朵拉说的是不是事实?"

二宝:"是事实。"

事实无争议,那就判决:

二宝,你的现金账上没钱了,但你忘了你还有个储蓄账,里面还有积攒下来的压岁钱,就从这里扣。打一下 10 块,本来总共该罚 700 块,鉴于朵拉故意诱导你来打她,减半罚款,350 块,补偿给朵拉。

二宝十分傻眼,朵拉五成满意。

用方法替代发疯

朵拉近来在教二宝拼音，教出了苦衷。

看我在辅导二宝做可汗学院的数学题，过来问我两个问题：如果二宝不肯做可汗数学题怎么办？如果有的题太难二宝始终做不出，又该怎么办？

我说，有些事何必问我呢，你问自己不就知道了吗？我辅导朵拉做可汗数学题已经两年，所有甘苦朵拉全部亲历。

朵拉失笑，确实，第一个问题，不肯做数学题，不存在的。爸爸有无数种激励和惩罚，总之就是必须做。这个问题跳过。

第二个问题，我想想还是我来答吧，正好是次梳理。教与学是正和博弈，把方法说明白，对教的一方没坏处，对学的一方有好处。

朵拉，你解不出题时会说什么？

"I don't know.（我不知道。）"

朵拉，每次听到这句话，我会说什么？

"爸爸，你不允许我马上就说不知道。"

对，朵拉，不会做题很正常，每个人都有做不出题的时候。爸爸不允许你的不是说不知道，而是一看见难题就说不知道。只有你努力过还是解不出，才能说不知道，没努力过就没资格说不知道。

爸爸辅导你数学，偶尔也会发火，就是在你随口就说不知道的时候。

爸爸是人，也会发火，好在爸爸跟一般人有点儿不一样的地方，是发火时大脑中还有一小块，在给发火的自己发信号说：发火帮不了自己，也帮不了朵拉，不发火才能帮到你我，所以一般都能自己平静下来。

你回忆下，你确实做不出题时，爸爸首先会让你做什么？

"你会让我看那个知识点的教学视频，然后看题做错之后可汗给出的详细提示。"

这两件事都是帮助你自学的。第一步是复习，可汗视频把知识点讲得很清楚明白，看懂了就能解决大多数问题。第二步是让你从自己的错误中学习。可汗课件做得细，会提示错误原因，会给出详尽步骤。你对照以后，第一步剩下来的问题又能解决掉一大半。

"爸爸，剩下的还是解不出怎么办？"

朵拉，你现在做的数学题是普通习题，不是数学家才研究的那些真正难题，你这些题再难也有标准解决方法。

你做题做到现在，应该发现数学题是模块化的了。什么是模块呢？就是一个个的知识点。简单的题只考验你一个知识点一个模块，复杂的题考验你多个知识点多个模块，它们的组合有时是正着铺，有时是反着来，有时正反结合，但只要是模块组合，就能拆开。

遇到难题，你首先要把组成它的各个模块拆解开来，再一个个处理。这就大大降低了难度，每个模块只是一个知识点。把每个模块都厘清之后，再观察它们是怎么组合起来的。这时候你看到的题跟你一开始看到的题，还是同一道题，但你对怎么解它就心里更有数了。

这也是为什么爸爸要求你解题时一定要写清步骤。写清步骤，你才能清楚地拆解模块，才能清楚地看到自己究竟卡在哪里，对症练习，有针对性地提高；最后，解完题以后检查验算更方便快捷。

"爸爸，我懂了。但如果我还是不会做呢？"

如果这些都做完，你还是解不出来，我就让你休息。太激动或者太沮丧的时候硬解没好处，卡住就卡住吧，休息休息，明天再来。

"爸爸，我懂了。你讲的这些我会用来教二宝拼音。"

大战在即

爸爸是全家的学术担当，对此二宝无所谓，但朵拉是有一点儿不服气的。爸爸表面上的态度是随便选什么，你放马过来，赢了我有奖，实际上还是有点儿担心，关注着朵拉的动向。赢也行，输也行，但输也要输得好看才行。

朵拉精心计划，突然发难。

"爸爸，我们比英语单词吧。"

哈哈哈，比就比。

英语单词差不多是朵拉的最强项，可也不是爸爸的弱项。

怎么比呢？比单词量那可太多了，比赛时间不宜太长。商量了一下，我们决定一个字母一个字母地比。

先比 A 字头：

    are

    at

    africa

    ……

什么时间比呢？车上，睡前，上学路上。到今天早上为止，我们比到了 G 字头。有胜负的时候是爸爸赢，不过大多数时候比赛时间不够分出胜负。七战下来，我有几点发现。

第一，比赛规则按朵拉定的来。

朵拉的单词量不小。她的单词量来自阅读，也来自爱好，比如看世界地图上的国家名称，还有些单词她其实没有见过，只是听书的时候听过。还有些单词是人名。朵拉很有意思，她有个执着的想法：只有真实存在过的历史人物的名字才能叫单词，生活中每天见的人名不能叫单词。这些我都认，除了贡献一条，动词 +ing 不能算新单词，太省事的事我们不能做。朵拉咯咯咯笑了一阵，同意。为什么要按朵拉定的规则来呢？首先是这些规则并非不合理，最多只是我们过去不用而已。然后是按小朋友的规则来你才知道她的想法，理解她的深浅。最重要的是，跟小朋友比赛本来对她就不公平，level the field，公平竞争，从接受她的比赛规则开始。

第二，比赛进程比我想象的要激烈。

问题不在于朵拉单词量大小，而在于我从自己的单词量中提取单词时发现的问题。我的单词量不小，但能这样凭空提取的单词量则只是总单词量的一个很小的子集。可以说，我至少有三个单词量：阅读单词量，就是看到能认识的单词；听单词量，就是听到知道意思的单词；还有这个张嘴单词量，就是凭空就说出来的单词。大小依次递减。其实想想不难明白，阅读单词量和听单词量都是被动的单词量，有书写的或语音的提示我们才提取单词，张嘴就来的单词量是主动的单词量。

被动单词量和主动单词量之间的巨大差距，来自我们这一代人学英语的方式。听说读写当中，以读为先，听其次，说再次，写最次。前两者与后两者的差别，正好是被动与主动之差。

朵拉这一代的小朋友就完全不一样了，听说读写相当均衡，被动单词量与主动单词量几无差别。我们这场较量基本上是以她之长击我之短，所以战事已经有点儿胶着。

第三，赢很好，赢钱更好。朵拉家什么竞赛最后都要落到钱上。

我跟朵拉说，你看这样好不好，我们一个字头一个字头比下来，每个字头的赢家拿钱，输家出钱。

遇到钱的事朵拉就很谨慎。"这样吧，我们先比完一轮 26 个字母，算练习；第二轮再算钱。爸爸，一个字头多少钱？"

我是无所谓的，放马过来，朵拉你说多少钱就多少钱。

"那 20 块钱一个字头吧。对了，爸爸，第二轮结束后我们再玩第三轮，第三轮 50 块钱一个字头。"

很清楚，这个赛程设置说明朵拉觉得自己能进步，每一轮都会比上一轮提升水平。但她也有一个误算，我的单词量也不是静态的，稍加练习，庞大的被动单词量转换成主动单词量的比例提升一点点，朵拉就吃不消的。

现在没必要提醒她。

可以，朵拉你算一算，如果 26 个字头都赢了，你能拿到多少钱？

"50 乘以 26 等于 1300 块。"

如果字头你赢一半我赢一半，你拿到多少钱？

"抵消了，没有钱。"

如果字头你赢 3/4，你拿到多少钱？

"爸爸，不要趁机骗我做数学题！"

各言其志

这段时间让朵拉每晚操练一分钟任意命题演讲（见《演讲有套路》），我知道朵拉在憋着还击。

果然。

朵拉完成今日份演讲后说："你也来一个吧。我给你出个命题，讲讲你这个人，不限时。"

不限时是因为朵拉喜欢听我讲，一分钟不够听的。

讲就讲。

朵拉家的家庭教育靠身教，就是要小朋友做的爸爸也得做。这事不能躲。

朵拉，爸爸这个人是怎么样的呢？先前爸爸跟你讲到要沉浸（immerse）进去的时候，想用海绵来打比方，结果一下子想不起海绵的英文词是什么，爸爸当时怎么办呢？

"你跳起来去查。"

是。我跳起来去查，海绵的英语是 sponge。沉浸就是要像海绵吸水一样。爸爸这个人，但凡有不明白的地方，跳起来就去查。爸爸喜欢学习。你刚才说我 learny。英语中没有 learny 这个词，你是用 learn 加 -y 后缀，造了个词。我知道你的意思，是想说爸爸是个 learner（好学的人）。其实，爸爸像你这么小的时候，没有现在这么喜欢学习。当时不知道为什么要学习。爷爷奶奶要爸爸好好学习，要上大学。爸爸听话，就好好学习。爸爸也不傻，所以学习成绩还好。但现在不一样了，现在爸爸不用为了谁去学习，也不用为了上大学去学习。爸爸学习就是因为喜欢。有问题就去找答案。找到答案以后，纯粹的快乐。

"你讲得让我很感动，可是我还是不爱学习，就像你小时候那样。"

朵拉，你不是不爱学习，你只是还不爱"学校学习"，这很正常，小朋友热爱学校学习的并不多。你热爱最好，不热爱也好，学校学习好就行。但是，学习不止在学校。有好奇心自然就有学习。你每天问我这么多问题，就是有好奇心，你来找我问，找答案，就是学习。

你来问我问题的时候，爸爸是怎么做的？

"你告诉我答案……不对，你跟我一起找答案。"

对，基本上我从来不会直接把答案告诉你。如果是我会的，我告诉你方法；如果是我也不会的，我就跟你一起去找答案。跟我小时候不一样了，现在是学习的好时代，学习条件太好了，从搜索开始，文字、视频、教程，应有尽有。

这样吧，以后你有新的问题要问，不要直接来找我，先自己找答案。不论你找到了还是没找到，再来跟我讨论。你有自己的平板，找答案所需要的一切工具都在上面。

"好的。"

朝天堂均衡走了一小步

家有两宝，就有两种均衡。

一种是 1+1 > 2，一只神兽加另一只神兽约等于三只神兽。这是家长的地狱均衡。

一种是 1+1 < 1，大神兽把小神兽管起来，能量互相抵消。往往是这样：能管住小神兽的，天上地下就只有大神兽。大神兽不出马，小神兽泼天调皮。大神兽一出马，小神兽服服帖帖。这是家长的天堂均衡。

上天堂还是下地狱？

两宝家最近往天堂均衡走了一小步。

事情的发生是这样的：

在练过好多轮自然拼读课之后，二宝英语终于有了提高，能读能听了。爸爸抓紧机会，让他自学可汗数学。

可汗数学讲得透，习题多，错误必有指正，非常适合有监督的自学。朵拉自学可汗数学以来，进步明显。

二宝对朵拉，那是朵拉步亦步，朵拉趋亦趋，他早就眼馋朵拉自学可汗数学的"高级"资格。以前给二宝试过可汗数学最低阶课程，内容难度没问题，但语言关挡住了他：听不懂教学视频，看不懂题意。现在终于可以了。

二宝和爸爸都很愉快。

朵拉也很愉快。

两宝家金钱导向，但根据程度有别。以前二宝刷不动题，所以只要读书就能挣钱。朵拉非常不满，经常过来辩论，给出两个选择：要么二宝得做可汗习题才能挣钱，要么她读书就能挣钱。

我每次都是驳回去，但朵拉听是听不进去的。大家屁股坐的位置不同，看法一致不了。

我趁机教朵拉什么叫作 agree to disagree。朵拉问什么意思，我说："各自保留意见。"但这事我说了算，因为是我发钱。

现在好了。大家都做可汗数学挣钱，一个练习10块，各凭本事。

以前朵拉做可汗数学，爸爸在旁看书，以备顾问。现在阵形发生变化，爸爸居中看书，两大神兽左右刷题。

爸爸很开心。

能不能更开心一点儿呢？

能。

刷着刷着，朵拉侧头过来看二宝的题。

6+? =10

二宝抓耳挠腮，奋力思考。朵拉哂之。朵拉向来以打击二宝为乐，我看她话要出口，连忙打断。

朵拉，你不要……

话到中途，忽然想起堵不如疏，危中有机，为什么不把朵拉和二宝的利益绑定呢？

朵拉，如果你辅导二宝做可汗数学，也能挣钱。

朵拉大喜："多少钱？"

现在你做一个练习，全对10块，错一道5块，错两道重做。二宝也是一样价码。如果你辅导他，那么无论他挣到多少钱，同样给你一份。

朵拉狂喜。二宝的难题，朵拉的 easy money（轻松赚钱）。

"I so love easy money!（我太喜欢轻松赚钱了！）"

朵拉，我有两个条件。

"讲讲讲！"

第一个条件，必须二宝来找你辅导，你才能辅导他。你不能主动辅导他。顾问顾问，问你才能顾，不问就顾叫作捣乱。捣乱没钱。

"可以。"

第二个条件，你辅导二宝，要像我辅导你一样。就是要搞清楚二宝卡在哪里，讲明白道理，但绝不能直接给答案。光给答案没钱。

"可以。"

朵拉仔细思考了一会儿，想到了各种细节。

"一天做多少个练习？"

不少于 3 个，上不封顶。只要二宝愿意做，你愿意辅导，多少个都行，挣多少钱都行。

"如果二宝只让我辅导一道题，而不是整个练习，那怎么算账？"

即使你只辅导一道题，也是按整个练习的成绩发钱。

"单元测试多少钱？"

单元测试题量大，全对的话 50 块，每错一道题扣 10 块。

"期末考试多少钱？"

期末考试题量更大，全对的话 100 块，每错一道题扣 10 块。

朵拉想了想，觉得条件很公平，细节都夯实了，凭实力挣钱不难。

"成交！"

现在，只要二宝有空，朵拉就提议：做可汗数学吧。只要二宝在做可汗数学，朵拉就在旁边像狼盯着肉，随时准备扑上去辅导。

能用激励解决的都不是事。

朝三暮四

大流行时期居家那段时间，我就让朵拉每天写篇作文，标准定得比较低，百字即可。

但是效果不好。

朵拉本来是个喜欢表达的小朋友，对她来说英语简单，有时写些短章，可观。中文复杂，开始写作晚些，结果每日百字文硬性要求一上来，适得其反，朵拉经常写流水账交差。

"我恨写作文，你逼我才写。"

我没松口。作文没秘诀，唯多写尔。不过呢，硬逼着写，把乐趣全逼没了，南辕北辙也不行。

那就微调吧。

微调之道，古已有之，朝三暮四，朝四暮三。

朵拉这样吧，你不用每天写一百字，只要平均每天一百字就行。比如说，今天不写，明天写就写两百字，明天也不写的话，后天就写三百字，依此类推，最多可以一周写一篇，七百字。

朵拉同意。

试行几周，效果可以。

此前朵拉每天写作最主要的苦恼是找不到题材。我俩在此斗争良久。我告诉朵拉，写作题材遍地都是，只要注意观察。朵拉不信，我发狠道：

"就算是个屁，爸爸也能写上几百字！"

我的意思是说，题目不需要找，任何题目送上来，只要观察细致，思考细密，字数都不是问题，而且都能写出趣味来。

就道理讲道理，我说得没错，不过朵拉的苦恼仍在。她的水平未到，没法把笔变成解剖刀，越小的事越难写，只有大事才写得动，而她小小年纪，能有多少大事？

现在，长度提到两百字，选题量减少一半，朵拉突然就从容了。

这两天写的"下雨天"，我看到了进步。

我批改完作文，把朵拉叫过来。

朵拉，这篇作文写得不错。我讲几点。

第一，这个题目讲的不是什么大事，就是讲我们一家晚饭后去散步，是生活中的小细节。你以前觉得没法写的，而现在写出来了。

第二，你写出了细节。比如，"现在是五点五十九分"，爸爸平时要求你五点到六点之间读书一小时。五点五十九分，写出了你迫不及待解放的心情。

第三，写出了对比。比如，二宝出场时是"无聊地看着我"，但是你跟他讲好伏击爸爸妈妈的计策之后，他就"眼睛一亮"了。

第四，比喻非常生动。你说二宝举着伞，"很像一个蘑菇"。这个比喻我以前没见过，但一看到就心领神会，笑起来。好比喻就应该这样，新鲜、生活、有力。

"我读一篇文章写到有人戴着高帽像蘑菇，受到启发，就用到这里了。"

没关系，这也是创新。没有什么创新是从石头缝里蹦出来的、全新的，绝大多数创新是把已有的东西用到新的地方，分解，再组合，产生新意。这就很好。

朵拉满意地要跑掉，我叫住她。

你知道我为什么要批改你的作文，表扬优点，指出缺点？

"你想让我写得更好。"

但为什么这样做就能使你写得更好？

"表扬优点，那我以后就发扬优点。发现缺点，我以后就改正缺点。"

对的，这就叫反馈。有反馈，我们才能强化做对了的事，从错误中学习。爸爸会继续为你提供反馈。

"我发现自己更擅长写两百字文。"

朵拉，你以后会发现自己擅长的文章越来越长。

这样用英语

要有效学英语，最重要的是有使用环境，不然学完考完就忘完。在中国，使用英语的环境绝大多数情况下都是人造的，但人造不等于生造，仅靠生造的环境难以持续，结合人造的还有点儿机会。

什么是生造？

上全英文课程，就是生造环境。在给定的时间给定的地点凭空制造出一个英语使用的小环境，让孩子学习英语，使用英语。

什么事情都得有个起点，就好比宇宙得起源于一次大爆炸。从无到有，强力启动。全英文课程作为起点提供第一推动力，蛮好。但停留在这里，以全英文课始，以全英文课终，封闭在生造的语言小 bubble（气泡）里，那是不够的。

什么是人造？

人造首先是刻意而为，这点跟生造一样，但它比生造多出来一点：有用。生造是为学而学，学英语的用处是用英语学习，一个封闭循环。人造是为用而学，学英语为真实场景中的使用。

两宝家使用英语的场景有这些：

第一，打游戏。

玩游戏在两宝家不是禁忌，大概应归类于有监督的探索。我们只打主机游戏，最早一个游戏机是 Switch，最早一个游戏是《塞尔达传说：旷野之息》。游戏界面设定成英语，看我玩游戏可以，自己玩游戏也可以，得用英语玩。

孩子为了玩自己想玩的游戏，什么都干得出来。语言屏障瞬间就破壁了。

玩游戏，接下来就会讨论游戏。游戏中的一切，从人物到道具到战术到故事，全都是英语的，用英语讨论游戏既是自然而然，又是势在必行。英语很快就成为我们家的游戏官方语言。一玩游戏，一讨论游戏，两宝自然就切到英语。

现在，不光是主机游戏，任何广义上的游戏，从日常打闹到手作游戏，也会切到英语。这不是我刻意要求的结果，而是溢出效应。在两宝脑海中，大概已经自动搭建了一组联结：主机游戏→游戏→玩→用英语。

第二，夜话。

我的英语还可以，但不够好，应该有许多人跟我程度相似。我建议读者有条件的话每家选择一位家长跟孩子说英语。英语还可以，就能上手说起来；不够好，那跟孩子说英语不仅对孩子有好处，对自己也有好处。

有段时间，我跟两宝对话只用英语，现在已上轨道后不再如此刻意，中英文随便来。但有一个环节我到现在仍然只说英语，就是夜话。

过去数年间，我尽量跟两宝睡前聊天，题材不限，天南海北，古往今来。只要他们扔过来一个问题，我便究天人之际，通古今之变，给他们一套套地扔回去。

过程中我体会到几点。

跟孩子对话，不要担心孩子承受不起现实残酷，孩子的承受力比成人强，所以不用粉饰。不要担心孩子的理解力不够，跟孩子比起来，成人的思维趋于固化，反而不如孩子有弹性，所以不必挑题目。对孩子来说，主要难点是知识量不够。所以，跟孩子讲话，不用担心尺度，但要重视颗粒度。要细细地讲，前因后果都讲到。细到什么程度呢，讲给得到 APP 用户那种程度再往下精细一级，就可以了。

几年下来，我的口语大有进步，这是小事。对两宝来说，这等于是他们以英语为工具，以对话为载体，细细地领教了真实世界被我消化后吐出来的理解。我希望对他们有用，因为，今天的我回望幼年的我，很希望我有过这一场场夜话。

第三，学习。

如果只在学习英语时使用英语，那几乎是庞氏游戏。两宝拿英语作学习工具，主要用于英语学习之外，场景有读书、学数学、打辩论赛、教英语等。

读书不必多说。与读中文书相比，英语阅读能力的培养很简单，拼读关一过，小朋友很快就能上手读英文书，然后在兴趣驱动下渐次升级。只要在适当的时候把适当的书扔给他们就好了。过段时间，你们需要担心的可能是他们只读英文书不读中文书，两者难度相差太大。

关于辩论赛，我原来以为它完全是素质教育向的，但观察朵拉过去半年参加辩论赛的过程，我才知道自己想简单了。它当然是素质向的，但它着力培养的素质——阅读、理解、表达、反应，对于应试又很有帮助。辩论要求的远不止是辩论赛场上的表现而已。在来到赛场之前，辩手已完成针对辩题的全面调研、询证，从阅读到研究到提炼到写作到讨论到合作，每个环节都要落到实处，然后才能在赛场上侃侃而谈、针锋相对，接受交叉火力的检验。全过程中，英语确实是孩子调查、研究、表达、争论的称手工具，而工具在层层淬火后内化为习惯，在辩论之外的其他领域也得以应用自如。

教英语是朵拉的爱好，妈妈在微信公众号中写过好些。这里不重复讲。为了把英语教好，朵拉正学习 TESOL 证书课程。TESOL 是英语教学的专业证书。作为学生学英语，不如在教学中学英语，像朵拉这样在拿教学专业证书的过程中学英语，那确实是学以致用了。

　　两宝的数学都是用英语学的，本是偶然。两宝总要学数学，又不想上补习班，那就自学吧。在我有限的搜寻研究中，最早选了可汗数学。讲解清楚明快，答案完整、细致，非常适合有一定英语能力的孩子入门自学，而且免费。

　　其实，小学数学范围内有一套公认优秀的英语版数学网课教程，叫Beast Academy（怪兽学院）。可惜我不喜欢它的卡通风格。它一开始用卡通＋轻故事来引起孩子的学习兴趣。我认为这条路是错的。数学就是难的，做数学题就是枯燥的，裹上糖衣并不能改变这些。孩子学数学就应当是学到并应用新知识把题解开，在这过程中获得乐趣。乐趣不应当来自卡通。

　　当然，放弃 Beast Academy 也许是错的，毕竟它是公认优秀的英语版数学教程。它不适合我们，也许适合你们。

　　可汗学院适合入门，能帮助孩子理解基础的数学概念。对中国孩子来说，不必刻意，顺着进度往前，自然就能较快学完小学范围的数学知识。但学完归学完，做题还是不大行。这是因为可汗学院题量较小，而数学不大量做题是不能真正会的。

　　两宝这时就转用 AoPS（ArtofProblemSolving.com）。从小学、初中一直衔接到高中，AoPS 有套完整的数学教程。中国家长往往把 AoPS 简称为美国奥数，它也确实对接了美国数学竞赛的接口。我之所以选择 AoPS，不是因为要打数学竞赛，而是因为它的教材好、题库好。AoPS 教材是公认的"虽难但好"，其网络题库 Alcumus 有大量难度递进的习题，更重要的是答案好，不仅步骤详尽，而且提供多种解法。

　　我们总说要从错误中学习，但我见过不少习题集，题目也许出得不错，但答案就是简单一两行，往往是题做错了看完答案仍然不会。谈何从错误中学习？用 AoPS，孩子就真的能从错误中学习，对自学特别友好。

　　AoPS 教材要花钱，题库免费。AoPS 近年推出网课系列，覆盖了从初中到高中的数学课程。其中，最早的三门课程 Pre Algebra 1（代数预备 1）、Pre Algebra 2（代数预备 2）和 Algebra A（代数初步）均有两种版本，可以选择每周上网课，也可以选择自学套件。前者时间固定，进度固定；后者根据自己情况来，只是缺了前者的老师讲课部分，包含机器人互动教学、教材、视频、Alcumus 题库模块。

二宝用的是自学套件。其实，课程模块中，视频和题库在其网站上都是免费的，规划能力强的家长、自学能力强的孩子如果想省钱的话，这套课程不必专门买，买本教材就可以了，少的只是个机器人互动教学而已。

但对我们来说，自学套件是必要的。二宝这个人需要来个笼头套一套。如果说他的智商是 100 分，那至少有 120 分用于想办法偷懒。我们用课程的进度管理工具设定了目标，结果就按这个目标完成了课程。要是没有笼头全靠自觉，那是不可想象的。

现在，你要说二宝喜欢学数学，那是不存在的。无论什么时候，一定是玩耍优先，能逃还是要逃，但只要逃不掉开始做起数学来了，他也能认真从事。做不出来则愁容满面，唉声叹气；做出来则欢声笑语，得意扬扬，四处吹牛。

有次二宝边做题边唱歌，妈妈好奇地问道："你学数学为什么这样开心？"

二宝答道：

"好好学习！天天游戏！"

好故事的样子

夜谈会一般是我讲故事，今天换过来，朵拉给我和二宝讲故事。我一听觉得好，不是说故事本身好——那是朵拉刚听来的故事，很长，我也没记住——而是朵拉讲故事的方式变了：从容，张弛有度。

这得马上表扬：朵拉，不久以前你讲故事还主要靠"然后"起承转合，一个故事讲下来，有一百多个"然后"，每个"然后"之间平铺直叙。今天很不一样。你怎么做到的?

朵拉说："我发现讲好故事不难，就三点——"

第一，这个故事是讲什么的（what is this story about）；

第二，用自己的话讲出来（in my own words）；

第三，要讲得清楚自然（clean and smooth）。

我对朵拉刮目相看。

二宝在旁边想发言，急得直挠墙。我让他等朵拉讲完再提问。

"什么叫作'自己的话'?"二宝问。

最简单的问题最难答。如果一个人不明白什么叫作"自己的话"，怎么才能给他讲明白什么是"自己的话"?

二宝，如果你记住故事原来是怎么讲的，每个字讲得都跟原来一样，你就不是自己讲故事，而是 recite，复述。用跟原来不一样的字词，来讲同一个故事，就叫用自己的话。

比如说，小红帽的故事里有三个角色：小红帽，外婆，大灰狼。一般都把重点放在小红帽身上，但如果你讲这个故事时把重点放在大灰狼身上，从它的角度来讲，虽然还是同一个故事，但就会很不一样，成了你的故事。

二宝说："我讲故事，喜欢用 once upon a time（很久很久以前）……"

二宝，朵拉，"很久很久以前"大家都用，你当然也可以用，但用得太多就不新鲜，所以不算好开头，只能说是个开头而已。好开头要新鲜。你讲个故事，写篇文章，如果有个新鲜的开头，听众或读者就能听下去、看下去。

比如说我们现在正夜话：

"黑漆漆的角落里，亮起两只眼睛。"

这就是个新鲜的开头。你们俩想不想知道后面是什么？

"想！但是我们怕！"

不用怕，是小猫咪醒来准备抓老鼠。

"喔。"

朵拉，你刚才讲的三点很好，如果都能做到的话，讲故事能打到 90 分。但还能做得更好，我给你三个进一步的建议。

第四，就是刚刚讲的，开头要新鲜。我们把好开头叫作凤头（phoenix's head）。古代人认为凤凰的脑袋长得清新俊朗，拿来指好开头。

第五，中间的内容要丰富。凤头开好后，接下来是猪肚（pig's belly）。为什么叫猪肚呢？猪什么都吃，装了一肚子的货，丰富。

这里要注意，虽然内容丰富，但内容跟内容不一样，并不同等重要，要有详有略，重要的地方你进入细节，不厌其详（there's no such thing as too many details），但不重要的地方你却要一句带过。

什么重要什么不重要？很简单，你认为重要的就重要，你认为不重要的就不重要。这是你的故事，你说了算。

第六，结尾要有力。

最厉害的尾巴是什么？

"雪豹的尾巴！"

两宝看过许多 BBC 地球纪录片，雪豹尾巴之长、之有劲，令他们印象深刻。

对，所以我们把好结尾叫作豹尾（leopard's tail）。想想看，如果听众或读者听到、读到你的结尾，好比被雪豹尾巴抽了一鞭子，他们会怎么样？

"他们永远忘不了。"

对。好结尾就要让人无法忘记。

我总结一下好故事六个要点。

第一，知道想讲什么；

第二，用自己的话讲；

第三，讲得清楚自然；

第四，开头新鲜；

第五，内容丰富，有详有略；

第六，结尾有力。

这六个要点，一方面很容易练习起来，另一方面练习没有终点，爸爸到今天还在练习。

刚才讲黑暗中的小猫咪，我给你们俩一个豹尾。

早晨醒来，朵拉和二宝发现，枕头边整整齐齐地摆着两只死老鼠，一人一只。小猫咪辛苦工作一晚上，给他们送来礼物。

"爸爸，这个结尾劲太大，我们睡不着了。"

写个屁

我要求朵拉每天写 100 个字，任何题材都行。这要求不高，但朵拉一直有个问题：一件事不就是一句话写完吗？怎么写得出 100 个字这么多？

我大怒：爸爸随便什么都至少能写 200 个字。就算放个屁，也能写出 200 字！

朵拉从此就拿这句话来将军："爸爸，写个屁，200 字！"

昨晚，朵拉写剧本忙活了一晚上。

我想想，我也不能真写个屁，还是用睡前聊天大法来点醒她吧。

我：你是要演出吗？

朵拉：对。

我：多少人参加？

朵拉：8 个人。

我：我看你在写剧本，是不是你是导演？导演就是组织安排这件事给每个人分配角色的那个人。

朵拉：不清楚。我的朋友首先提议的，不过确实我做的活儿不少。

我：谁做导演都行，但 8 个人演的戏，不能没有导演，否则一定会乱套。我就是提醒一下。

朵拉：同学的妈妈有经验，我们请她来做导演。

我：演戏要排的。你们现在已经很忙了，8 个人凑齐时间并不容易，你们准备怎么安排出时间？

朵拉：这个想过了。放了学大家就散了，得在学校的时候排。每天中午休息的时候排。

我：演戏需要服装吗？

朵拉：需要，我在淘宝看好了，我来买。

我：买服装就涉及经费。谁出钱呢？

朵拉：我。

我：你给 8 个人买服装？你攒的钱是够的，问题是你确不确定要自己出钱给 8 个人买服装？你想清楚了，愿意，也可以，这是你的钱，你的决定。不过，我认为你应该把经费这件事在 8 个人中间讨论一下。大家可能会有更好的主意。我举个例子，至少可能有另外两种办法：一种是 8 人平均分摊；一种是每个人为自己角色对应的那套服装付钱。无论什么办法，只要是 8 个人同意，你同意，我觉得都可以。

朵拉：对，应该开个会。

我：戏的内容讲什么？

朵拉：一只小狗，忘记了怎么汪汪叫，就去找各种动物，请他们教他叫。你说好不好笑？比如他去找小鸡，结果小鸡教他喔喔叫。

我：哈哈哈。小狗谁来演？

朵拉：一个男同学。

我：你们这个戏里，小狗是主角，就是主要的角色，戏最多。其他角色，比如小鸡，是配角，只出场一部分，戏少。你为什么不想演主角？

朵拉：主角的台词太多，没有人想演。我看这个男同学现在压力就很大，而且越来越大。

我：你演什么？

朵拉：我演狐狸，听见喔喔叫，赶紧跑过来，结果发现是小狗在学叫，我就笑话了他们。

我：嗯，这个角色跟你很配。

朵拉，你注意到没有，今天我们讲了多少字？很多很多吧？我们讲了几个题目？就一个是吧？任何一个题目都能写很多字，只要你能进入细节。你们小朋友天生重视细节，但写字的时候却不容易进去。你知道为什么吗？

"不知道。"

因为你们的观察有细节，但写作这个工具没跟上。一根线能穿过针眼，因为它细。一根火柴棍不能穿过针眼，因为它粗。你们现在就好比拿着火柴棍穿针眼，所以老觉得写不出 100 字。你知道怎么办好吗？

"不知道。"

多写就行。写得越多，你的工具就越精细。我今天讲的其实是你听过的一个成语故事啊。

"什么故事？"

铁杵磨成针。

"爸爸，我困了，要睡了。"

一次魔法示范

夜话开始，我给两宝讲故事。

夜已深沉，父亲和两个孩子准备睡觉。本以为今晚到此为止，该发生的都已经发生了。

不料，故事才刚刚开始。

咚咚咚，敲门声响起。

谁在敲门？发生了什么事？

来不及穿好衣服，父亲冲到门口。从猫眼看出去，楼梯间灯光昏黄，一个模糊的黑影。

开门，还是不开门？

是福不是祸，是祸躲不过。

开门吧。

"给我密码。"黑影戴着面罩，看不见表情，说出四个字。

父亲拿出设备，打开系统，调出信息，报出了一组数字：8638。不多不少，也是四个字。

对上了。

黑影默默地递过来一样东西，是个盒子，四四方方，全是棱角，没有一处曲线，里面似乎还有东西在动。

交接完毕。

关上门，父亲打开盒子。这东西绝不能让它活到明天。

父亲拿出一把刀。

"爸爸，不要讲了，太恐怖了！"二宝叫道。

朵拉则从开始就一直狂笑，笑得不能自已，要昏过去的那种笑法。

还是讲完吧。

父亲一刀就挑开了绳子，将大闸蟹放进了蒸锅。

是啊，美好的夜晚才刚刚开始。

朵拉，你刚才跟我一起下楼接闪送，亲身经历，你知道这故事的每个细节都是真实的，但经过了重新表达后，却服从于你想也没想到的另一个方向。最平常不过的收闪送，为什么听起来好惊悚？

这就是语言和文字的魔法。掌握这魔法，你就有将日子变成历险的可能。

就讲今天这个例子，有几个要点。

第一，细节。故事的灵魂在于细节。再平常的事情，深入细节之后，也会变得不那么平常。你常说作文没有内容写，其实不然，任何题目都有内容可写，你要做的是观察得更仔细。

第二，意外。你狂笑是因为对比强烈，二宝害怕是因为他以为是惊悚故事，你们俩的反应归根结底都是因为意外。意外来自讲故事的人始终理解着读者。他知道读者以为这故事会将自己带到哪里，而只有他自己才知道实际上会将他们带到哪里。这两条线始终平行推进，直到最后相交，于是有意外。它是精心设计和细心调试的产物。

第三，表达。故事不是讲故事的人一个人讲出来的，而是讲故事与听故事的人一起造出来的。听故事的人非常重要，因为需要他们脑补。而要调动他们，需要讲故事的人用好语气、音调、节奏、速度这些工具。用到极处，一个音节就能释放出听众脑补的全部潜力。

二宝，我没有吓你，你是自己吓自己。你脑补太多。

朵拉，你写作文和演讲时可以试一试。

6

管好自己

重要但不紧迫的

一个人能做什么，不试试不知道，所以要多换环境，环境一逼，很快就会了。

最近我的环境就变了。阿姨有事不在家，朵拉早上从起床到上学其间的这摊事就落在了我身上。

第一天，手忙脚乱。朵拉哭着去上学，因为多半要迟到，她非常重视准时到校。

第二天，风平浪静，有如丝般顺滑，一切完毕，还有多余时间，朵拉很意外，问我怎么做到的。

我说，这很简单。这就是个运行管理的小应用。

首先，我把早上起床后出门前我要做的事情全部列出来，然后给每一项列出所需时间，然后分出先后顺序。一样样依次做过来。

"你怎么分先后顺序？"

朵拉，这是个好问题。我今天起来第一件做的是煮鸡蛋。为什么？

"因为你昨天煮砸了。"

我昨天是煮砸了，因为不知道家里的煮蛋器要多长时间，我设了10分钟，但鸡蛋没熟，加煮了3分钟，还没熟。今天我试验到15分钟，熟了。这就叫试错，从错误中学习。

早晨得争分夺秒，15分钟是个天文数字，用时第一大户。

所以，我要做的第一件事就是煮鸡蛋。在等待鸡蛋煮熟的 15 分钟里，热奶、烧水、下面条，所需时间合并在煮鸡蛋的时间里。全部摆上早餐桌只需要 15 分钟。

如果反过来，就坏了。先热奶，烧水，下面条，再煮鸡蛋的话，所有时间只能单独计算，热奶 1 分钟，烧水 3 分钟，下面条 3 分钟，加上煮鸡蛋，总共要 22 分钟，食物才全部准备完毕。

差 7 分钟！时间就是这样变出来的。

朵拉，只要先煮鸡蛋，早上的时间管理就赢了大半。我又做了点优化，面条下锅才叫你起床。你起床加洗漱大约是 5 分钟，面条出锅需要 3 分钟，在桌上晾 2 分钟，你坐下来吃的时候，不烫不凉。

"你算得真细。"

没办法，谁都不想迟到，谁都想多睡几分钟。早晨时间贵如油，一定得细抠。

朵拉，刚才算的是我，你给自己算算，从早晨起床到进入教室，都有哪些事要做？分别要花多长时间？哪个顺序最省时间？

朵拉列了张表：起床，洗漱，早饭，梳头发，穿校服，步行上学。想想还不够细致，加上了戴口罩，穿鞋，又分别配上时间。

朵拉，你能通过调整顺序把时间省出来吗？

"不能。"

是不能，原因是这些事情都得你自己做，做的时候还不能分心，只能一件件地做，这就叫作串联事件，无法节省时间。

之所以我先煮蛋能省时间，是因为煮蛋时能做别的事情。如果必须始终注意着它，那时间也是省不出来的。

所以，要省时间，先做耗时长的事情只是一面，另一面是这些事情一旦启动后就可以暂时不管。

我对朵拉这张表很满意，朵拉做了区间估计，完成全部事项，最长需要 37 分钟，最短只需要 32 分钟。

我提笔在表上加了一项：洗碗。

自己的碗应该自己洗。以前不洗，你可以说没有时间。但这张表列出来后，你看得很清楚，你有时间。你早上 6 点 50 分起床，7 点 40 分要到校，中间有 50 分钟时间，而你做完所有事情最多只需要 37 分钟。你有时间洗碗。

朵拉同意，去把碗洗了。

朵拉，早上这些事，精确计算并安排好顺序后，你和我都可以多睡一会儿，又从容不迫，什么都不落下，又按时到校。这就叫似慢实快，不疾而速。

朵拉点点头，出门去了。

十几秒钟后，朵拉大力敲门：

"爸爸，按电梯按钮到电梯开上来还需要时间！刚才忘了算！"

晚上，睡前夜谈会上，我跟朵拉复盘：今天把早上的事情分解得非常细致，因为早上是个特殊场景，总时间不长，要做的事情明确，可计时，能拆解到每一步。但生活中你要做的事情多数不是这样，无法这样历历在目可执行，但也不是说我们就只能两手一摊，听天由命。

我们至少能厘清个大概。

比如说，按重要性和紧迫性，我们可以把所有事情分成四类：

重要而紧迫的，重要但不紧迫的，不重要但紧迫的，不重要且不紧迫的。

你说说，哪些是重要而紧迫的？

"大小便。"

爸爸没想到你说的这个答案，但它确实是。还有许多事也是重要而紧迫的，比如得了急病去医院，比如打仗。不重要且不紧迫的事情则是它的反面。但这两类处理起来很简单。前者马上做，后者放一边。你不会有问题。

会有问题的是另外两种：重要但不紧迫的，不重要但紧迫的。都有哪些?

"吃饭是重要但不紧迫的。不重要但紧迫的,我一时想不到。"

吃饭确实是。饭不吃不行,但早一点儿晚一点儿问题不大。学习也是这样,不学习不行,但一天不学习问题不大。

其实,生活中重要的事情大多数都不紧迫。比如说学习,又比如说友情、亲情,什么时候做都行,但正因为不紧迫,什么时候做都差不多,哪天忘了做也没关系,反而会使我们把它们放到脑后,总是忘了做,久而久之就出大问题。总是不学习,你会变文盲。友情需要维护,亲情需要滋养,不然都会枯萎。

我们忽视重要但不紧迫的事情,是因为注意力被那些不重要但紧迫的事情占据了。

什么是不重要但紧迫的事情呢?每天遇到的几乎所有琐碎小事。以我为例,大多数电话、邮件、微信都属于这一类。他们在电脑和手机上蹦出来,占据注意力,我刷刷刷,就把更重要但不紧迫的事情忘掉了。其实,长期看,刷不刷有什么差别呢?但学不学就天差地别。

分别管好这两类事,你需要计划。

对于重要但不紧迫的事,你要定个日程,设个提醒,到点就做,定时定量做,反复做。不要每次都想这次该不该做,下次再做可不可以。每次一想,你多半就不做了,因为重要但不紧迫的事情,虽然在长期中重要但此刻不重要。只有不去想,你才能避免它被不重要但紧迫的事情挤掉。

对于不重要但紧迫的事情,你要设个专门的时间段来处理。紧迫归紧迫,但世界上的绝大多数事情不是非实时处理不可的,往往当天处理就够好了。设个时间段,集中处理掉,以免它们干扰你对重要但不紧迫事情的计划。

"我感觉我自己的情况有两点。一是我的不重要但紧迫的事情少,二是我的时间更少。我的重点是为重要但不紧迫的事情做计划。"

将来的我

晚饭后，朵拉忙着在自己的操作台上做东做西，二宝忙着捣乱，我忙着看书，四周是两宝一天的拆家成果。

一个字：乱。

我们也习惯了。

只有一片净土——我的工作台。两宝知道两件事，爸爸工作台上的东西不能动，也不能把自己的东西放上去。

毕竟人生在世，需要一块属于自己的净土。

朵拉放下工具："爸爸，你能不能帮我建个时间表？"

我们家有个规矩：孩子找我说话，则我一定要跟他们说话。

孩子找父母说话，也就很短的一个时间段，这是孩子给父母的机会。如果这个时间段没说上话，青春期一来，父母就跟孩子永远说不上话了。这是其一。其二是跟孩子说上话，才能知道他们的情况，才能随机应变，因材施教。

错过一次孩子跟我说话，等于错过一次机会。

朵拉，好啊。不过其实你有时间表。你在平板日历上把要做的事情写上去了，这就是你的时间表。

"对，但那是每周的，我想要一个每天的，列上每天都要做的事情，打印出来，放在操作台上。"

朵拉对自己向来是无计划无安排的。我一直想办法让她管理自己的日程，但这事本人没有驱动力别人是帮不到哪里去的。

机会降临。

我帮朵拉在平板的备忘录上开了个简单列表：时间、事项。让朵拉自己填写。

朵拉，填这个就是做计划，你每天都有什么事，什么时间做，做多久。你自己做计划，然后我们讨论看能不能改进它。

朵拉边填边想边问，把每天的事归类、合并、分拆、重组，然后有了个重大发现。

"爸爸，我发现把时间省出来了！原来我要下午 3 点才能完成学习开始打游戏，现在下午 1 点就可以了！"

原来，朵拉之所以想要建时间表，是因为在一本书中看到，主人公有个同学是学霸，主人公自己是学渣。学霸有时间表，每天放学回家先集中精力，一小时完成作业，还能玩，9 点就睡觉。学渣没有时间表，什么时候得学习了才学，学的时候三心二意，一会儿偷看电视，一会儿发呆，结果要到 10 点半才能完成。

学霸与学渣的分别，就在于有没有规划啊。

其实，这些道理我早就告诉过朵拉，规划省时间，还能把事做得更好。但大人光说有什么用，小朋友用自己的方式发现才有用。

朵拉指着时间表问我："爸爸，你不是说必须完成学习才能玩的吗？为什么这个地方你同意我先玩后学习呢？"

那是学校留的体育作业，得出门，最好是跟每天出门玩放到一起，合并同类项。

朵拉，如果你没有这个时间表，每天想起来做什么是什么，我就只能要求你先学习再玩。但你有了这个时间表，证明能管理自己，我对你就可以有更多信任，能根据实际情况做更好的安排。

"爸爸，好啊。"

我把时间表打印出来，交给朵拉。

朵拉，这表面上是时间表，其实是一份契约。不是你跟爸爸之间的，而是现在的你跟将来的你之间的。今天的你做规划，很爽，觉得自己做了件很好的事，但实现规划却要靠将来的你。两个你虽然都在同一个身体里，但想法是很不一样的。现在的你要将来的你做事，将来的你到时会另有打算。

"爸爸，真有意思。"

朵拉，你能管好将来的你吗？

"能。"

我们走着看。你觉得行你就开始吧。

朵拉站起身来，环顾四周："爸爸，我觉得咱们家好乱啊！"

整理不为整洁

两宝辩论谁更勤于收拾，谁的桌子更整洁。我在旁觉得好比两小儿辩日，走过去说：

你们俩应该辩论的是谁乱谁更乱。

两宝大怒。

二宝叫道："你看我桌上放着整整一排空瓶子，多么美观！多么整洁！"

问题是你为什么要放一排空瓶子在书桌上？书桌是放空瓶子的地方吗？

二宝哑火。

朵拉叫道："我时不时就会整理一遍桌子，每次整理之后都很整洁。"

确实，但请问你的桌子每次整理能管上几天？

朵拉哑火。

请问你们俩，我们家有一个地方，不管什么时候去检查，始终如一，从来不乱？

两宝承认，这个地方是我的书桌。

我给你们讲讲什么叫整理。

整理需要收拾，但不只是收拾。朵拉，我看每次你把桌子收拾干净了，自己都会欣赏半天，有时陶醉。说明你是喜欢整洁的。为什么没过几天桌子就又变成一团糟?

"因为我懒?"

你肯定是懒,但只要是正常人就会犯懒,所以问题不在懒上。我也犯懒。更不要寄希望于你会变得勤快起来,如果这能靠努力实现,那么就算世界和平也不是问题。要解决的问题是一个懒人怎样做到井井有条。

关键在于搞清整理的目的。

整理不是为了整洁。把整洁作为一个目标,它就会转瞬即逝。但如果整理的目的是为了自己方便,整洁作为副产品反而能与你相伴。

我的桌面井井有条,因为我把所有需要用的东西都放在最合理的位置,每样东西在哪里我一清二楚,每次取用后都放回,于是下次取用的搜寻时间最短。我的桌面并不干干净净,但对我来说最省事。它不需要时常整理,除非我把新东西加进来。

把最常用的东西放在最方便的位置,最大限度减少搜寻时间,最大限度减少思绪跳入跳出的次数。这才叫整理,也才能保持整洁。

你们相反,整理的目的只是让桌面干干净净,这就是南辕北辙了。如果把桌面弄得不方便,那么越干净就越是更快回归乱七八糟。

"爸爸,你的电脑桌面也是这样,特别简单。"

我用电脑桌面存放待办事项。需要办的事,主要是稿件,就放在那里,完成发稿后移入文件夹。

朵拉,你的电脑桌面跟桌面一样,一团糟。你准备怎么处理?

"建文件夹。"

同样地,我给你一个建议,文件夹最多建两层,建到三层就太深了,你只是在建的时候享受到整洁的假象,用起来就很不方便,找个文件要半天。方便是关键,整洁不是。

"我知道了,方便才能持久。"

永远不能缺席

开始例行夜话之前，我催朵拉收拾明天的书包。朵拉提醒明天是星期天，不用收拾书包。

我说，不好意思，习惯了。

"习惯好不好？老师要求我们养成良好习惯，但你看你这习惯就不好。"

那就讲讲习惯吧。

如果做一件事有价值，但需要很长时间反复做才能实现价值，我们就把做它变成习惯。

习惯的意思，就是每次做这件事时不再思考，不再权衡，不再费神，不再消耗精神能量，做就是了。习惯把人变成机器，把行为变成程序。

这样做有什么好处？

"省事。"

确实省事，但不光是省事，习惯还使得你能将这件事坚持下去。而这件事的价值，需要长期坚持才能释放出来。

比如刷牙。

你今晚刷不刷牙，本身重要吗？

"不重要。"

你这辈子刷不刷牙，重要吗？

"重要。"

可是，你这辈子刷的牙是每天晚上刷出来的。如果你每天晚上都要计算这次刷牙有没有必要，不光是费事，更会让你觉得今天刷不刷都行，何必刷？每天如此，久而久之，你就不刷牙了。

世界上大多数事情，孤立地看，都是无可无不可的，就是不做也行，做也行，怎么做的区别也不大。如果你每次停下来计算其必要性，你就可能什么也不做了。

这些时候，你就需要习惯来帮助你。你知道一辈子刷牙很重要，就把每晚刷牙变成习惯，到点就刷，不再让这件事经历理性计算其必要性，不再每次都反思其价值和意义。它使我们在许多事情上进入自动巡航状态，让我们在漫长人生中完成很多需要做但得做很多次、做很久的事。

不过，习惯也会造成问题。

"就好像你刚才让我收拾书包。"

对。刷牙是每晚都得刷，但收拾书包不是，一周收拾五次就够了。你看，哪怕只是增加一点点复杂性，从七天变成五天，习惯就可能出错。这还只是收拾书包。事情越复杂，习惯就越照顾不到。

你这次无非是多收拾一次书包，没损失。但习惯用错可能导致大麻烦。新情况发生了，你还按老习惯去处理。想想后果。

"那什么时候习惯好用，什么时候习惯不好用？"

需要反复做，每次没有变化，要做很长时间的，叫作可重复事件，习惯好用。不需要反复做，每次有变化，不需要做很长时间的，叫作一次性事件，习惯不好用。

但是，可重复事件与一次性事件的区分只是大致的。你生活中需要做的事情，完全的可重复事件极少，完全的一次性事件也极少，绝大多数是两者的混合，只是比例各有不同。哪些时候调用习惯好，哪些时候调用计算好，还是需要你做出判断。

这种判断不再针对做事本身，而是更高一层，针对用什么方式来做事情、是习惯还是计算。科学家把它称作元认知能力（meta-cognition）。

朵拉，你要记住，生活中有大大小小不同的事情，有时你得从头算起，有时不用这么累，用习惯处理就好。习惯有时可以缺席，计算有时可以缺席，但不论何时，元认知都不能缺席。决定一件事用习惯还是用计算来处理的能力，它永远不能缺席。

认真不是一种态度

别漏题。

送朵拉考试路上，我叮嘱朵拉。

朵拉很自信："爸爸你不懂，我绝对不会漏题。老师教我们，每做一道题就打个对钩。"

我嘎嘎嘎笑了一会儿，提醒朵拉，你昨天刚给我检查的真题卷子，漏答了整整半扇。请问什么叫绝对不会漏题？

朵拉有点儿急："那是检测题，真正考试不一样。"

朵拉，许多人以为认真是一种态度，好像态度端正了自然就认真，不认真是态度不端正。

他们说得不对，认真主要是一种方法。你刚才说得对，有好方法比如打钩，就不会漏题。

你有好的方法，把它应用到做题当中，结果就是认真。没有好方法，或者虽然有好方法却没有用，结果就是粗心。

你昨天漏了半扇卷面的题，是因为态度不端正吗？还是因为没有好方法？还是有好方法但没使用？

"有方法，没使用。"

朵拉，认真既不是态度，也不是一种时有时无的能力，它是一种依据好方法习得的能力。你多练习就有，不练习就没有。有时练有时不练，也约等于没有。老师教你好方法，你还得形成习惯，不管是平时还是考试，都要用起来。

我教你一套习得认真的系统方法，简单明了，每次用起来就行。

第一，读题。每个字都要读，没读懂就再读，直到读懂为止。没读懂不做题。读懂指的是搞明白两个关键：条件是什么？求解什么？

第二，做完一道题就打个对钩做标记，老师教的法子很好。

第三，解题要写步骤，即使卷面不要求写，你在草稿纸上也要写。不要嫌麻烦，不写步骤将来才是麻烦。

第四，做完卷子后要检查。上一条要求写步骤，就是为了检查方便，好发现错误。如果没写步骤，检查起来跟重做差不多，你哪有做两遍的时间？而且即使有时间，你何必做两遍？写步骤不麻烦，倒是省事。

朵拉，在你这阶段，语文数学英语，没有你答不上来的题。只要你按爸爸教的这套法子，反复练习，爸爸保证，你会越来越认真，你的成绩会越来越好。

"我试试。"

7

两娃战争论

公平值两块，友谊值两毛

朵拉和二宝天天玩各种游戏。我想，反正都是玩，为什么不玩个严肃的？

把两宝叫过来，拿出 10 块钱。

朵拉，你提议这 10 块钱怎么分，怎么分都可以，但要二宝同意才能分。二宝，你来做决定要不要同意朵拉的提议，如果同意，就按朵拉提议分钱；如果不同意，游戏结束，你们谁也拿不到钱。

这个游戏不是我发明的，它是研究人类行为最著名的实验，叫作最后通牒游戏（*Ultimatum Game*）。之所以叫这名字，是因为跟最后通牒一样，另一方不同意就告吹。这游戏在全世界心理学实验室里不知道用多少种形式玩了多少次，是打开人类心理灰箱子的称手工具。

我测出了朵拉和二宝的原始状态，就是有很强的公平意识。本来朵拉和二宝是整天打架，如果有机会黑一黑二宝，朵拉是不会犹豫的，但这次朵拉分钱提案却是五五开，一人拿 5 块，而二宝马上就接受了。朵拉拿到钱后讲了分析过程：如果给二宝超过 5 块，太委屈自己；如果少过 5 块，二宝不会答应；虽然很想黑二宝，但拿到钱更重要，所以就五五开了。

朵拉，你这样想说明你重视公平，不光体现在你自己身上，还体现在你觉得二宝也会重视公平上。你预计不公平的方案会被二宝拒绝，所以提议了平分的方案。但你有没有想过，假如说二宝觉得拿到哪怕一块钱也强过什么都拿不到呢？或者设身处地想一想，如果是你自己，是愿意拿到一块钱，还是什么都拿不到呢？

朵拉秒懂，原来如此。

最后通牒游戏理论上存在着正解。假设最小单位是一块钱的话，那么，理论上朵拉可以提出一九开的分配方案，9 块钱归己，1 块钱归对方；二宝则应该同意这个方案，因为拿到 1 块钱好过什么都没有。如果朵拉和二宝是理性化身的话，就应该这么做。

不过，朵拉和二宝都不是这种人。"绝对不行！绝对不接受 1 块钱！"两宝同时叫。

那 2 块钱呢？那 3 块钱呢？

1 块钱 1 块钱加上来，我测出了朵拉对公平的定价。接受了有关理性算计的教育，也目睹了对手方接受同样教育以后，朵拉觉得天人交战的均衡点应该是三七开，她拿 7 块，二宝拿 3 块。如果绝对理性，她理论上能拿 9 块，把公平观念对行为的影响考虑进来后，她选择拿 7 块的方案。

对朵拉来说，公平就值两块钱。

二宝还小，为了让他搞懂，朵拉用 10 个橘子摆成一排做演示，左边 3 个，右边 7 个。

三七开也是无数次实验中得出的平均水平。朵拉是个正常的孩子。

我灵机一动：朵拉，三七开你是跟二宝分，如果是跟朋友你会提议怎么分？

朵拉觉得三七开偏少，四六开偏多。我说，那就算 3 块 5 吧。友谊价值 5 毛。朵拉是个重视友谊的孩子。

在朵拉的三七开方案面前，二宝怎么表态？

不同意！

二宝还是太小。

友谊不细算

二宝过生日那天，收到了四件礼物。朵拉羡慕嫉妒恨，要求自己过生日也要四件。

我说，二宝今天这种情况是有点儿失控，因为爸爸没管好，以后会管理好。谁过生日也不能这么铺张。不过这次已经铺张了，也不能退回去，所以这么处理：

第一，二宝这次生日收到几件礼物，朵拉下次过生日也要收到几件。再往后大家一起从简。

第二，二宝这次虽然收到四件礼物，但有一件是朵拉和二宝都有的，所以不能算四件，算三件。

朵拉点头，然后就盼着过生日。

但是，生日没到，"大流行"来了。一切从简提前，有蛋糕吃就很好了。

生日礼物就挂账吧。

有一天，朵拉来找我。

爸爸，我能不能把生日礼物换成今天不写作文？

回答本来很简单：不行。

从朵拉的角度想很自然：一个是可期的收益，一个是要做的工作，两者抵消，有何不可？

从我的角度看就不同：每日作文是必须做的，生日礼物本来既可以是可选项也可以是必须项，但既然已经承诺了就是必须项。

两个必须项不能抵消。

但这是理性的指引。

而我，一时软弱。

对我来说，买生日礼物是做事，督促并批改朵拉写作文也是做事，抵消掉，多省事。

我于是同意了。

这说明：理性靠不住，人靠不住。不管平时说得多么头头是道，总有靠不住的时候。不信就看我：理性化身，也想偷懒。

然后，又有人过生日了。

朵拉找到我："爸爸，我要送朋友一个生日礼物。送什么好？"

举一反三。我才明白，这两天二宝到处翻翻，翻出来一头小金猪存钱罐，各种努力包扎，原来是也想去参加朵拉朋友的生日聚会。

二宝是个特别喜欢社交的小朋友，但自己的社交来往有限，就蹭朵拉的。他跟朵拉的朋友们都很熟络。

钱，二宝没有，心思就有的是。

朵拉，选择礼物这种事，要看两个因素。

第一，要看对方是什么性质的朋友。朋友至少有三层：挚友，朋友，熟人。过生日的是你的挚友对吧？

"对。"

第二，要看你准备付出的预算是多少。预算就是你最多付出多少钱。一般来说，挚友预算多一点儿，熟人预算少一点儿。

根据这两个因素，你准备出多少钱？

"爸爸，我不是这么想的。

"我要送的东西，一要我自己喜欢，二要我觉得她喜欢。至于价格，不能超过 50 元。"

懂了。

朵拉挣钱不容易。

50 块约等于她做两天可汗习题挣的钱。

从她的角度体会挣钱所经历的磨难，50 块很重很重。

我想知道朵拉怎么给友谊定价。

朵拉，我很好奇，如果给挚友的礼物是 50 元的话，给朋友和熟人的礼物分别是什么价格水平的？应该有区别才合理。

"爸爸，合理不合理的，我不管这些。不管是什么朋友，我送她的礼物不超过 50 元就行。"

好吧。朵拉还不想分得那么清。

我陪朵拉挑好礼物，又挑了好看的包装纸，都是她自己付钱。

过程中，二宝一直在旁边玩，若无其事，直到我挑包装纸时，他凑了过来，把毛茸茸的脑袋放在我和手机之间：

"爸爸，我也要好看的包装纸，包我的小金猪礼物。"

都是有心人。

一次庭审

二宝找我，要我主持公道，罚朵拉 100 块钱。

我问为什么。

"因为我打了朵拉的头五下，打了朵拉的背一下。"

我大笑，在厨房忙活的阿姨笑得连菜刀都拿不住了。

这不是应该罚你的款吗？凭什么罚朵拉？

二宝一急，话更说不明白了。朵拉愉快地飘过来："爸爸，我觉得你说得很有道理。"

两娃打架，我总是把他们叫过来，问清楚到底发生了什么。两人的版本一般能对上。两个孩子立场不同，但都尊重事实。

既然如此，为什么不做得更有形式感呢？

你们过来，爸爸要严肃地处理这件事。朵拉你站右边，二宝你站左边。你们是当事人，爸爸是法官，这里是法庭。你们依次讲发生了什么，爸爸当法官裁决。

你们必须依次发言，法官叫到谁，谁才能发言，没叫到的，必须保持沉默。

两娃笑得合不拢嘴，站得笔直，迫不及待要开始。

二宝，你先讲。

"我打了朵拉的头五下，打了朵拉的背一下，然后朵拉把我的气球给弄破了。爸爸你得罚朵拉的款，100块。"

朵拉憋得满脸通红，终于轮到她发言。事实跟二宝说的差不多，有两点补充：第一，二宝动手之前，两宝各自夸赞自己的气球最美，二宝说不过朵拉，急眼了；第二，二宝的气球是不小心"自己"破的。

我转头问二宝，朵拉说的这些情况，是事实吗？

二宝点头。

我转向朵拉，还有个问题，气球到底是怎么破的？朵拉在法庭上真人表演了她在二宝打击下倒地，压在气球上面，导致气球破裂的全部过程。

我点点头。

很好，法庭调查和法庭辩论到此结束，双方对事件发生的过程没有争议。法官即将作出判决。

两宝眼睛放光，脸上充满期待。

你们俩都有错。二宝不能动手打人，朵拉不应该故意弄破二宝的气球。朵拉，你是假装被二宝打倒在地，顺势"自然而然"压碎了气球，其实是故意的，对不对？

朵拉艰难地点头。

原告被告陈述和辩论完结，现在法庭作出判决：

你们俩都犯了错，彼此抵消，所以都不用向对方赔偿。但是，你们不仅是对彼此犯错，同时还都违反了爸爸对你们的行为要求。你们彼此的过错抵消，但在我这里的过错不能抵消，所以，二宝要罚5块钱，朵拉也要罚5块钱，都从你们的资产负债表上注销。

休庭。

两宝恋恋不舍地离开了临时法庭。

决定了，以后就都这么处理两宝纠纷，临时法庭24小时随时在线！

一眼看到底

端午节的早晨，洪亮嘈杂的声音把全家吵醒。

我起来一看。

两宝一人抱着一个平板，在书房相对而坐，都在放一本书的音频，都把音量开到最大。名义上是各听各的，实际上在 battle（对战）。

我先不说话，静静看着他们俩享受 / 忍受噪音战争，自己体会激战后果。然后把他们带到早餐桌上，吃饱后，替他们俩分析战术。

你们俩紧挨着听书，互相干扰，谁也听不清，是不是？

"是。""是。"两宝同意。

那么，你们的第一反应就是把自己的音量调高，对不对？

"对。""对。"两宝同意。

你把自己的音量调高，自己能听见了，但对方听不见了，会做什么？

"会把自己的音量也调高，甚至更高。"朵拉说。

这时你会怎么做？

"我会把音量调得更高。"

朵拉，这个过程是停不下来的。它会循环下去，直到你们俩的音量都调到最高。到那个时候，你们能做的都做到了极致，但你能听得更清楚一点儿吗？

"不能，大家都最大声，都抵消了。"

回过头来看，从一开始，你能预见到这个结果吗？结果是很难想到，还是很容易想到？

"其实不难想。"

朵拉，你们俩今天早上这种情况，是一种经典的博弈场景。

你们俩的处境完全一样，应对方法完全一样，步骤又很简单，互为镜像。你能想到的，他也能想到；你能做的，他也能做。同时，你但凡想做和能做什么，就该知道他想做和能做什么。

这种局，看到开头就知道结局。

既然都一眼看到底了，看清楚到最后双方没有一点儿好处，那么，你就要想想自己本来想做什么。你是来听书的，不是来 battle 的，为了能听清楚自己的音频书，什么办法有效？

"我应该到另一个房间去听，跟二宝分开。但是，爸爸，二宝之所以要听，就是要跟我一起听，他会跟过来的。"

怎么办？

听到这里，二宝插嘴，出了个方案：

"爸爸，我用耳机听，朵拉放出来听。"

完美。

朵拉、二宝，像今天这种博弈，在生活中还有很多。你们想想，还有哪些事情，双方所知道的和所能做的完全对称，一眼能看到结局，而结局很惨？

两宝："打架。"

就这样管理情绪

晨跑归来，我跟两宝玩算 24 点游戏。规则很简单：扑克牌抽出大小王，剩余 52 张牌，A 算 1，2 到 10，J、Q、K 算 11、12、13。任意抽取 4 张牌，用加减乘除凑齐 24 点，谁先凑齐为赢。

24 点是很好的益智游戏。为了把机会拉平，我让他们 1 分钟。如果两宝任一人先算出来，本局结束，赢家得 3 分。如果我先算出来，再给他们 1 分钟，如果在 1 分钟内算出来，那么算出来的人跟我各得 1 分。

机会拉平，胜负有了悬念，两宝爱上了玩 24 点。昨晚玩了，今晨还要玩，结果朵拉在最后一局反超，把二宝挤到垫底。

二宝当时眼圈就红了，把头埋到桌子上，啜泣好久，不说话。我抱了他一会儿，无果。再过一阵，二宝坐到书桌前奋笔疾书；再过一阵，拿过来一张纸。

"爸爸，这就是我伤心的原因。"

原来他在拉清单。

我伤心，原因如下：

1. 朵拉能玩游戏。

2. 而我不能。

3. 朵拉 24 点赢了我。

4. 然后说我笨。

5. 还对我露出了邪恶的笑容。

看着这清单，我既不觉得好笑也不觉得被秋后算账，而是异常满意：二宝无师自通，掌握了自我情绪管理的一种重要方法：把情绪写出来。

拉清单可以，写日记也可以，怎么都可以，只要写就可以。

情绪积在心里，我们只能感受到它的澎湃之力，对其构成和因果其实往往懵懂。写出来，不仅为疏导开路，它本身就是疏导。一旦你知道情绪因何而起，就开启了对它的掌控之路。写出来意味着把自己的情绪当作他者一般去观察，必然能从中适当抽离出来，从而开启对比、反思之途，理性鱼贯而入，获得主导权。

把情绪写出来，小可以消气，大可以疗伤。二宝的气就已经消了。

我跟二宝一条一条对。

前两条有个背景。朵拉前两天抽中了家庭乐透大奖——60 分钟游戏时间。理性告诉我们它跟今天早上的事没一点儿关系，但情绪是另一种动物，它郁积于心，始终要找个借口出来。现在它出来了。情绪这东西是不能说它错的，说它错一点儿用都没有，只要它存在那就是对的。对它不能否定，只能接纳，好在接纳就足够了。

二宝心知肚明，这两条就过去了。

第三第四条，朵拉赢了你还说你笨，是她不善良。但正如你不高兴这件事客观存在一样，她不善良也是一种客观存在。如果我们改变不了她，就只能改变自己。更何况，朵拉赢的最后一局，你不该输，我更不该输，因为那 4 张牌之前出现过，还是我解出来的，结果换了一种次序我就忘了。而你也没有从前面那局学到东西。我们都有要改进的地方。你要坚信一点，不论朵拉怎么说，你也好，我也好，我们绝对都不笨，只是需要改进。只要始终改进，我们就能赢。

"OK。"

讲到最后一条，朵拉"还对我露出了邪恶的笑容"，朵拉耳朵尖，在隔壁房间大喊："我没有！"

如果按过往流程继续下去，马上就会快进到朵拉和二宝相互指控和反指控的复读机模式。我把朵拉叫过来，不是为了对质，而是抓住转瞬即逝的说教机会。

别人有没有对你露出邪恶的笑容，这件事有什么特点？

"不知道。"

特点在于它是主观的。也就是说，不管别人事实上有没有，只要你觉得她对你露出了邪恶的笑容，那你觉得才是真正重要的。事实如何已经不那么重要了。

朵拉，你说你没有做，我信你，但只要二宝认为你做了，你已经说不清了。说不清的事怎么办？

"跟他吵。"

二宝，你心里觉得朵拉做了，但朵拉说她没做，这种事没法证明，你怎么办？

"跟她吵。"

吵是一种反应，但不是法子。等你们怎么吵也吵不完但还是想完了为好的时候，我给你们一个法子。

"什么法子？"

忍着。别人心里怎么想你改变不了，改变不了就忍着。有些事你证明不了，证明不了也忍着。忍着不舒服，但比整天吵架要少不舒服那么一点儿。更何况，你们还能把它写出来呀，二宝就写出来了。

我一边扬扬得意地说教，一边剥开最后一个橘子吃掉。

二宝没说什么，拿走清单，过会儿又拿回来，上面增加了一条：

6. 爸爸吃橘子一点儿不留。

"分赃"算法

两宝寒假，有时跟我上班，占据了我的办公室。朵拉手快，先完成每日功课，开始"洗劫"我的储物柜，翻出各种小纪念品。二宝手慢，每日功课没完，眼见朵拉要按先到先得的强盗法则掠走所有宝贝。

二宝着急上火。

抓耳挠腮。

眼看就要放声大哭。

我两句话安抚住两宝：

二宝，你继续做功课。我保证最后你们俩会公平地分割战利品。

朵拉，你把所有要的宝贝都翻出来，然后编上号1、2、3、4、5、6。

等朵拉忙活完，二宝功课也完事了，两宝凑过来。

"爸爸，怎么分？"

为两娃分宝，表面上最关键的是公平，实质上是免嫉妒。你要她也要，给谁不给谁？一件一件分过来，六件就要打六场仗，就算我吃得消，办公室也吃不消。

没事，我有"分赃"算法。

这六件宝贝你们都想要。不用我给你们分，你们自己买。

"钱呢？"两宝问。

不用钱。

我递给两宝一人一张纸。现在，你们俩每人拥有 100 分，在纸上写下准备给每件宝贝出价多少分。

注意，每件宝贝的底价是 10 分，每件至少要出底价，底价之上你们随意开价，特别想要的就开特别高的价。

每件宝贝归谁？归出价高的那位。

朵拉一听明白了，侧身在纸上报价。

二宝显然还没搞清楚状况，想坐过去一起写。我叫住他：出价必须保密，一旦被对手发现，你就输了。

两宝兴致勃勃地写标书。

开标！

二宝中标两件，朵拉中标四件。两宝都很开心。二宝虽然数量少，但特别想要的都拿到了。

最重要的是，最终一算账，两宝花出去的分数都差不多，说明不仅主观满意，客观也公平。如果双方花出去的分数差别巨大，说明有一方的高额出价频频被另一方拦截，结果分数没花出去。这时，为公平起见，需要从实花分数畸多的一方回拨宝贝，从价格最低的宝贝开始，直到双方花出去的分数平衡为止。当然，一次成功不需要回拨，最理想。

我自己把这套方法叫作"分赃"算法，其实它本名叫 adjusted winner，调整赢家法，分多件特定物品时用它很有效。用出价机制保证各取所欲，用事后少量回拨来达到结果公平。我在两宝身上小试牛刀，效果理想。两宝对宝贝们是有兴趣，但对"分赃"流程更有兴趣。

"爸爸，我看你还有个柜子！我们再次'分赃'！"

领导技术就俩字

吃饭时间，两宝不好好吃饭，忙着打闹不休，直到听见我走过来的声音，才飞也似地跑到饭桌边端起碗就刨。

看到这一幕，我想，讲讲领导技术吧。

你们俩很调皮，家里谁的话都不听，为什么会单单听爸爸的话？

"因为你有办法。"朵拉抢答。

我有什么办法？

"如果我们太调皮，你会减少我们玩游戏的时间。如果特别调皮，你会取消我们玩游戏的时间。如果我们调皮得没边了，你还会打手心。"

你说的这些叫惩罚。爸爸用的不止这些，还有相反方向上的，比如增加游戏时间，这是奖励。你们之所以听我的话，是因为我用好了奖励和惩罚。

"爸爸，如果一件事，你既用奖励，又用惩罚，就能管得更好。"

你说得有道理，问题是太有道理了。同一件事，既用奖励又用惩罚，有点儿太过。大多数事情只用一样就够了。最重要的是，惩罚也好，奖励也好，都有成本。成本的意思就是说，爸爸得有付出，才能提供奖励，做出惩罚。不光爸爸，所有人都一样，奖励和惩罚不能是无穷无尽的，要节省着用，要用到最有效果的地方。

"我只想要奖励，不想要惩罚。"

你可以这么想，但这么想对你自己并不好，因为你也需要运用它们。让别人做你想让他做的事，每个人都有这需要，不光是爸爸，你也一样。比如说，你经常要二宝做你想让他做的事，他不听话，这时你就得用所有用得着的工具，奖励也好，惩罚也好，都得用上。少一样，都会影响你达到目标。

这时候；你得搞清楚奖励和惩罚作为工具有什么特点。

"一个我喜欢，一个我不喜欢。"

作为奖惩接受一方，你可以这么说，但作为发出奖惩的一方，这答案不及格。当你把奖惩标准事先告诉别人，以便让别人做你想让他们做的事情时，这两个工具最大的区别是什么？

"不知道。"

你看，如果你做了我想让你做的事，我会奖励你。如果你做了我不想让你做的事，我会惩罚你。提前告诉别人你会奖励他，叫承诺；提前告诉别人你会惩罚他，叫威胁。

仔细看，承诺与威胁是不对称的。刚才说了，无论奖励还是惩罚，爸爸都要付出。但当爸爸希望的情景发生时，如果爸爸事前做了承诺，这时就要付出成本来兑现。但如果爸爸事前发出的是威胁，这时却什么都不用做，因为你没有做爸爸不许你做的事情。你没做，我就不用付成本去兑现惩罚。

也就是说，如果爸爸的意图已经实现了，这时回头去看，承诺要付出，威胁不用。

这会有两个推论。

第一，资源不足的时候，会尽量使用威胁。这很好理解吧？

"对。"

第二，就算资源充足，人们往往会过多地使用威胁。道理也很简单，如果威胁管用，人们不愿做承诺，奖励太贵。

所以，现实中，想让别人做事时，往往是承诺奖励做得太少，威胁惩罚做得过多。你想想，你跟二宝之间，是不是这种情况？你是不是光威胁不承诺，光惩罚不奖励？

"确实。"

你再想想，爸爸跟你之间，是不是这种情况？

"那倒不是。"

爸爸跟你们之间也用惩罚，但只要我能用奖励就尽可能使用奖励。你知道是为什么吗？

"因为你是爸爸，你爱我们。"

我当然爱你们，但不光是爱，更是因为爸爸发现，就像上面说的那样，人们被惩罚威胁着做事的情况过多了，这时，用奖励的效果就更好。不信你就对二宝试试，能用奖励的时候就用奖励。他一定会撒着欢为你做事。

"我没东西怎么奖励他？"

奖励需要付出，但付出的不一定是钱——更何况你有钱，你的钱比二宝多很多——只要付出对方所需要的东西就好了，无论那是什么。你想想，二宝最想从你这里得到什么？

"他最想跟我一起玩。"

对。不光如此，他还想得到你的表扬。二宝除了顽皮，也有聪明的一面，也有可爱的一面，又非常重视你，你抓住合适的机会，等他做了好事，表扬表扬他，就知道我说得不错了，效果一定好。

"我试试。还有个问题，如果只奖励不惩罚的话行不行？"

不行。不是奖励不好，而是它最终会不够分。只用奖励的话，很快用光资源，而这时，大家都习惯了奖励，还在等，却什么都没有了。这是最糟的情况。反过来说，光惩罚不奖励也绝对不行，什么都不分给人家，就靠着强力迫使他们干，这叫穷凶极恶。

正确的做法是有时奖励有时惩罚。至于什么时候、用哪样、用多少，等你都搞明白的时候，你就长大了。

最后，说到底，奖励和惩罚无论是分别使用还是合起来，都不能解决掉所有问题。往往是这样，你用奖还是惩决定了你想在眼下解决哪些问题，而把另外哪些问题留给将来。等你连这也明白的时候，爸爸在奖惩这事上就没有什么能教给你的了。

何为正义

朵拉被二宝咬了两口，非常不满，找我要求开庭审理。

天色已晚，我有点儿累，表示今天无力进行法庭调查，明日请早。

如果就此作罢，那就不是朵拉了。朵拉转头去找妈妈，要求严肃处理二宝。妈妈温柔地打了二宝屁股两下，就此了账。

过程如此不严肃，惩罚如此不到位，朵拉的不满升腾到了 2 次方。

这时我说，朵拉，刚才说明天开庭，但现在情况发生变化，我不会再就此事开庭。一事不再审。

朵拉彻底爆炸了："不公平！太不公平！凭什么不能再开庭！凭什么这么轻易放过二宝！"

见缝插针搞教育的机会，我不能放过。

朵拉，你认为不公平，是因为你希望得到的公平是实质上的公平，也叫作实体正义：二宝犯了什么错误，就应受到相应惩罚。

这件事，我还没有进行法庭调查，无法形成判断，对你讲的实质不公平，我没看法。

我所讲的，则是另一种公平：如果二宝的确应该接受惩罚，就应该惩罚他一次，但不能反复惩罚。妈妈已经作出判决，实施了惩罚，如果你不满意，你应该向妈妈继续申诉，不能再找我另行起诉了。这就叫作程序正义。

朵拉听不进去："不公平！太不公平！"

反复讲，无效，各种招数使出，不灵，朵拉始终回到这两句口号上来。

我看朵拉情绪上脑，百毒不侵，不给她点实质好处不可能平静，于是使出正中穴位的一招：

朵拉，你情绪太激动，今天的作文不用写了。你先平静下来。想想怎么把你的论证弄得更好，我也想想，我们一会儿睡前谈话再来过。

朵拉立即收声，原来仿佛已经失控的情绪瞬间消失了九成。我心里有数了：朵拉在理性地装疯。

睡前谈话，我让朵拉先来。

朵拉果然改进了策略。"爸爸，我明白你的意思，我懂你说的程序正义。但你没听明白我讲的要求。我被二宝咬了两口。既然一事不再审，那我找妈妈审的是第一口，第二口我找你审。"

哈哈哈哈哈，我只有哈哈可打。

朵拉，我感觉你可以去做一个狡辩师。一个连续行为是不能分段起诉的，否则哪里是头呢？

我再给你讲一下为什么程序正义很重要。

假如说不是二宝咬了你，而是你咬了二宝，而现在有 100 个法官。二宝找 100 个法官打过来，每个都判决要打你屁股一下，你岂不是要被打100 下。这样公平吗？

"不公平！"

是啊，所谓程序正义，就是无论你站在自己或者对方立场上都能接受的做法。如果一个做法只对一方有利，它就不合乎程序正义。

程序正义重要，是因为你这辈子会打很多次官司，既可能是原告，也可能是被告，只不过恰好这次你是原告而已。

有位哲学家叫约翰·罗尔斯（John Rawls），他提出了一个正义的标准，叫作无知之幕（veil of ignorance）。大家在制定规矩时，要假设自己站在幕后，既不知道自己也不知道别人的身份。只有不预先设定自己的身份，才可能制定出离正义最不远的规则。

如果一个规则欺负穷人，富人无所谓，但站在无知之幕后面的人们并不知道自己走出幕布以后是穷人还是富人，万一自己是穷人呢？所以他们拿出来的规则，富人能接受，穷人也能接受。

"爸爸，这个哲学家很聪明，但我还是想告二宝两次。"

朵拉，再问你一个问题。刚才你情绪那么激动，到底有多少是真心，有多少是假装？

"爸爸，这我怎么能告诉你呢？"

朵拉，我判断你八成是真心两成是假装，但我不生气。

"为什么呢？"

因为做事情既不能完全被情绪支配，也不能完全被理性指引。

如果完全被情绪支配，就要么得逞要么拼命，没有给对方留下空间，搞不好就只能跟你拼命了，拼起命来可不是好事。

如果完全被理性指引，那么经常只能拿到底价，底价之上的全部好处都被对方拿走。太理性会被别人占便宜。

只有既情绪化又保存理性，才能拿到最多。具体是多少情绪多少理性，每个人不同，针对着每个对手又不同，只能慢慢把握。你在情绪激烈的时候仍然有理性计算，很不错。

"爸爸，你为我高兴，我是知道的。"

黄金法则、白银法则、无知之幕

"我讨厌你!"

朵拉对来家里做客的小男孩这样说。

小男孩跟二宝一样大,来家里做客几天,跟二宝一见如故,共同撒欢。朵拉本来对付二宝就够难的了,对付两个二宝,感觉难度不是变成两倍,而是三倍。

刚开始,我一见苗头不对,就跟朵拉讲清一个原则:我不要求你喜欢小客人,没有谁能要求你喜欢谁,但你是主人,主人必须对客人有礼貌。

朵拉接受是接受,但接受道理易,做起来难。接下来两天,我观察到朵拉强打欢颜做主人的努力,心想她进步了,能做到心口不一了。

到了第四天,二宝拆毁朵拉的镇宅之宝乐高树屋。朵拉终于扮不下去了。她明白二宝为什么敢翻天了。二宝被警告过多次不许碰树屋,一直以来也不敢碰,这次终于碰了,是因为家中多了一个小男孩,二宝胆肥了。

朵拉就爆发了,对小客人说:"我讨厌你!"

小客人有点儿蒙,这辈子一直放飞自我,从来没遇到过这种放飞自我的主人。我把小客人带去给家长,赔礼道歉,诸事不提。

当晚照例夜话。

我对朵拉说,我曾经跟你约定,喜不喜欢客人是你自己的事,但主人必须得有礼貌。你没做到。

"爸爸，可是他真的很调皮。"

朵拉，我讲的是一个道理，你给的是另一个理由。这样是鸡同鸭讲，永远讲不通。我给你讲个普遍的道理吧。今天你是主人，小男孩是客人，你这样对待他。你将来会到别人家里去做客，别人是主人，这样对待你，你能接受吗？

被爸爸严谨逻辑所逼迫，朵拉硬着头皮说"接受"。她还做进一步阐发："今天我对他不好，是他尴尬。将来到别人家做客，主人对我不好，是我尴尬。"总之，主人不爽可以发作，不管朵拉自己将来是主人还是客人。

我笑了一会儿，再讲。

朵拉，人与人相处有两个法则，一个叫黄金法则，一个叫白银法则。

黄金法则来自《圣经》：你想别人怎样对你，你就怎样对待别人。白银法则来自《论语》：你不想别人怎样对你，你就不要怎样对待别人。

朵拉，你觉得自己刚才的想法，是属于黄金法则还是白银法则？

"我觉得是黄金法则。"

对。你觉得自己可以对别人失礼，也接受别人对你失礼。

朵拉，你觉得黄金法则好还是白银法则好？

"黄金法则好。"

不一定。举个例子，爸爸觉得刷可汗数学好，所以要让你也刷，也符合黄金法则。你明白了吗？一个人觉得好的事情，另一个人可不一定这么觉得。如果一个人努力地把自己觉得好的东西分享给别人，不接受还不行，结果会怎样？

"好不了。"

朵拉，其实不一定，很复杂。爸爸跟你之间，爸爸认为好的东西，十有八九对你确实好，只是你暂时不能完全理解。但人与人的关系不都等于爸爸与你的关系。首先，别人认为好的东西不一定对你好。更重要的是，别人可能只是假装认为那是好东西，然后一定要给你，说是为了你好。

"我知道，凡是说为了我好的，如果这个人跟我没什么关系，多半是骗我。"

朵拉，爸爸已经是成人了，更喜欢白银法则一些。孔子说，己所不欲，勿施于人。白银法则的本质，就是你不要管我，我也不要管你，大家各管各，let me alone and let others alone。

黄金法则是积极的，就是分享好东西；白银法则是消极的，就是别管我。当然，白银法则要是用过头了也不行。想想看，如果是个婴儿，能不管它吗？对婴儿更多地需要黄金法则，对成人更多地需要白银法则。

"爸爸，你对我用什么法则？"

我对你主要用黄金法则，但也用一点儿白银法则。我把好东西分享给你，比如可汗数学题，你不刷都不行。有些事我也不管你，比如你不喜欢来做客的小男孩。但回到这个小男孩，你不喜欢归不喜欢，爸爸要求你对他有礼貌，你知道有什么道理吗？

"你曾经讲过，我有点儿忘了。"

我跟你讲过无知之幕的道理，就是我们决定要跟其他人如何相处的时候，要假设自己站在一块幕布之后，对其他人一无所知，不知道他们是穷是富，是弱是强，性格如何，总之是什么都不知道。不光如此，还要假设我们对自己也是一无所知。所以把这块幕布叫作无知之幕。

站在无知之幕后，我们再来讲应该如何相处。这时候，我们就不会决定要压榨弱者，欺负穷人，因为弱者和穷人有可能是我们自己。我们也不会决定要消灭强者，剥夺富人，因为强者和富人也有可能是我们自己。我们最终做出的决定，会对穷人富人、弱者强者同样公平。

朵拉，在主人如何对待客人这件事上，你既有可能是主人，也有可能是客人，你不知道将来你是做主还是做客。请你再好好想想，主人和客人应该如何相处？

"我得再想想。"

回到原点

朵拉的乐高树屋被强拆，一片狼藉。

乐高树屋是朵拉心头爱物、镇宅之宝，供在书房很久，一直平安。二宝被严厉警告多次：不许碰，不许碰，不许碰。

但二宝终于还是碰了。

我把二宝悄悄拉到一旁问：你拆树屋，朵拉知道吗？允许吗？

二宝点头："知道的，允许的。"

那就好。我信。如果不经允许就拆树屋，家里应该已经发生世界大战了。既然和平仍在，应该就是得到允许的吧。

我是维护家中秩序的仁慈霸主，虽然是霸主，但没有哪个霸主喜欢没事找事，我就让这件事过去了。

晚上，朵拉在书桌上写作文，很久很久，我过去看情况，朵拉遮住不许看："今天特别有东西写，会写得很长。"

OK。

过了很久，朵拉过来交作文。我打开一看，惊喜。我跟朵拉有约定，每日百字文，可以攒着写，比如最长可以一周写一次，一次 700 字。此前朵拉写过最长的接近 300 字，说无论如何不能写更长了。

这次却写了 500 字，一下子跳过了 300、400 字大关。

真实经历，真情实感，情绪饱满，写的是今天树屋被毁。

原来，朵拉发现树屋被毁之后，一言不发，转身离开。不是因为她不生气，而是因为她相信爸爸会为她主持公道。

我很感动：公道，爸爸一定给你！

我给出个解决方案：二宝赔你500元。朵拉点点头。这事暂时过去了。

睡前聊天，我跟二宝聊毁树屋这事。他说朵拉许可，是对我撒谎，绝不允许，必须惩罚，判决是一周不许玩《动物森友会》。另外，我让他详细讲强拆经过。讲着讲着，睡在上铺的朵拉哭了，越哭越伤心。被强拆者的心，一碰就伤。

我于心不忍，要给朵拉一个更好的公道：朵拉，你平静一下，爸爸给你买个新树屋。二宝的处罚变成罚款充公。

"Thank you, Daddy.（谢谢你，爸爸。）"

第二天一早，我下单乐高树屋，1699元。下单完成后想起一事，电话通知朵拉和二宝：既然朵拉会得到全新的树屋，那被强拆的树屋乐高块就归我了，我拿着没用，给二宝玩。

之所以要把话说清楚，是因为我们家两宝的事都得说清楚。朵拉的乐高块，二宝想玩，得获得同意；反之，亦然。不说清楚则必起纠纷。

朵拉一听不干了。"爸爸，为什么二宝犯了错，却会得到奖赏呢？"

朵拉，二宝付了500元罚款，然后得到一堆乐高块，这不能叫作奖赏。

朵拉又生一计。"爸爸，被拆坏的树屋乐高块是我的，我当初花钱买的，你不能不经我同意拿走给二宝。"

朵拉，它的确是你当初花钱买的，但我现在赔你一个全新的，原来的那些乐高块就属于我了。这是普遍规则：损坏东西，照价赔偿，然后被损坏的东西就属于付出赔偿的人。至于我怎么支配它，跟你没有关系。

"爸爸，为什么昨天你不告诉我这些？"

这是天经地义的，我没有想到你不理解。但是，你不理解它，它仍然是天经地义的。在我的话语体系里，朵拉说不过我；在她的话语体系里，我说不过她。我坚持普遍规则，她坚持认为结果不公平。

"爸爸，那我不要新树屋了，反正不能让二宝拿走老树屋模块。"

我提醒朵拉，新树屋已经下单了，到货后总要给人玩，不是给你就是给二宝，你真的想让二宝拆了你的老树屋以后玩上新树屋吗？

在严厉惩罚二宝愿望的驱使下，朵拉提出反要约：新树屋不用我送，由她自己全款买下，以便自己能保有老树屋模块，一块也不给二宝。

朵拉拼了。

我把几个方案理了理：

方案1：二宝赔500元，朵拉继续拥有老树屋乐高块。方案2：我买新树屋赔朵拉，老树屋模块属于我，我给二宝，二宝赔500元。

这两个都是我提的方案。

方案3：朵拉自费买新树屋，继续拥有老树屋模块，二宝赔500元。这是朵拉提的方案。

我告诉朵拉，我不认同她讲的逻辑，但会尊重她的决定，只要她想清楚了这确实是她要的决定。

朵拉想了想，又提出个新方案。方案4：朵拉拿走500元赔偿。新树屋还是爸爸出钱买，但朵拉不要，爸爸愿意给二宝玩就给二宝玩，反正那是标称16岁+的孩子才玩得了的东西，二宝拿到手也玩不动。总之，要让二宝得不到太大好处，要让爸爸出血。

朵拉在情绪的带领下信马由缰。她刚开始有点儿恨二宝，现在又有点儿恨我。

在讨论中，朵拉告诉我，其实树屋搭一遍够了，她并不想再搭一遍，她要的是树屋模块，用来自由组合她想搭的任何东西。

这是关键信息，也是我没有想到的地方。新树屋固然好，却不是朵拉的第一诉求。这一点在我们以前的对话中没有出现过，却是解决问题的关键所在。

我跟朵拉讲，方案已经很多，没必要急着做决定，你平静10分钟，好好想想，再做选择。看了一眼这些方案，我心中有数，顺手就把树屋订单给取消了。

一会儿，朵拉过来讲："爸爸，我选方案2。它虽然不完美，但在现在的所有方案中对我最有利。"

你说得很对。如果爸爸买下新树屋的话，只要你冷静下来，就会发现方案2对你最有利。但是，如果爸爸能取消订单呢？在这种情况下，哪个方案会变得对你更有利？

"方案1！爸爸！旧树屋模块还是我的，二宝赔我500元！"

Bingo! Deal!（对了！成交！）

朵拉选择的方案正是最早的方案。经过一天的谈判，我们回到原点，那么这反反复复的讨论思考是白费了吗？

当然没有，朵拉，我看到了这些：

第一，你第一次没想清楚，最后做决定时是真正想清楚了。

第二，你接受没有完美方案的事实，但在已有的方案中能找到对你最有利的那个。

第三，情绪驱使你远离现状，去寻找各种可能，但最后要让理智回来，为你作出最有利的选择。

第四，信息非常重要。我们走进死胡同，许多时候只是因为缺少信息。更多信息能帮我们找到新方案。比如，这次我们找到最好方案是因为你说出来并不想重新搭一遍树屋。那么，如果下次我们再谈判，你要把对谈判有用的信息都讲出来。

谈判并不一定是你赢我输，它可以是我们一起消化所有信息，管理情绪，运用理智，一起解决问题。

兵法不必是阴谋

"大流行"期间，二宝在家待着，时间长了也不是个事。以前在他这么大的时候，朵拉已经读了不少书了，倒不是朵拉同期的能力更强，而是朵拉是老大，大家觉得新鲜，都抢着给她念书。二宝就不一样了。爱是同样爱，但念书这事只有爱是不够的。

有一天，二宝把一本书塞到我手里："爸爸，给我念书。"

书上标着拼音。读着读着，二宝指着一个词语对我说："爸爸，我觉得那是你的名字。"

我定睛一看，当然不是我的名字，只是那两个字打头的字母，一个是W，一个是S。

为二宝心酸之余，我也看到机会：二宝毕竟开始在自己摸索着拼音，可教。

教二宝学拼音吧！

这事可不那么容易。老师在哪儿？

我是四川人，川普（四川普通话，简称川普）还可以，拼音不行，而且不知道怎么教。家中众人，各有各的缺陷，都不是好老师的样子。

怎么办？

计上心来。眼前有个现成的好老师。

朵拉呀！

重赏之下，必有朵拉。

我给朵拉报价，每天教二宝 10 分钟，每分钟 1 块钱，教会为止。结业考试是二宝自己念一章，通过的话，特别奖金 1000 元。

"That's generous.（这么大方。）"朵拉说。

朵拉老师就上岗了。

问题是，二宝却犹豫了。

"爸爸，我不想学拼音，因为不想让朵拉挣钱。"

两宝之间是有心结的，有很多相爱，也有很多相杀。这一茬刚才给忘了，忘了就出问题。

二宝，这样，你学拼音也挣钱。每 10 分钟 5 元，结业考试通过的话，特别奖金 500 元。

二宝看有钱挣，同意了。

按下葫芦浮起瓢，朵拉又有不满："凭什么我教二宝本领，二宝还能挣钱？"

既然到了这一步，我得跟两宝讲讲双赢的道理。

朵拉，为什么二宝挣钱对你不是坏事，我有两点要讲给你听。

第一点是什么呢？

二宝挣多少钱这件事，跟你挣多少钱没有关系。你要关注的是自己挣多少钱，你处境的好与坏只跟它有关。

比如说，你想买个大件，只跟你有多少钱有关，跟二宝有多少钱无关。无关的事就不去想，更不要在意。在意就是自找烦恼。

我知道，这点是讲给你的脑子听的，你的心不一定会认可。但你的脑子不妨把你的心压一压，想一想这个道理。

然后，我的第二点，你的脑子会同意，你的心也会同意。

只有二宝有钱了，才能跟你做交易，你才能从他那里挣到钱。他如果是穷光蛋，你从他那里一分钱也挣不到，有什么好处？

朵拉一听就懂。

"爸爸，对的，如果他打了我得赔钱，有钱才能赔钱。"

朵拉，你说得对。如果他没钱，又打了你，拿什么赔？二宝有钱对你是有利的。

我转头看着二宝，刚才给朵拉讲的道理，对你也是一样。朵拉挣到钱对你有好处没坏处。

二宝似懂非懂，点头。没事，他将来会懂的。

兵法并不都得是阴谋，许多兵法是不怕让玩家双方知道的，反而是越透明越好：

让别人挣钱，自己也能挣钱。

咱们资本有力量

二宝有台平衡车，朵拉突然报出天价要买。

"1000 块，卖不卖？"

我赶紧插进来，提醒二宝，如果朵拉买走，以朵拉对付二宝的习性，他可能就永远也沾不到这辆车了。

二宝，你得想好了。对你来说，是 1000 块钱重要，还是平衡车重要？无论什么决定，爸爸都支持你。

二宝还在犹豫，朵拉加价了。

"2700！"

我赶紧提醒朵拉，这可是平衡车的原价，你确定要出原价？

做两宝的交易教练，就是这样左推右挡。

"那就 2500！"

朵拉不屈地报了个准原价。

我很好奇，悄悄问朵拉为什么要高价买车。在这个报价水平上，朵拉并无对手，我早已放弃。何必如此激进？

朵拉说："你把耳朵伸过来，我有个很好的理由，只能悄悄告诉你。"

我附耳过去。

不料，突然又多了只耳朵。

原来，二宝也把耳朵伸了过来。

这不行，机密啊。

朵拉带着我四处躲藏，但没用，我们能到的地方，二宝也能到。

这样吧，朵拉，你在平板上写好，用微信发给我。

"对！"

朵拉去了。

二宝心情很不好，体会到能力不足的悲哀。

原来，朵拉的计划是做生意。

2500 块买下二宝的平衡车，二宝以后想玩可以，得花钱租。

租金多少？

"一分钟一块钱。"

我跟朵拉说，你有做生意的想法很好，但做生意要赚钱的话，得把账算清楚。2500 块钱要收回来，需要租给二宝玩 2500 分钟，也就是 40 个小时还多。平均一天玩差不多半小时，也得 80 天，毛估至少要三个月才能收回成本。

你想清楚了吗，朵拉？

我想清楚了，爸爸。

朵拉的买入返租计划包藏着极大的企图：现在她有钱二宝有车，但三个月后，要让自己既有钱又有车，二宝既没钱也没车。

二宝虽然算不清账也看不到谋划，但二宝不傻，嗅出了圈套的味道。反复沉吟之后，他拒绝了交易。

水平有待提高，直觉相当可以。

我跟朵拉讲，你这个计划一定要藏好，千万不能让二宝知道，否则的话，他可以反过来用这招对付你啊！

资本就是这么重要！

坑王之王

未来局的朋友送了我一台"玉兔二号"月球车模型。

只有一台。

两宝没法分。

我就用拍卖大法，加入了盲盒元素。

就一个盒子，里面是什么东西不告诉两宝，想要就来拍。

1块钱起拍，每次加价1块钱。

开始。

两宝拍得跟疯了一样。

你加一。

我加一。

你再加一。

我再加一。

我坐山观虎斗。

最终，朵拉力压二宝胜出。

不是因为二宝更理智，而是因为二宝账上钱少。

二宝挣钱门路少花钱去处多，总共只有719块钱。

当朵拉拍到720块的时候，二宝输了。

朵拉打开盒子一看：

像指甲盖大小的月球车模型，站在满是陨石坑的月球上。

坑啊。

我告诉朵拉，拍卖中有个词叫作赢家的诅咒（winner's curse），就是赢得拍卖，物不如所值。要避免陷入赢家的诅咒，就得坚持纪律，设定好自己的底线，绝不越过。

底线是什么呢？

就是当价格到某个水平的时候，买不买对你都一样了。买了你不后悔，不买你不遗憾。

其实，这个价格水平对你来说是天花板价，因为在这个价格上成交，你的额外收益是0，额外收益全被卖家拿走了。

所以，正常出价时，你一开始要比你的天花板价格低，一步步加上去，如果在天花板价格前就赢得拍卖的话，就能分到一部分额外收益。

但是，出价无论如何不要高于天花板价格。

更何况，爸爸拍卖的是个盲盒，你根本不知道里面是什么，连天花板价格都无法形成。

更何况，你与二宝相争，为了赢什么都干得出来。把拍卖变成斗气。赢是赢了，但钱包输得很惨。

所以，你掉进的不是一般的赢家的诅咒，是三倍份的赢家的诅咒。

"很值！"

朵拉坚强地说。

自己拍下来的，硬着头皮也要撑住。

过了一段时间，天降纠错机会。

原来，不光有赢家的诅咒，还有输家的诅咒。

二宝因为穷，输了拍卖，但心里不服啊。

所以，经常偷偷去玩那个满是坑的月球。

手重，没经验，心慌，就把月球搞破了，弄出个更大的坑。

朵拉压抑住内心喜悦，来找我。

"爸爸，二宝弄坏了我的月球，得赔。720元。"

我想了想。

你说得对，是得赔。

但是，如果赔全款的话，二宝现在没这个钱，你得等他赚钱。但二宝想到赚到钱无非是用来赔你，没有动力赚，你可能等很久。更何况，如果赔全款，这个东西全套就得归他了。

你的月球破了，还在，但你的月球车呢?

朵拉有点儿傻眼。

月球车那么小一个东西，早就消失在茫茫乐高丛中了。

"那怎么办?"

朵拉，我跟你讲过，你现在应该明白了，钱这东西是连续的，价格也是连续的。这事除了赔与不赔两种情况，还有赔多少的情况。

二宝损坏了你的月球，你既可以要求 Whoever breaks it, owns it（损坏者照单全收），也可以只要求他部分赔偿。这样月球还是你的，他只赔损坏的部分。

"懂了。我想让他赔一半，360元。"

批准!

朋友们下次送什么东西，请千万记住只送一份!

一拳打空

朵拉的好朋友教会她骑自行车，还把车借给她骑几天。

晚饭后，我骑着刚学会骑的平衡车，她骑着刚学会骑的自行车，在院子里面转来转去。

我对朵拉轻轻松松学会骑车有些好奇，也有些不服。我学骑自行车还是在高考结束后上大学前，学习过程险象环生。

我问她：你有没有这种时候，前面有个人，你特别怕撞上他，想尽办法想躲开他，可就是偏偏会撞上他。

朵拉："没有。"

我又问她，你知不知道自行车拐弯时有窍门，想往左拐，身体得往右倾，想往右拐，身体得往左倾。

朵拉："这些我听不懂，我想拐弯就拐过去了，一点儿问题都没有。"

鸡同鸭讲。

过了一会儿，朵拉跟我讲，自行车上本来有个筐，但她玩着玩着，掉了。怎么办？

我问清楚情况。原来，自行车筐是用螺丝固定的。螺丝掉了，车筐也就固定不住了。这事很简单，有螺丝就能修好，没螺丝就修不好。

我回家找了找，没找着。

把朵拉叫过来。

朵拉，自行车是你借朋友的，你应该原样还给朋友。这期间如果有什么损坏，你得负责。能修好就修好，修不好得赔偿。

"好。不过爸爸，我骑自行车的时候没有撞到过什么东西，我猜螺丝一开始就有点儿松。"

朵拉，你这猜测很合理。问题是，你接过手的时候，朋友和你的理解都是自行车是完好的。所以，你交回给她的时候，也应当是完好的。这期间的责任仍然属于你。

"懂了。那怎么赔？"

我给你100块钱的钞票，你把自行车还给朋友的时候，交给朋友的妈妈。钞票虽然是我给你，但钱得从你自己的资产负债表上走账。你的责任，你赔偿，我只是帮你变成钞票。

另外还有件事，朵拉，朋友的妈妈很可能不会要你的钱。这时候你怎么办？

"那我就拿回来呗。"

我教你。这时，你要说：阿姨，爸爸要求我，损坏别人的东西要赔偿。请您收下。

"如果她还是不要呢？"

如果她还是不要，你就把钱拿回来。这件事有两个因素，一个因素是得真诚道歉，真诚赔偿。另一个因素是别人不愿接受的东西不能强塞。中间得有个分寸，适可而止。爸爸刚才说的分寸就是再表达一次，不用再多了。

懂了。

第二天，我上着班，朵拉发来一则通知：妈妈把车修好了。

浑身内力一拳打空的感觉顿时涌了上来。

投名状

二宝有点儿瘦。我的态度是能吃什么就吃什么，能长什么就长什么，不管长的是肥肉还是肌肉，只要长点肉就是好的。

二宝爱吃薯片。那是垃圾食品，妈妈不同意。所以，趁妈妈不在的时候，二宝要求吃薯片。

我正准备同意，看见一旁的朵拉。

朵拉，你吃吗？

"我不吃。"

我转头告诉二宝，姐姐不吃，那么你也别吃。

二宝不理解，动用小男孩自来会的各种手段，无效。我坚如磐石。

当晚夜话，二宝郁结未解，问为什么，是因为要公平对待他们俩吗？

我摇头。问了三个问题。

第一个问题：我们家是不是妈妈最大？

"是。"

第二个问题：你做了妈妈不让做的事，姐姐会不会举报？

"会。"

第三个问题：举报完了我和你是不是要遭殃？

"对。"

你看，这三个铁一般的事实面前，不管你有多想吃薯片，我有多想让你吃薯片，都是空想。

只有在一种情况下，你能吃到这薯片。就是朵拉也吃薯片，跟你一起惹是生非。

这样的话，她不会举报，妈妈就不会知道。我确信妈妈不知道，才会让你吃到。

"你不能要求她不举报吗？"

设想一下。我礼貌地请求朵拉不要举报，朵拉仁慈地答应了。然后你觉得我能放心地给你买薯片、你能放心地吃吗？

我不知道你。反正我是不放心。朵拉答应了可以反悔。反悔了，接下来就是我和你面对妈妈的怒火。我们对她没有约束。她想反悔就反悔，今天不反悔明天可能反悔，我们始终活在她的慈悲里。

只有她也有份，我们才能真安全。以前给你们讲过投名状。投名状不是介绍信，而是一起做坏事。做过才信得过。

"唉！"

反过来说，站到朵拉的立场上，别人的秘密不要多打听。

如果你是因为纯好奇去打听别人的秘密，打听不到还好，打听到就尴尬了。你现在只有两个选择。第一个是举报。第二个是加入。这两个之外的其他选择对你都不安全。因为只有加入，纳投名状，有秘密的人才会相信你。如果你不想加入，就只能举报。

如果你既不想加入也不想举报，你打听这么多秘密干吗呢，就为了那点该死的好奇心吗？

好奇心害死猫，这谚语听说过吗？如果你打听到的秘密对有秘密的人来说生死攸关，他要么强迫你加入，要么把你干掉。

朵拉听到这里，开始害怕。

演讲有套路

朵拉有一个小秘密，被我知道了；二宝也有一个小秘密，也被我知道了。朵拉的小秘密是为了写稿子不惜胡乱找了一个歌颂二宝的题目，二宝的小秘密是放学先送女同学回家自己再回家。两宝都不想让对方知道自己的小秘密，又都很想知道对方的小秘密。

我说：那就交换吧。

两宝同意。

二宝平时有点儿滑头，但对姐姐就很实在。他说，为什么要送女同学回家呢？因为有个男同学也想送。

朵拉平时很耿直，但对弟弟就有些滑头。她实在不想让二宝知道自己被歌颂了，于是另外找了个小秘密来充数：二宝拿过她一样小玩物，于是她也偷偷拿了二宝一样小玩物，没人发现。

也行，毕竟事先没规定过要讲什么秘密。这也算是个秘密。

到这里，我想，朵拉马上就要参加英语比赛了，有个项目是抽选任意命题讲一分钟。朵拉有点儿发怵。这不正好是个训练的由头吗？

朵拉，就以你为什么不想跟别人分享自己的秘密为题目，讲一分钟，三分钟准备，现在开始。

我手上这个苹果手表，最常用的功能事先打死也想不到，就是倒计时。管理两宝，没有倒计时是不可能的。

此前我跟朵拉讲过一分钟演讲的套路。我在全球在线教育平台 Coursera 上学过一门小课程——怎样就任何话题讲五分钟。细节忘了，大体上就是进入主题后，分两个要点讲，每个要点往下再讲两点，然后 wrap up（略作总结）。大概就是从人家叫到你，到你站起来，十秒内你把两层四个点想好，骨架有了，其余的边想边说。

这个套路我实战时觉得需要的训练还是过多，四个点问题倒不大，主要是两层。我都还得多练，何况需要速成的朵拉。所以，我把它做了极简化，再跟朵拉讲套路。

不管是抽到什么主题，朵拉你就讲：

对主题的看法是什么，然后就——

第一……

第二……

第三……

平面展开，不分层次。

朵拉你只有一分钟时间，要讲的点不要少于两个，但也不要多于三个。少于两个不像话，多于三个时间不够。

才不到两分钟，朵拉就表示准备好了。那就开始。

朵拉说：

我不愿把自己的秘密告诉别人，因为：

第一，秘密，顾名思义（by definition），就是不能告诉别人的事情。blablabla……

第二，秘密通常是让自己难为情（embarrassing）的事情，如果告诉别人的话，那该多难为情。blablabla……

讲到这里，我叫停。一分钟到了。朵拉很吃惊，一分钟这么快啊。她还有一个点没来得及讲：

第三，把秘密告诉别人的话，别人会嘲笑她，那该多难为情。

我跟朵拉总结经验。一分钟很快，所以我们讲过的三要点演讲法，要再优化一下。

首先，每讲一个要点以后，不要对它过度解释，用一两句话简单解释就可以了，先把你要讲的三个要点都过完。讲完整是第一位的。

然后，如果你还剩下一点儿时间的话，再绕回去强调一下主题。这样，无论一分钟在哪里结束，你都是完整的。

其实，这就是新闻写作倒金塔法的另类应用啊。学以致用，我很满意。

最后，朵拉，你还有个小问题，你用了太多次"难为情"了。可能你确实强烈地觉得难为情，但没必要说这么多次，说两次足够了。这里体现了一个你与听众的差别，你觉得非强调很多次不可，但听众听到两次就get（领会）到你的意思了，再多就觉得重复，反而不会重视。你要从听众的角度反过来想自己怎么讲最好。

朵拉家的聊天夜话，就是这样的意识（泥石）流。

以哭制哭

期末到来，两娃无所事事，我上班相对自由，于是带两娃上班。上得山多终遇虎，朵拉还好，二宝坚持不住，放声大哭，声震办公室。

小朋友在办公室里大哭，终究不是个事。

我把二宝抱在身前：我们要回家了，你想继续哭呢，还是跟爸爸和姐姐回家？继续哭的话，你可以再哭 10 分钟。你全心全意地哭，别的什么也不要做。我们等你。

想回家。

那你深呼吸，像爸爸一样。我做示范，三次深呼吸，二宝跟着三次深呼吸，哭闹停止了，还有点儿抽泣。

我继续抱了二宝一分钟，轻声安抚。一分钟后，我们仨起身回家。

在回家的路上，我抱着二宝，做了个决定：娃儿哭闹这件事，要正面迎战。

这样吧，朵拉，等会儿到家你先做个手工，一顶悲惨之王的王冠。然后我们仨举办哭闹比赛，谁哭得最大声，谁哭得最惨，谁哭得最伤心，谁就赢，赢家戴上王冠，晋级悲惨之王，并有权要求输家做一件事。

两宝迫不及待，要求马上在车里演练，三轮下来，朵拉哭得最惨，爸爸哭得最大声，二宝哭得最假。两宝前仰后合，乐不可支。

快到家了，我问朵拉，你有没有注意到爸爸是怎么对待二宝哭闹的？

朵拉说：

"第一，你很冷静。

"第二，你没有向二宝让步，他哭闹要的东西你不给。

"第三，你用深呼吸让二宝平静下来。

"第四，你抱着二宝，他觉得安心。"

朵拉可教，我很满意，又补充了一点：

第五，哭闹没有什么了不起的。本来是想哭就哭好了。什么事情本身都没有对错，对错要看时间、地点、场合、对谁。在办公室哭闹是不好的，因为打扰别人，但要是在自己家的地方，随便哭好了。我不能让二宝用哭来达到目的，但想哭就好好哭吧，比如现在在我们家车里。

可是二宝笑得合不拢嘴，无论如何也哭不出来了。

"爸爸，你对付小朋友真有办法。"朵拉在旁评论。

回到家，朵拉冲到自己的制作台忙活了一阵，拿出了悲惨之王的王冠。

哭闹大赛正式开始了。

8

与人相处

完美离愚蠢最近

奇怪的动物到处都是，但长得这么不对称的动物还是第一次见。

跟小朋友一起看 BBC 地球纪录片《生命之色》（ *Life in Color* ），看到了招潮蟹。

雄性招潮蟹的两只钳子一只大一只小。大钳子实在是太大了，简直比它的身体还大，横在身前，非常招摇，好像在召唤潮水，又好像小提琴手演奏的起手式，所以叫作招潮蟹，又叫作提琴手蟹。

"为什么长这样？"朵拉问。

它长成这样虽然很意外，但肯定有个对它们来说合理的理由。要不然的话，某一只长成这样可能，一个种类都长成这样不可能。要找到这个理由，就要去找到这样长的用处。对招潮蟹来说，什么叫有用？

"能活着就有用。"

对，但不止是活着。动物之间的竞争大体上是两种。一是生存，活下来，不成为其他动物的猎物；二是繁殖，留下后代。有利于活下去的，有利于繁殖的，就叫作有用。

"大钳子对什么有利？"

往下看，我们就搞明白了。大钳子对繁殖很有用。钳子越大，色彩越鲜明，越能吸引雌蟹。

但是，大钳子对生存的作用基本为负。武器并不是越大越好用，钳子太大反而不大方便用来打架。雄性招潮蟹之间的打斗是走过场，双方用大钳子比画几下就结束，因为胜负不在这里，也没法在这里。钳子太大，又不平衡，钳大不掉。这种钳子自然也无法用来抵御捕食者。

对生存来说，大钳子是个没用的样子货，它为什么还要这么长呢？

"那应该是对繁殖有用。"

是这样。钳子大一点儿本来既有利于生存竞争又有利于繁殖竞争，但它之所以长得太大，又只拿一只出来长得这么大，有非常具体的原因。

钳子越大越吸引雌蟹。假如没有生存竞争的约束，雄蟹的大钳子会长得越来越大。

只拿一只钳子出来长这么大，其实是作弊。动物通常都长得对称，我猜招潮蟹的祖先应该也是对称的，但某年某月某日，一只意外长出不对称钳子的招潮蟹祖先，凭借大钳子获得了更多的繁殖机会，子子孙孙迭代下来，就出现了招潮蟹这种不对称动物。

为什么只长一只大钳子对繁殖机会有利呢？因为如果两只都要往大里长的话，就死掉了，它总需要一只钳子来进食。要是两只钳子都过大，连饭都吃不上。只论长得大的话，拿一只钳子出来长的策略最有效率。

但是，归根到底，招潮蟹能这么搞，是因为它所在的环境许可它这么干，长得这么招摇而不付出过高的生命代价。如果长得畸形又亮丽的雄蟹们都被捕食掉了，这条演化路线早就中断了。

招潮蟹长得这么萌蠢，只是因为在我们的眼中看来如此而已，它这么长自有它的道理。推开去说，当别人做出我们觉得不可理解的事情时，不要急于下断言，而要去理解他这样做的理由，去寻找环境中驱使他又许可他这么做的条件。

还有，当环境许可乃至放纵时，招潮蟹能长成这么个完全不对称的怪样子，推开去说，当所处的环境许可时，人做事也会到做绝为止，那些做事不做绝的人，会被做事做绝的人淘汰。

招潮蟹长成这样，在它的环境中是合理的，在外部观察者看来是愚蠢的，究竟是合理还是愚蠢，取决于你在系统内还是系统外。在系统内觉得合理的，在系统外看觉得愚蠢。不识庐山真面目，只缘身在此山中。但反过来也是一样。比如我下围棋，围棋中有两句话：一句是当局者迷，旁观者清；一句是下棋的比看棋的算得深。都对。

朵拉，最后给你讲几点启发，你听听就好。

第一，喜欢一个人，或者喜欢一样东西，就要喜欢他的全部，因为他是所有关系的总和。你如果不喜欢制造他的所有关系而只喜欢所有关系制造出来的产物，迟早梦要醒。

第二，如果你不想变成某种人，你就不要进入他所处的世界。进去之后，身不由己，逐渐长出大钳子，在钳子越长越大的进程中无力自拔，好像不是你在长钳子，而是钳子用你在长。

第三，是合理还是愚蠢，最终裁决者是环境。长着最大钳子的那只招潮蟹可谓完美，但它和最愚蠢只有一线之隔。环境一变，新捕食物种入侵，它就成为活靶子，头号猎物。完美离愚蠢最近。

聪明为何物

"小明不会下围棋，却能同时挑战两名绝世高手。请问他是怎么做到的？"朵拉来考我。

我想了想：

第一，安排两个房间，每个房间摆一盘棋，坐着一名高手。

第二，小明一盘先手，一盘后手。

第三，在第一个房间里，等第一个对手先行后，小明到第二个房间，把第一个对手下的棋复制到第二个棋盘上。等第二个对手应招之后，再回到第一个房间，把他的招复制到第一个棋盘上。

以此类推。

朵拉很佩服："你怎么想到的？"

很简单。

不会下围棋的人要挑战绝世高手，本来不可能。但正因为不可能，所以办法极少，往往只有一个。你朝着只有一个办法去想，自然排除掉许多因素。当所有可能的都变成不可能，剩下的那个无论多不可能，就是真相，福尔摩斯说的。

比如说，如果小明围棋下得极好，怎样挑战绝世高手的答案就正常化了，可能性就多了：努力、拼搏、针对性下套，都有可能。但这就变成现实世界中的真实问题了，问题都很简单，却没有那么好找答案，因为答案太多。

你说的这种是问题很难，答案却很简单。小明根本不会下棋，挑战高手不可能靠努力，只能靠下套。下套的话就去找线索，线索就在后半句里，两名。两名就能做文章，借力打力，设计一番，把小明挑战两名高手变成两名高手通过小明隔空互搏。

朵拉听完要走，被我叫住。

要走，没这么简单。拿题来考我，就得接受我的再教育。

我问你，小明这样安排，能赢吗？

"不能，赢一盘输一盘，总体打和。"

没错，不过，考虑到小明的水平是零，跟绝世高手打和，跟他自己真实水平比，小明算是赢了。采用策略正确，效果就是这么好。你想不想知道这个策略是什么？

"不想。"

不，你想。这个策略叫作套利，arbitrage。在小明的游戏里，它指的是小明从一个对手那里学招，到另一个对手那里出招。如果推广开去，它指的是所有这一类交易：你面对两个或者更多交易对手，交易同一样东西。你从一个交易对手那里低价买入，在另一个交易对手那里高价卖出。只要市场上存在这样的交易结构，你就可以套利。

我举个非常简化的例子，左边有人买卖苹果，一块钱两个，右边也有人买卖苹果，两块钱一个。假设他们都愿意买也愿意卖，请问，你的套利策略是什么？

"在左边花一块钱买两个苹果，卖给右边两块钱一个，得四块钱，再去左边买苹果……"

就是这样，低买高卖。你注意到没有，如果世界上只有你们三个人，虽然一开始你什么都没有，只有一块钱，甚至这一块钱也可以是跟他们借的，但只要你用这个套利策略，很快你就变成这个世界上最有钱的人了。

第一轮，你的钱从 1 块变成 4 块。

第二轮，从 4 块变成 16 块。

第三轮，从 16 块变成 64 块。

每一轮涨 4 倍。不说多了，就这样玩 10 轮，你会有 1048576 块钱，4 的 10 次方。厉害吧？

这游戏你究竟能玩多少轮，取决于他们有多少苹果、有多少钱。总之到最后，左边的人只剩下钱，右边的人只剩下苹果。你呢，想要留着钱就留着钱，想要留着苹果就留着苹果，苹果和钱都是从他们那里来的，最开始你什么都没有。

"这公平吗？"

公平这个词太复杂了。我问你，这些交易是不是自愿的？

"是。"

到最后，有谁不开心？

"我想想。"

我来讲吧，只要他们自愿交易，就说明他们认为合算。左边的人很开心，因为他每次都得到了愿意得到的东西；右边的人也很开心，他每次也都得到了愿意得到的东西。当然，在中间套利的你，最开心。大家都开心的事，凭什么说不公平？

不过，你本来一无所有，凭什么赚最多？

"凭我聪明。"

对。你说的聪明，指的是你能发现套利机会，在左边和右边之间套利。这个得细讲。

套利不需要你懂得交易的东西是什么。你不需要懂苹果，就像小明不需要懂围棋一样。套利更不需要你去生产，比如说去种苹果。但套利有一样最关键的东西你必须得知道。

"什么？"

信息。你必须知道信息。

信息就是苹果价格左边低右边高，信息就是有两个绝世高手。在我们俩讲的故事里面，一开始就把这个信息摆出来了，好像它不重要，其实它最重要。如果没有这些信息，根本就不可能有什么套利，你只能一无所有，既没钱也没苹果；你就活该被高手虐。

关键中更关键的是，套利要成功的话，这些信息还必须只有你自己知道。大家都知道的信息不值钱。如果左边知道右边苹果贵，他还会卖给你吗？如果右边知道左边的苹果便宜，他还会向你买吗？

无论多么重要的信息，只要一公开，大家就会根据信息行动起来，差价就消失了。所以，套利一定要保守信息的秘密。

但是呢，无论一个人怎么保密，他一定保不了太长时间。朵拉，在现实生活中，有时你在左边，有时你在右边，有时你在中间，许多时候你同时在左边、中间和右边，甚至许多时候你不知道自己究竟在哪边，但没关系，无论你在哪里，都无时无刻不在收到信息。

这个信息就是价格。

有人愿意以某个价格向你买或者向你卖，这就是最重要的信息。他已经把他最珍贵的只属于他一个人的信息泄露给了你。如果这时候你沉下心来，想想他为什么会愿意，你就离洞穿秘密不远了。

你掌握的信息越多，自己当中间商从别人那里赚走的就越多，而其他中间商从你这里赚走的就越少。朵拉，回过头来重新讲一次，你说的聪明指的是什么？

"信息越多越聪明。"

基本推理法

"福尔摩斯真有意思。"

朵拉说的不是柯南道尔的福尔摩斯，而是美剧中的现代版福尔摩斯，我们一起看了第一季第一集。

其实，还没到福尔摩斯，光是华生一出场，就把朵拉给镇住了。

朵拉印象中的华生，是个有点儿古板拘谨的前军医，可不是她在屏幕上看到的刘玉玲！

美剧现代版把一切都重置了：场景不是发生在 19 世纪的英格兰，而是今天的纽约，华生叫 Joan Watson，医生倒还曾是医生，但这个华生是女生！落难后成为瘾君子戒毒时的清醒伴护（sober companion）。小说中那个绅士侦探也不见了，现在的福尔摩斯戒毒后在恢复中。两人相遇，剩下的都是故事。

朵拉，你对福尔摩斯印象最深的是什么？

"It's elementary, my dear Watson.（亲爱的华生，这是基本推理法。）"

这是福尔摩斯小说中破案后对华生必说的一句话，也是这部美剧的名字:《基本推理法》。

朵拉，福尔摩斯做的事情简单吗？

"不简单。别人都做不了，只有他能做。"

确实如此，但福尔摩斯之所以说它简单，不是因为他在"凡尔赛"，而是因为在他看来，基本推理法确实很基本，就是很简单。

简单在方法，说起来就两步。

"对，第一步是观察，observe；第二步是推理，deduce。"

其实，不光福尔摩斯这样思考，所有人都这样思考。有谁不是观察＋推理？观察带来信息，推理导出真相。这套法子确实很基本（elementary）。

人人如此，但福尔摩斯有所不同。

第一，观察不同。

福尔摩斯观察非常敏锐，哪怕是细枝末节也很难逃过他的法眼。这些细枝末节有用没用事前不知道，但观察的时候都不能放过，因为不知道哪些有用，何时有用。你不能因为自己事先有个框框，然后就按这个框框去观察，套得进去的就留下，套不进去的就略过。

罪犯做事不会按你的框框来。

此外，福尔摩斯非常博学，他什么都知道，几乎是部行走的百科全书。有个问题问你，今天有了搜索引擎，什么都可以随时查到，为什么一部行走的百科全书还有价值呢？

"你讲。"

打个比方，这就像是电脑，有内存有硬盘，两个都能储存信息，又有区别。硬盘可以把所有的信息放进去，但你工作的时候直接用到的却是内存。搜索引擎就好比你的硬盘，已掌握的知识好比你的内存。内存大，你工作才快。

不仅如此，很多时候，你得知道得够多才能利用好工具。如果你大脑空空，搜索引擎摆在你面前，你也不知道用来做什么、从哪里开始。

可以说，有了互联网，大家的硬盘都一样大，这时比的是谁的内存大，内存越大越能充分利用硬盘。

"已经知道得越多，才能接下来知道得越多。"

对。这就叫作正反馈，positive feedback。就像雪球从山上滚下来，越滚越大。福尔摩斯知道得比警察多，面前同样的案情，才能提出更好的问题，找到正确的线索，通过自己的调查，去得到最终的答案。

第二，推理也不同。

"怎么个不同？"

大家都推理，推理的方法都差不多，但福尔摩斯比大家走得都远，因为他准备好了，无论要走多远，他都跟。其他人不这样。

你记得福尔摩斯还有句话：排除掉不可能的……

"那么，剩下来的无论多不可能，就是真相。"

朵拉，这句话非常可怕。无论事先觉得多不可能，都要准备好接受最后它就是真相，绝大多数人都做不到。它意味着朋友、同事、亲人这些人们重视的关系，忠诚、爱情、友谊这些人们珍爱的情感，都不能豁免于审查。

对福尔摩斯来说，在证据和推理面前，什么都不是挡箭牌。证据和推理将他带到哪里，他就去哪里。遇魔杀魔，遇佛杀佛。

"我做不到。"

做不到，你才能跟大伙儿在一起。

福尔摩斯不同，小说里的他是绅士侦探，美剧中的他却是天才神经刀，但这些只是表面，表面之下是同一个福尔摩斯。他注定孤独。华生是他的朋友，但也只是他与世界打交道的一个界面，有时把他往回拉一拉，免得他在世界尽头掉下去，但两个人从来不曾比肩而立。

"有点儿可怜。"

可怜是你觉得，福尔摩斯并不觉得。这是他选择的过法。需要时，他可以变得非常善解人意，把话说到别人的心坎上，几句话就让别人敞开心扉。

只要他愿意，他可以变得非常受欢迎，人人喜欢。他只是懒得浪费时间。他的时间要用到两件事上，越多越好。

一是观察，二是推理。

不过，你注意到没有，福尔摩斯在这部戏中为人粗鲁，固执到底，怪癖多多，又完全不考虑他人感受。如果生活中有这种人，你怎么对他？

"不理睬他。"

但别人怎么对福尔摩斯？

"求着他。"

为什么会求他？

"因为他有本事，能破别人破不了的案子。"

对啊，朵拉，你记住，虽然福尔摩斯做的事情没有秘诀，就是观察和推理，但当他把大家都做的事情做到大家都做不到的程度，他就不用再浪费时间去做他不想做的事情了。他不想做人就不用做人，别人却都还得做人。

"这样的话，我想当福尔摩斯。"

可以。但你又得记住，当福尔摩斯指的不是有他的脾气，指的是有他的本事。

等你有了他的本事，要不要有他的脾气都行。

且从众且优秀

"我想来想去，没找到什么不喜欢上学的理由。"朵拉跟我讲。

朵拉，没理由不喜欢上学，不是挺好？

"可是，我不好意思说出来。一说出来，同学们就会笑话我。"

我一听，来了精神。朵拉的这点迷茫，可以往下谈的点好多。

朵拉，我懂你。爸爸也当过小学生。你的担心我懂，被人笑话的感觉不好。

不过，我记得你讲过，有次演讲课，你觉得同学们讲的方式不太好，就用自己的方式来讲，效果很好。

那次你跟大家不同，大家也笑，为什么你不在意？如果你说自己没那么不喜欢上学，也是跟大家不同，为什么你就在意被笑话？

"爸爸，你不懂。同学们笑和笑话，我是分得出来的。"

什么时候同学会笑话，什么时候同学会意地笑，朵拉的嘴巴讲不清楚，心里明镜一般。为博得同学一笑，不惜拼尽全力。为免于同学笑话，也不惜拼尽全力。我也曾这样。

朵拉，如果你很清楚自己想做什么，而且知道自己想做的事情是对的，被同学笑话有什么关系？我明知故问。

"爸爸，你不懂。"

这没什么不好懂的，爸爸我很懂。这就叫作 peer pressure，同伴压力。

朵拉，你快要进入一个关键时期。虽然还要等段时间，但你很快就要从小朋友变成少女，进入青春期。

人在青春期最重视同伴。同伴的尊重比什么都重要，同伴的嘲笑比什么都可怕。你现在刚开始有点儿感受，以后会越来越强。

在青春期当中，你会越来越多说这句话：爸爸，你不懂。

到时候，爸爸说什么，你可能也都这么回答。这几乎是必然的。我现在告诉你三点，不是想改变你，只是希望你到时能想起。

第一，每个成年人都是从青春期过来的。所以青春期是怎么回事，爸爸不可能不懂。

爸爸教过你，凡事不仅要从自己的角度想，还要从别人的角度想。只从你自己的角度想，你当然觉得爸爸不懂；从爸爸的角度想，你就会明白，爸爸也是从青春期过来的，又读过那么多书，见过那么多事，怎么会不懂。

就算有不懂，你跟爸爸讲讲，爸爸就懂了。

第二，想跟大家一样，从众，是种很强烈的倾向，很正常。每个人都有这倾向。

它来自数百万年的进化。

我们看 BBC 地球纪录片，大草原上的角马总是一起行动，因为这样安全，落单的角马总是狮子的第一目标。候鸟起飞，总是成群结队，不是因为哪只鸟在总指挥，而是每只鸟看身边鸟做什么，别的鸟停在水面上捉小鱼，它也停在水面上捉小鱼，别的鸟起飞，它也起飞，自然就成群。

人也是这么来的，不扎堆的基因早就消失了。

基因这样设计你的身体：到了青春期，它会通过大量地分泌激素——你把激素当成带着信息的魔法配方就好——强烈地塑造你的大脑和行为。在这段时间里，在激素的支配下，你对同伴的关注胜过一切，胜过爸爸妈妈，也会胜过学校。

爸爸跟你讲这些，只是告诉你这个事实，也希望你记住，爸爸这些都懂，可能比你还懂。你觉得只属于你的秘密，所有人都经历过，而且人们一直在研究，爸爸也一直在了解。

将来如果有什么不明白的，可以找我谈。现在讲这些不求你理解，只求你记住，将来能想起来。

第三，其实，学校理论上不是必然要上的，但现实中则必须上。

这是因为，学校是社会选择未来的工具。你们上学，学习，成绩分出差异，学校用它来选择你们，将来社会也用它来选择你们。

其实，选择不一定非得是学校。如果大家都不上学，你就不用上学，因为那时候社会换了种选择方式。我们完全可以想象一个没有学校的社会。但我们生活在现实中，现实中大家都上学，那么你就得上学，因为我们所在的这个社会用它决定对你的选择。

如果大家都不上学，那么你也可以不上学，如果大家都上学，那么你就得上学。

朵拉，爸爸最后再讲一点。

想跟大家一样，从众，既合理又正常，但你也不能做过了：一味从众。

如果跟大家都一样，你有什么价值呢？你就跟螺丝钉一样，不稀罕了。

要跟大家有所不同，而且有所不同的地方对大家有用，才有价值。

回到你最早讲的话，"没找到什么不喜欢学校的理由"。请问，你是成绩优秀对别人有用，还是成绩一般对别人有用？

"优秀有用。"

保持战略模糊性

今天是历史性的一天。

我第一次抓到朵拉欺诈。

朵拉是个耿直的孩子，不撒谎。我曾经跟她讨论过，我说不必总说真心话，因为有时说真心话会没有必要地伤害别人。她表示，不管怎样，她还是要说真心话。

你看，对于伤害别人这件事，小朋友就是这样不介意。

今天周日，朵拉的大日子。《动物森友会》里，每周日早上 Daisy 会上岛卖大头菜，接下来一周玩家择机卖出。卖得好的话，不用多久就财务自由了。

为了把握住这个大日子，朵拉专门在平板日历上设置了循环闹钟，每周日早上 8 点半响。

不过，还没到时间呢，朵拉就醒了，过来找我聊天，焦急地等待 8 点半。

朵拉，平时的话，你不完成当天的学习是不能玩游戏的。周日不一样，周日对你特别重要，错过就不能交易，所以我特别同意你先玩再学。

朵拉嗯嗯嗯，心不在焉。八点半一到，冲下楼去。

我叮嘱她把早餐吃了再玩。

早餐很简单：牛奶、鸡蛋、虾。吃掉是一分钟的事。

好好好。

过一会儿，二宝在楼下喊：爸爸，朵拉把鸡蛋扔了。

我怒火中烧，沉住气，下去展开调查。

有线人，有证人，调查很容易。

她想马上玩，嫌吃鸡蛋耽误时间，于是假装肚子疼，拿起鸡蛋，冲进厕所，假装上大号。

计划很完美，就是有个问题。

她出来时在厕所门口被堵住了。

外公狐疑，明明看着她拿着鸡蛋进去，出来就不见了，总不至于一边大号一边吃吧，口味也太重了。

被抓现行，朵拉就交代了。

一交代，二宝就来举报了。

就是这样。

我特别生气，不过大脑中另一个模块告诉我，生气时不能下判决。如果狠狠地下个判决，解气是解气了，但执行还是不执行呢？

家长特别生气时做决定很常见，问题是执行还是不执行呢？执行失孩子，不执行失信。失信的话，教育管理孩子的最重要工具就被家长自己废掉了。为什么本来是孩子犯错，却变成家长吃亏呢？

所以，我就说：

朵拉，这是我第一次抓住你欺诈。这是非常坏的。我的第一个想法就是取消你今天玩游戏的资格。

朵拉开始号哭。

不过，我的第二个想法是给你一个严重警告。

朵拉："Oh Daddy, Pleaseeeeeee.（哦，爸爸，求求你了。）"

我继续说，你的错误太严重了，取消一天游戏资格其实是不够的，相称的惩罚应该是一周。但是，我理解，你和我对错误严重性的判断是不同的。你只想着要快点玩就做了，没想过爸爸是绝对不接受欺诈的。

所以，今天给你一个严重警告，就是：

欺诈爸爸是绝对不允许的。如果再发生，会有严重后果，至于后果是什么，我现在说不清楚，但我保证一定会很严重。

这种不确定威胁，是我在特别生气时用的策略，正是因为特别生气，所以缓一缓，把确定变成不确定。

以前用过，效果可以。

保持战略模糊性，其实是一种国家间常见的威慑策略：既发出威胁，又保持自由度。有些时候，保持战略模糊性是维持现状的唯一方法。一旦亮出底牌，各方就只能选择方向走下去，现状就崩解了。

那是军国大事。

对朵拉来说，预期下次肯定特别可怕的沉重感，这次劫后余生的松快感，发生化学反应，足以改变行为。

对我来说，则是不在盛怒中做出事后多半会后悔的决定。

大原则定了，剩下的都是细节。

第一，重煮一只鸡蛋，你把它吃了才能玩《动物森友会》。

调查、判决、煮鸡蛋、吃下去都要花时间，再加上你要诡计花的时间，通算下来，要是你好好吃鸡蛋，早就玩上游戏了。跟爸爸耍诡计，不划算。

第二，二宝举报有功，有功要赏，给他5块钱。这5块钱从朵拉你的账上出。

朵拉："Oh Daddy, Thank you, thank you, thank you.（谢谢爸爸，谢谢，谢谢！）"

对抗无法对抗的战术

切了一堆意式香肠片（salami）回家下酒，微醺之际，两宝绕膝，此乐何极！

忽生一念，把两宝叫过来，给他们一人一片香肠。

尝尝香肠片，好吃吗？你们知道什么叫作切香肠片战术（salami tactics）吗？

二宝还小，主要是问朵拉。朵拉自然是不知道。

想一想这个场景。你去熟食店，让老板给你切 10 块钱的香肠片。老板切完了，等你付钱。这时你说，再切一片吧，老板，再切一片有什么关系？

老板想想，确实没什么关系，就多给你切了一片。

但你又说，老板，再切一片吧，再切一片有什么关系？

老板不高兴，但现在骑虎难下了。你还没付钱呢。他锁定在与你的交易中了。多切一片，交易还能完成；不多切这一片，你不买了怎么办？切下来的香肠片又没法卖给别人。

他硬着头皮又给你切了一片。

但你又说，老板，再切一片吧，再切一片有什么关系？

当然有关系，但老板已经泥足深陷，无法自拔，就这样一片片割肉，直到切光整只香肠。

朵拉，这就叫作切香肠片战术。在所有占人便宜的战术中，它是最有效、最无法抵抗的。它先把对方锁定在交易中，然后无情地、一点点地拿走全部利益。

锁定和一点点是关键词：如果不锁定对方，不可能；如果一开始就亮明意图，也不可能。

"爸爸，你切别人的香肠片吗？"

这是个好问题。我告诉朵拉，切香肠片战术做得太绝，爸爸不做这事，但爸爸知道这种战术。之所以要教你，是为了让你认清这种人。如果一个人本来跟你谈好了，但等你兑现承诺之后，他再跟你商量，要多拿走一点点利益。他就是在切你的香肠片。你要立即停止跟他做交易，从此再不来往。这种人比看上去坏得多。对他你不要抱希望。你的希望会把你一步步带进他的陷阱，直到把你吃干抹净。

"爸爸，我有一个好主意。"

讲讲看。

"就是不卖香肠。"

悖论教育

朵拉要我讲睡前故事。我想想题材有点儿枯竭，提了个条件。

朵拉，你也得有所贡献，不能光享受。你随便提个问题吧。无论是什么问题，爸爸都接得住。来个好点的问题。

"爸爸，可是我想不出好问题。"

那就烂问题，烂问题爸爸也接得住。

朵拉想了想："如果你有无穷多的钱，可以买到任何东西，然后第二天连钱带买来的东西都会消失，你会买什么？"

朵拉，这是个好问题啊，我得想想。

朵拉说，这不是她现想出来的问题，而是在学校里听来的，还一并听到个答案：把全世界的垃圾都买下来，这样第二天全世界就不再有垃圾了。

朵拉，你说的这个答案很好啊。爸爸受到启发，顺着给你另外两个答案。第一个答案是把全世界的悲伤都买下来，于是可以消灭悲伤；第二个答案是把全世界的疾病都买下来，从此消灭疾病。你想消灭什么就买什么，第二天就有黑洞等着它。

朵拉你要注意，现实中无论你多有钱，既买不尽悲伤也买不掉疾病，但这个问题讲的不是现实，而是 fantasy，幻想，在幻想中我们是自由的，想做什么都可以。

既然是想做什么都可以，现在，爸爸要给你第三个答案。这次我买的是那些永远不会消失的东西。你猜到了第二天，这些东西按原计划该消失的时候，它们是消失还是不消失呢？

朵拉想破了头："消失，不消失，消失，不消失……到底是消失还是不消失，爸爸？"

他们既应该消失也应该不消失：爸爸买的是永不消失的东西，但是按规则买来的东西第二天要消失。说它不消失呢它应该消失，说它不消失呢它就该消失。这就叫作悖论，paradox。朵拉，消不消失就只有时间到了我们才知道结果。

爸爸，悖论我知道。我听说过一个故事，有个人用西班牙语跟别人说：我不会说西班牙语。你说逗不逗？他到底会不会说西班牙语？

朵拉，这种事可常见了。我就用德语跟德国人说过：Ich kann Deutsch sprechen nicht（我不会说德语）。说起来算是个悖论，但只要我会说的德语只有这一句，那也不算太了不起的悖论。

现在我给你讲一个完完全全彻彻底底的悖论。

我跟你说啊，我正在撒谎。

请问，朵拉，我到底是不是在撒谎？

朵拉笑得睡不着了。如果你是在撒谎，那么你说了实话，没有撒谎。但是，如果你没有撒谎，那么你又撒了谎。

对的，说我撒谎我就没撒，说我没撒我就撒了。车轮子来回转，永远也停不下来。这就叫作撒谎者悖论，最经典的悖论。

"爸爸，那这事到底怎么办？"

有人认为应该禁止大家说这种话，不然就乱套了。但你觉得禁得了吗？

"禁不了。那怎么办？"

没有太好的办法，只能是你睁大眼睛，竖起耳朵，集中注意力，一旦发现有人这样说话，马上逃走，因为这种人太讨厌了。

"嗯……爸爸，你在撒谎吗？"

噩梦醒来是发型

晚上一家人在家里看电影《独立日》，一部外星人入侵结果在团结如一人的地球人面前最终团灭的老科幻片。其中有一幕，地球人解剖外星人，结果解剖的其实是其生物外骨骼系统，真身突现，干掉地球人科学家。

二宝看到这里，承受不住，要求退席。

朵拉、妈妈、爸爸三人都觉得这一幕不算什么，但二宝就是不行了。

我把他带到自己的小屋，躺在他身边，握着他的手，摸着他的头发。

先不说话。

过了好一阵，二宝缓过来了。

我就跟他聊。

你这种情况，我小时候也有过。当时在电视上看一个歌舞节目，其中有一个角色是鬼魂现身。说起来仍然是欢歌笑语，但我就是害怕得不能自已。跟你今天的情况差不多。我们都觉得不可怕，但你觉得可怕。这时候，我们怎么想没有那么重要，你怎么想才重要。

"看电影的时候，一股战栗穿过我的脊梁骨（a wave of shivering goes down my spine）。"

你怕的是什么？

"说不清楚。不过我怕自己会做噩梦。"

你以前做过噩梦吗？

"做过一次。梦里往哪里看都看到一只眼睛，树上有，墙上有，路上有，到处都有。太可怕了。"

那你怎么醒来的？

"我告诉自己，这是个梦，我要马上醒过来，然后就醒了。"

醒来时是晚上还是早晨？

"早晨。"

真不容易啊。你是什么时候做的这个梦？

"不是最近，但也不是太久以前。"

我跟你讲，你今晚不会做噩梦。

"为什么？"

因为噩梦的原因是什么，科学家并不知道。做噩梦并不是因为你当天经历了什么。它没有一一对应的关系。所以，你并不会因为今晚看了《独立日》就做噩梦。另外，噩梦发生的次数极少，假如你能活一百岁，加起来三万六千五百多天，那么今天晚上做噩梦的可能性也就是万分之一吧，可以当作不存在。

"万一我做了呢？"

我陪你到睡着，万一睡着以后你做噩梦了，就来找我。我保护你。

二宝放心了。

早晨起来，二宝把这事全忘了，跟冰球队的三位女队友去跑步，又是一个风一样的小朋友。

已经跑出去了，二宝又跑回来问我：

"我今天的发型怎么样？"

掐住噩梦的喉咙

"我做噩梦了。"朵拉告诉我。

什么噩梦？

"我梦见开学了，进教室，老师让交作业，我打开书包一看，是空的。真是太可怕了。"

确实可怕。不过，朵拉，梦有很多种，噩梦也有很多种，许多我们说不清为什么，但你这个我能说清楚为什么。

朵拉你的暑假作业做完了吗？

"做是做完了。爸爸我们能不能不谈这个话题？"

可以，不过爸爸可以教你个办法，消灭这个噩梦。

"那你讲。"

你的暑假作业可能是做完了，但你半年多没上学，马上要开学了，很多事情没有检查过，你的作业、你的课本、你的开学必备事项，没有系统地检查过，你心里没底。

日有所思，夜有所梦。这句话并不总是对的，但在你这个噩梦上，它肯定对了一次。

"爸爸，那怎么办？"

我来告诉你，爸爸也曾经做一个噩梦，跟你这个蛮相似，而且是隔几年做一次，持续好多年。真是吓死人了。

"你也做噩梦？是什么噩梦？"

爸爸梦见自己还在大学里，马上要考高等数学，但自己就没好好学过，打开卷子一片茫然，全部不会做。可怕不可怕？

"爸爸，那你怎么办？"

终于有一天，爸爸决定在可汗学院上把概率统计和微积分的习题全部做一遍。做完了，这下终于踏实了，噩梦结束。

爸爸很后悔，要是早把题刷完，噩梦岂不是早就结束了吗？何必中间受二十年折磨呢？

朵拉，你明白应该怎么消灭你的噩梦了吗？你不喜欢什么恶果，就去消灭它的起因，早消灭早好。

"明白。我应该把开学的书包整理好。"

把话讲开

听朵拉对家人吼叫，我怒从心起，跑过去对她吼叫。

得胜而归。

想想这样不行，晚上就拿这跟朵拉讲。

爸爸跟大家一样，都会情绪上头，跟大家有点儿不一样的是上完头理性还能回来。现在爸爸理性回来了，跟你谈谈吼叫（shouting）。

"有啥好谈的。我吼叫是遗传你们的。"

朵拉，吼叫不遗传，但我理解你的意思。你吼叫是因为爸爸妈妈吼叫，你照样学样。这讲得没错。爸爸正是因为想起来这一层，所以才来找你谈吼叫。

人为什么吼叫？只要是人，情绪失控了可能就吼叫。爸爸要问你的是，吼叫对你有用吗？

"有……吧……"

朵拉，我来问你，当你对我吼叫的时候，我会被你的吼叫制服吗？

"不会。"

我会做什么？

"你会吼叫得更大声。"

我吼叫得更大声，你会被我的吼叫制服吗？

"不会。"

你会做什么?

"我会吼叫得更大声。"

对的,朵拉,这就叫作吼叫比赛(shouting match)。每个人都不由自由地提高嗓门吼叫,但只要想想自己,站在对方立场上想想,就知道这样并不能制服对方。

比如说,爸爸吼赢了你,是靠吼本身赢的吗?

"不是,我不怕你吼,怕的是你的惩罚。你非常生气时会警告我后果很严重。我不知道你说的后果是罚款、禁足,还是扣除游戏时间。我有钱,不怕罚款,但我很怕扣除游戏时间。"

你吼不赢我,是因为吼得不够大声吗?

"不是,是因为我拿你没什么办法。"

朵拉,所以说,吼叫没有用,实力才有用。爸爸有实力,所以能赢。你实力不够,所以赢不了。你要是实力到了,就能按照自己的想法做事。到那天,你就长大了。

吼叫不光没用,还有负作用。它激怒对方,双方比赛吼叫,让情绪接管一切。会有什么后果?

"爸爸你讲。"

会说将来会后悔的话,会做将来会后悔的事。绝大多数人都犯过这错误。爸爸以前也犯过,现在好些了,吼还在吼,但吼归吼,大脑里还有根弦,基本上能避免这错误。你这根弦肯定还没搭好。

"爸爸,怎么搭这根弦?"

后悔啊。后悔次数多了,弦就搭起来了。

朵拉,爸爸今天吼你了,我很抱歉。我想跟你一起改正。我们做个约定,以后凡是你吼叫,你给我5块钱;凡是我吼叫,就给你5块钱。

"Deal(成交)!我会赢的。"

造顶者

朵拉问我:"爸爸,如果你是个'员',你会做什么?"

朵拉跟同学们有一个圈子,三层结构,顶层叫作"顶",第二层叫作"次",第三层叫作"员"。

朵拉加入得比较晚,所以一开始是"员",但很快就升到了"次"。她可能比较满意,所以来跟我对表,看看我会怎么做。

朵拉,爸爸像你这么大的时候,比同班同学小两到三岁。这个年龄的孩子很冷酷,不会跟小屁孩玩,所以没什么圈子让我参加。久而久之,爸爸也不想参加什么圈子,自己看书去。爸爸独处也很自在,从小练的本事。

"爸爸,那假如呢?假如你现在是个正常年龄的小朋友,是圈子里的'员',你会做什么?"

朵拉,你是想问我怎样才能爬上去变成"顶",对不对?

"对。"

朵拉所在的这个圈子大约有十个小朋友,基本都是小女孩。"顶"位阶最高,只有一个,组织圈子的游戏活动,维护秩序,还要负责编写圈子的历史记录。

朵拉,我觉得你们把这个人叫作"顶"很恰当。谁控制历史,谁确定将来的日程,谁就是头。

"次"基本上是"顶"的助手，现有四人，主要工作是欢迎新加入圈子的"员"，并为他们起圈子专属的名字。"员"是新人，现有五人。

朵拉，"顶"是如何产生的呢？

"爸爸，原来的'顶'是创始人，自然而然就成了'顶'。"

就是说现在有了个新"顶"？

"对。我加入以后，觉得'次'当中有一个人，很能干，人缘好，又是我的朋友，我就提议让她当'顶'。"

你提议的？

"对。"

朵拉，你做的事情，如果发生在大人的世界里，就叫作政变。

"什么是政变？"

就是换人做"顶"。告诉我你都做了些什么。

"我先私下建议我的朋友当'顶'，她很有兴趣；然后我跟大家分别讲应该换'顶'，大家比较同意；最后大家投票，她得票最多，就成了新'顶'。"

朵拉，你做事很有节奏，从哪里学来的？

"不知道。"

朵拉，新"顶"接下来做了什么？

"她把我提升成了'次'。"

朵拉，我大概明白了你们的规则："顶"从"次"当中经过投票产生，但"员"升到次只需要"顶"一个人决定，对不对？

对。

爸爸明白你们圈子的规则了，现在可以讲怎么做。如果目标就是成为"顶"，一个"员"要分两步走。

第一步，从"员"成为"次"。成为"次"只需要得到"顶"一个人的支持，要么你跟原来的"顶"好，要么像你这样，亲手打造出新"顶"。

这一步，你只需要搞定一个人。你已经做到了。

第二步，当你已经成为"次"以后，局面完全不同了。你必须获得6票支持，才有可能成为新"顶"。票数总共10票，你自己有一票，"顶"那一票不可能投给你，剩下8票中，你必须获得5票才行。也就是说，在这一步，你必须搞定5个人，同时，你刚刚帮助成为"顶"的朋友会成为对手。

你看，要成为"顶"，就是这么难，因为第一步中的你与第二步中的你，要做的事情正好相反。从搞定一个人到跟这个人分手转而搞定多数人，普通人很难做到这么绝。

朵拉，你问这些是想当"顶"吗？

"我不想当。当'顶'太累，要负责任，做那么多工作。我对当'次'很满意。其实我的朋友当上'顶'的时候，提议我与她并列当'顶'，我拒绝了。"

朵拉，历史故事当中也有像你这种人，影响力很大但不担责任，他们叫作 kingmaker，造王者，你想当的叫作造"顶"者。

跋

给朵拉 14 岁的信

本书付梓之时，恰逢朵拉所在学校给全年级的孩子们举行 14 岁成人礼，希望家长给孩子写一封信，送一个小礼物。写完之后，发现这封信对本书内容正是个恰当的结束。与孩子这些年点滴对话，我们很享受其过程，孩子也是。如果说在这之外还有什么期待的话，那就是希望孩子将来成人后回望来路的时候，发现她的成长曾经在这里得到过滋养。如果读者们能从中得到一点启发，便更是我们的望外之喜了。

是为跋。

——作者

朵拉：

在你成长的特殊时刻，让我们给你讲讲成长。

它有两个方向。

向内成长，关乎你自己。你学得哪些知识，掌握哪些技能，想当什么样的人，要做什么样的事。对这些问题，你的想法会进一步生长，慢慢凝聚清晰。婴儿时，你有着向四面八方发散开去的无尽可能，成长会把无尽可能收敛到你的志愿所投射的方向。站到这条路的起点，你随身携带的是所思所想、所作所为、所愿所爱，合在一起搭建你初露端倪的独立人格，成为你的坚强内核。祝它完备、充实、自信，无论将来你身处何种环境，都是你可靠的力量来源。

向外成长，关乎你与他人。生于天地间，长于社会中，人是社会关系的总和。无尽的人们将与你建立关联。最开始是父母，然后有兄弟姐妹，然后有亲朋好友、老师同学，将来会有同事、上下级、对手，就连远方和陌生人也都与你有关。从亲切到紧密到冷漠甚至敌对，光谱上有无数层次，每一层次都是生活同样真实的面相，以只有你能定义的权重，编织成一张绵密大网，而你是这张网的主人。你怎么样，它便怎么样。祝它多元、丰富、细密，始终滋养着你。

两种成长，一种也不能少。人要走自己的路，又无往不在关联之中。在人生的少数关键时刻，还必须有能力和勇气对抗环境，虽千万人，吾往矣。所谓成长，就是在不断生长的社会关联中打造自己想做的那个自己。所谓成长的智慧，就是知道什么时候在这两种状态之间切换。

今天送你的小礼物，一副降噪耳机，因此也获得了特殊意义。戴上它，你就进入自己的小宇宙；取下它，你就回到与大家的连接之中。什么时候戴上？什么时候取下？你作主。祝它长久伴随你的成长，也祝你在成长中找到智慧。

成长快乐！

爸爸妈妈

朵拉给爸爸画的肖像，
《站在月球阿尔卑斯奶酪山顶仰望火星的 Jerry》

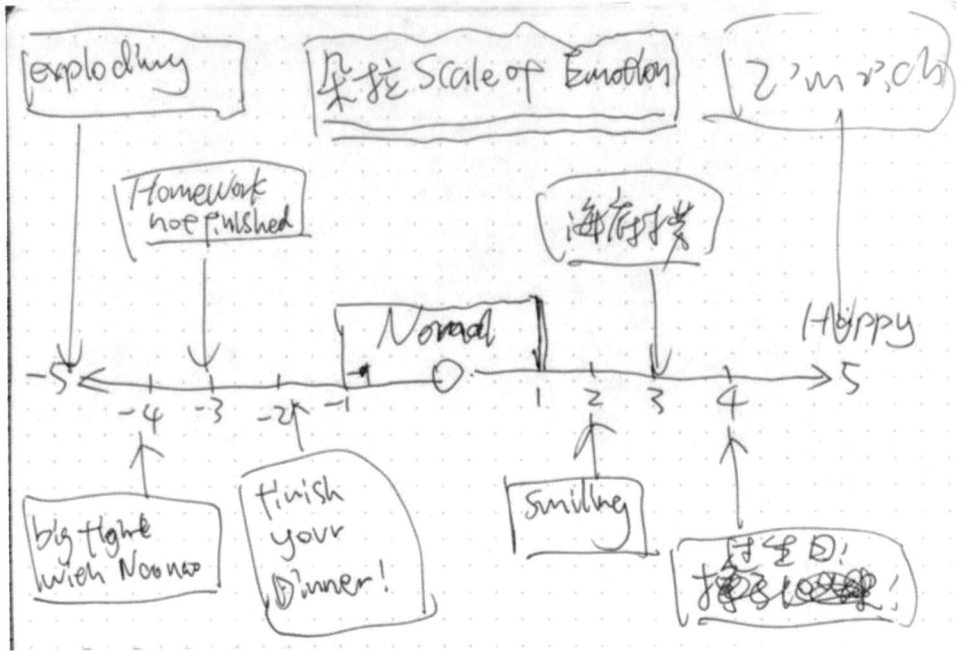

朵拉的情绪十级计量尺

两宝商业史文物 NO.1

开心地跑。我回头看闹闹，他举着伞 很像一个 ██ 蘑菇。我一下子笑了。闹闹用了十秒钟跑过来，我还在笑。闹闹抓住我的手，不让我再跑了。~~我~~

我们快速地走了回家。

① text

② ⓐ Weakness
   and
   strengve.   ] → Feedback.

③ Feedback → better resule

朵拉的作文片段

朵拉用橘子给二宝演示三七开

I'M sad " and this is why.

1. once dora can play but i can
2. I still can't,
3. dora wins me
4. she said i was dumb
5. she gave me a evil smile
6. daddy ate all of the orange

二宝写下自己伤心的原因

朵拉展示悲惨之王的王冠

UE

Ultima Edu，专注教育创新

和孩子说一切

王烁 楼夷 著

游戏改变教育：数字游戏如何让我们的孩子变聪明

格雷格·托波 著　　何威 储萌萌 译

游戏改变学习：游戏素养、批判性思维与未来教育

詹姆斯·保罗·吉 著　　孙静 译

儿童电子屏幕指南：来自 500 个家庭的经验

安雅·卡梅内兹 著　　沈东 译

不让一个孩子受伤害

埃利奥特·阿伦森 著　　顾彬彬 译

游戏研究读本

何威 刘梦霏 主编

重识游戏

张兆弓 著

和孩子说一切

Growing Up
in
Conversation

Everything is Debatable

王烁
楼夷
——
著

华东师范大学出版社

·上海·

目　录

引 子

家庭松弛感的四个原则

文 / 楼夷

　　这本书的内容很多来自我们夫妻创办的微信公众号 BetterRead。这个公众号最初推介英文书，后来因为介绍了大量英文童书，逐渐增加了很多与养育相关的内容。

　　我们家和大部分家庭差不多，都面临养育孩子、平衡工作和家庭等问题；我们的孩子都在公立学校，也会为小升初而焦虑，也在一边吐槽应试，一边努力应对。

　　如果说有什么独特的，就是我们更多地把时间用于陪伴孩子，而不是接送孩子去课外班。我们把陪伴孩子的体会都分享在了公众号上。这本书相当于对过去十多年育儿的回顾和梳理。

　　至于为什么要分成"爸爸篇"和"妈妈篇"，和我们家的分工有关。

　　如果要用一个词来描绘我们家，就是"松散的学习小组"。

　　什么意思呢？

　　首先，大家都要学习，也都要干活。

　　其次，我们经常待在一起，但是各有各的任务。

　　第三，我们各自为自己的目标负责。

简单归纳一下，就是"松弛感"。

这种松弛感，和家庭这个特殊的环境有关。

很多人喜欢用职场模式来套用夫妻、亲子关系。一则家庭中的确有很多事情需要规划、管理和推进，无论是孩子的择校、假期旅游还是日常的衣食住行；二则教育在很多方面都涉及孩子行为规范的调整、夫妻分工，以及对孩子的激励或惩罚。

于是乎，就有了这样的类比——夫妻双方就是一个管理团队，亲子关系就像领导和下属，考试学习就是项目，成绩就是业绩考核。

实际上，家庭和企业完全是两码事。

职场的基本原则是基于金钱的契约。无论是上下级还是甲方乙方，都是建立在金钱之上的，追求长期或短期利益。企业挣不到钱就得破产散伙。这就是为什么计划必须严谨，责任必须明晰，任务必须落实到位。

但家庭就不同了，家庭关系是基于血脉和亲情。就算家庭有各种活动和任务，也不会那么严谨。

这意味着什么呢？你其实没办法强迫对方听你的。作为上司，可以让下属听令。如果下属不听，上司可以将其解职。但是你没办法命令你的配偶或者孩子，得讲感情。

还意味着什么呢？你没办法拍拍屁股走人。职场是暂时的，干得不顺，走就是了。但是家庭是一辈子的，你无法放手。

还是学习小组更合适。不过，就算是学习小组，也是有原则的。

第一，都要学习，都要干活。

比如晚饭，妈妈做饭，爸爸洗碗。但是如果有人吃饭特别慢（通常情况下就是两娃中的一位），就是吃饭最慢的人来洗碗。

学习上也是如此。晚上爸爸学法语，妈妈看书，两娃做题。反正都要学习，学习结束了再去玩。

第二，具体到做什么，按照自己的特长和兴趣来分担责任。

分担责任，即分担一整块事务而不是零碎的活。这样做起来比较顺手，而且有成就感。

比如旅游。妈妈负责前期调研以及策划行程，爸爸负责后期执行。从去哪里玩、玩什么以及住哪里，我都会收集全家的想法然后确定下来。到了当地后，所有行程的跟进则交给爸爸。孩子做什么呢？他们负责收拾自己的行李，完成自己的功课，跟紧大部队。

又比如孩子的学习。我负责辅导孩子的英语和阅读，爸爸负责语文和数学。但是具体到负责哪一块，还是根据各自的兴趣和能力。

以学习为例。我负责选择合适的课程、网站或者教辅，和孩子讨论学习方法和应试技巧。爸爸负责陪伴和督学，有时候还会亲自辅导。

于是，当孩子遇到不懂的问题来找我，我总是说："你再想想啊，实在不行你上网搜一下。"如果找到爸爸，那爸爸多半会和他们一起做。

如果孩子想睡前找我聊天，我陪着陪着，他们还没睡，我就先睡着了。于是他们不得不自己找话题聊，最终姐弟俩合作创作了一个故事系列。

如果孩子想找爸爸聊，那爸爸一定会想尽办法满足他们的要求，一个故事不够再来一个，天南海北无所不谈，最终整理出爸爸的 365 天夜话。

如果在养育孩子的问题上遇到分歧怎么办呢？

也很简单。谁觉得某件事很重要，谁就负责去主力推进这件事，而不是让别人去做。如果倡议者也不想推进这件事，只能说明这事还不够重要。

如果出现极大的分歧呢？

在我们家，目前没有这样的分歧。但是如果分歧的确存在，就让相关的当事人，也就是孩子自己做最终决定。

为什么？

因为教育是关乎孩子自己的事情。每个人都要为自己的人生负责。这是最后一个，也是最重要的一个原则。

厘清双方关系的边界，听上去比较残酷，但的确能够减轻每个人的压力。无论是作为父母，还是作为夫妻，都不必强求对方按照你的意思来行事。对孩子，既不必过度牺牲自己，也不要求他们完成自己无法实现的期待，因为他们要走的路不是父母走过的路，而是他们的同伴所走的路。

谨守这四个原则，一家人可以过得更松弛，也更幸福。

1

为了不管而管

金钱对激励孩子不一定有用，
但是这四件事特别有用

说起激励，大家想到的第一个工具就是钱。然后开始辩论。

正方觉得金钱很有用。

爸爸认为，钱最大的好处就是它可以做一把尺子，用来衡量各种价值。所以在我们家，钱主要用来解决姐弟俩的矛盾。比如弟弟弄坏了姐姐的东西，就扣弟弟的零用钱若干。要让姐姐帮忙给弟弟做一件事，姐姐没想好要什么东西，就给钱。总之，钱既能激励孩子，又能培养孩子的理财观念，是很有效的工具。

当然，持反对意见的人更多。不少家长担心孩子从此唯利是图，担心短期的激励会带来极为可怕的后果。

在我看来，这两类读者其实都赞同一件事——金钱奖励可以有效干预孩子的短期行为。的确，金钱是一种灵活性很强的交易工具，或者说筹码，非常适合干预人的行为。

但是在孩子身上真的有效吗？

我家一直在践行金钱奖励。我们从孩子3岁开始给他们设立个人账户，把压岁钱和零花钱都攒起来，也会定期告知孩子他们的小金库数额，还制定了严谨、透明的金钱奖励规则。平时，我们也会时不时和孩子交流，某某东西值多少钱，做某某事应该花多少钱。

结果呢？

老大说："我没兴趣。"

老二说："什么是钱？"

为什么孩子是这样的反应？

很简单。他们根本没见过钱。

举个例子。我小时候，我们家穿新衣服，都要等到儿童节、生日和过年才行。就算平时买了，我爸也让放到衣柜里等过年再穿。有一次我说："为什么要放到衣柜呢？商场不就是我们的衣柜吗？"当时我爸爸大为震撼，逢人便说我的消费观太超前了。

现在我的孩子从来不考虑这个问题，因为买个东西都是"三小时速达"。

其次，有了手机支付，孩子接触钱的机会也少了。以前，学校门口有便利店。在大人不方便出门的时候，我们会帮家里打酱油，或者去学校交学杂费。

现在便利店没有了。但是有微信和支付宝，家长直接手机扫码，用不着经过孩子。我家老大上小学一年级的时候，班里收餐费还是现金。一位家长自告奋勇地帮忙收钱，然后统一拿现金给班主任。现在，学校开通了APP，现金再也用不上了。

我家两娃还有一个特殊的情况，就是上课外班比较少，和其他小朋友接触少。我小时候，放学就到小区楼下和小朋友疯玩，朋友买什么，我就要买什么。现在，他们的同学放学要么去课外培训班，要么待在校内参加学校组织的课后服务，就他们两个在家里。和外面交流少了，也想不起来花钱了。

既用不上钱，也接触不到钱，兴趣从何而来？又怎么拿钱来激励他们？

▎两个替代方法

我并不是说金钱没用了。钱当然有用，但是它发挥作用的场景主要和成人有关。

所以，真要用上钱，有两个方法——创设使用金钱的场景或者创建孩子能用的货币。

什么是使用金钱的场景呢？

周末的时候，饭后或者午后，我会带着孩子在小区花园里散步。这个时候，老二闹闹就会拿出一个红纸包，里面放着几十块钱。他会顺便到花园边上的小卖部买一根冰棍。我就站在外面等他。所以钱对闹闹来说，就是夏天的一根冰棍。

这些钱或者来自他过节收到的压岁钱，或者来自长辈偶尔给的零花钱。尽管他爸爸平时也和孩子搞一些"赚钱"的小游戏或者小活动，但是总体来说他花钱的机会不多，他也花得比较谨慎，所以我管得也不多。

对老大朵拉来说，钱就不是现金了。朵拉现在初中住校，用手机支付的机会更多。周末返校的时候，她要自己打车回校。平时她偶尔会在学校的饮料机扫码买汽水。有时候她还得用学校的付费打印机打印。

她的账号是和爸爸的银行账号绑定的，所以我们能够掌握她的消费情况。另外，她只能在每天放学后到 6 点 40 分晚自习之前使用手机，所以她花钱的机会也不多。

我家两个孩子用钱只是偶尔的小花销或者必要的消费，而且都是在家长有形或者无形的监督之下。这样虽然孩子接触了钱，但是不至于乱花。

相比之下，我一个朋友的做法就比较极端了。他把掌控权完全交给孩子。他家孩子小的时候就有自己的手机、支付宝和淘宝账号，还给充了钱。他说是为了锻炼孩子的自主和独立。但是孩子学得很快，立马学会自己充值打游戏、看收费视频，一发不可收，学习成绩直线下降。

所以说，当你创设一个便捷使用金钱的场景，但没有建立足够的约束机制时，金钱奖励的副作用就会特别明显。

第二个方法对孩子可能更有效，就是创设一个类似金钱的交易工具，或者说筹码系统。

朵拉所在的小学，就非常擅长用这种系统。无论是上课回答问题、记课堂笔记，还是早读，学生都可以凭借良好的表现获得积分，期末可以用积分换取奖品。朵拉三年级的时候，为了能够准时早读，她甚至主动要求自己上学，以换取积分。最后期末她拿积分换取了一根棒棒糖。

当时我为此很不解。此前，为了让孩子自己上学，我什么招都想过——什么励志故事啊，奖品啊，出去玩啊，都没用。现在她为了一根棒棒糖就屁颠屁颠地去上学了。为什么呢？

朵拉说："因为大家都想要，但是别人没有。"

看来，这个交易工具必须具有"社交属性"，让孩子在同辈群体里快速找到自己的定位。

有时候，小朋友还会为自己发明"钱"。在朵拉班里，这个硬通货就是玩具橡皮。

朵拉说，这个橡皮太好玩了，既可以演戏过家家，也可以打仗，还可以学数学讲故事，就是不用来做橡皮擦。

橡皮如此重要，但是又不是每个人有一大堆橡皮，所以最好的办法就是交换。开头只换橡皮，然后就开始用橡皮来交换尺子、本子和其他文具。于是，橡皮就变成了钱。

朵拉也把这种硬通货引入了家庭。无论是弟弟让朵拉帮个忙，还是我们让朵拉做个事情，她都要求给橡皮作为回报。

总之，钱是不是有效激励，不在于纸币这种载体。它可以是钱、橡皮、尺子、棒棒糖或者孩子想要的任何其他东西。只要有合适的场景和真正为大家所接受的交易筹码，它就会变成极具激励价值的工具。

▎ 恰恰相反

以上说的是金钱或者类金钱的激励方式。这类激励方式，还有去旅游、买书、买衣服、买玩具、出门吃一顿好的，等等，统称为物质奖励。

与此相对的，就是精神奖励，比如口头表扬。

这两种方式，哪种好呢？我们先来做一个选择题。

假设你有两项任务要孩子完成——一项是洗碗，一项是期末考试考出好成绩。

为了激励孩子去完成任务，你可以选择给口头表扬，也可以奖励出去旅游。你会怎么分配呢？

估计大部分家长的选择是：考试好就出去旅游，认真洗碗就口头表扬。

这个选择透出的想法就是，人的行为是物质奖励驱动的。越是需要付出重大、长期努力的行为和目标，越需要采取物质奖励。

在美国知名教育作家艾尔菲·科恩（Alfie Kohn）看来，结果恰恰相反。

在《奖励的恶果》一书中，他列举了不少科学研究成果，提出物质奖励能短期改变人的行为，却很难改变其长期的态度和价值观。也就是说，对方可以暂时顺从你，但是心里并不听你的。

这不是说物质奖励没用，而是说物质奖励对两种行为的干预效果不佳。一是长期行为。一旦用上物质奖励，你就得不断升级奖励，否则对方就不服从了。二是创意活动。对于特别需要发挥创造力的事情，比如艺术类或者科技创新类工作，物质奖励反而会适得其反。

简言之，我们应该用物质奖励来干预短期行为，用精神奖励或者其他方式激励长期行为。

▍ 分清两种行为和两种奖励

那么什么是短期行为，什么是长期行为呢？

所谓短期行为，有两个"短"。一是短时间内要做的事情，或者说短期目标。比如明天在 1000 米跑中获得胜利，或者今天洗碗。二是行为具有偶发性，或者是特定时间段内需要做的，而不是持续的。

长期行为也有两个"长"。一是日常活动，比如每天洗碗、每天做作业。二是你为长远目标而做的事情，比如你现在是小学生，但目标是考上大学。

在我们家，长期行为都是没有物质奖励的。

考试考得好，没有奖励。作业完成了，那也是应该的。除了学校任务，我们规定孩子每天还要运动和阅读。做得好，最多是口头表扬。比口头表扬更有效的，是和孩子一起做，把它变成日常的习惯。因为学习就是生活的一部分。

另外，假期旅游也算日常活动。考试好不好，都要出门玩。

那么，什么需要奖励呢？短期项目，而且是那种需要你额外付出努力的事情。

比如，我曾经在两娃假期时在家展开古诗词背诵活动。

当时，朵拉先花了半个月时间背诵了学校早读的 60 首古诗词，获得我颁发的一枚金牌。她再花一个月时间成功默写了 75 首小学生必背古诗词，获得一枚金牌。

然后弟弟也加入进来。他用三个月时间完成了 75 首古诗词的识读任务，获得姐姐手工制作的奖牌一枚。

但是这种活动往往属于阶段性的。时间长了，物质奖励的新鲜劲就过去了，而且假期结束后他们的重心也回到了学校。

▎ 激励的本质：社交属性

现在来说说，具体什么样的物质激励最有效。

刚才提到的古诗词诵读，我给的物质奖励不是钱，而是奖牌。为什么不是钱呢？

这是照搬了学校的奖励办法。学校通常会设计积分，然后以此换取各种小零食和玩具。所以，我在家也设计了各种物质奖励方式，小到棒棒糖，大到奖牌、乐高玩具和游戏时间等，相当于从学校玩到了家里，这样孩子很快就接受了。

我发现，能够吸引孩子的物质奖励，一般有三个特点：一是同学都在用或者都喜欢的；第二就是要有趣和新鲜，这样才能吸引其他孩子；第三，奖励的是行为而不是结果，这样孩子就不会因为失败的结果而止步不前，反而会因为激励不断前进。

比如，奖牌对朵拉来说，主要是用来显摆的。

因为在朵拉班级里，老师就是用奖牌来鼓励学生早读的。所以朵拉获得奖牌后，立马写了一篇作文——《我最心爱的东西》，介绍了她如何努力学习并获奖的经历。

为了保持新鲜感，奖牌也是需要升级的。

我家诗词诵读活动中的奖牌，一开始是那种最普通的奖牌。因为孩子的学校也是用类似的金牌，所以他们很容易接受了。但很快他们就开始出新招了。弟弟先给我和姐姐考试，颁发了他自己做的纸奖牌。姐姐又出考题，然后给弟弟颁发了她用扭扭棒做的奖牌。这个丑萌丑萌的奖牌成为弟弟的最爱。

再后来，我就把奖牌升级为积分系统。

我买了 10 个小图章，让两个小朋友每天互相考试，谁背出一首诗，就盖一个章。谁拿到 30 个章，就将获得一张奖状。这种小图章也是学校里老师经常用的，所以姐弟俩很感兴趣，积极献计献策，建议我加入贴纸、勋章、抽奖等方案。

虽然这种奖励不值什么钱，但是变化多，效果就比较好。

总之，无论玩具橡皮，还是棒棒糖或者奖牌，都具有很强的社交属性。或者说，激励的核心，就是对社交有用。

同辈群体的互动，才是小朋友最大的驱动力。

▎奖励的最高境界：自主权

聊到这里，总结一下我们家的奖励方式：对长期行为不奖励或者口头表扬，对短期行为采取物质奖励。

物质奖励较少用钱，而是用类货币、积分系统或者其他物品，主打丰富、趣味性和社交属性；并且强调奖励行为本身，而不是结果。

但是，还有一个问题没有解决。

前文里，《奖励的恶果》的作者谈到，物质奖励对两种行为的干预效果不佳：一是长期行为，二是创意活动。

如果按照作者所言，物质奖励不足以激发创意活动，那么我们要怎么做呢？这就涉及奖励的最高境界——不干预。

这是美国畅销书作家丹尼尔·平克（Daniel Pink）的建议。他在《驱动力》一书中介绍，人的行为不只可以分为受到内因激励和外部奖励，还可以分为受控行为和自主行为。如果人们能够自我管理、自主行动，反而会激发更多的创意和努力。

所以，要激发人的自驱力，就要给予对方自主权——做什么样的事情，什么时候做，怎么做，跟谁做。

比如，某次老二闹闹参加了一个英文风采秀活动。因为活动临时提前了，他有点儿担心，想撤退。我们鼓励他，只要他认真准备就会给一个奖励——"Boss of the day"（今日小当家）。主要的权力就是可以决定当天午餐吃什么。

一听有这个好处，闹闹就非常积极了。最后他不仅成功晋级，还期待着复赛尽早到来，因为他已经想好了下次的菜谱。

你也许会说，这不是点餐的权利吗？这算什么奖励？

这个奖励的好处，就是满足了孩子的自主需求。在我们家庭中，闹闹年龄最小，他的很多事务都由大人决定，更别说点菜这个一家之主的权力了。所以点菜对他来说，意义重大。

还有一种更直接的做法，就是孩子在做创意活动时，放手让他们做。

有段时间，两娃闲着没事，一起编故事。他们每天晚上玩故事接龙，你一句我一句编了一个很长的故事。然后自己画画，自己写，最后表演出来。光是漫画，就画了十多本。

整个过程我没怎么参与，更别提辅导了。我唯一要求的是他们不要浪费纸。因为一开始弟弟总是在一张大白纸上画寥寥数笔。所以我规定，一本书只能用一张纸。所以他们养成习惯，把一张 A4 大小的白纸折叠成 8 个方块，然后在上面画画，最后做成的绘本都是手掌大小的，简称掌书。

那他们为什么要做这件事呢？就是为了好玩。

因为家长不干预，他们有很大的自由去发挥。一年里，他们持续不断地加入新的东西，从简单的插画，到漫画书，再到表演。弟弟为了做绘本，会每天来问我哪个英文单词怎么写。姐姐会不断磨炼她的画技。

从结果来看，就是英语变成了仅属于两娃自己的游戏语言。直到今天，他们两个在一起的时候，都还会玩英语故事接龙。

┃ 打一套奖励组合拳

我总结一下奖励的四个原则：

1. 对于长期行为以精神奖励为主，物质奖励主要用于短期项目，而且是孩子不太愿意做，但是需要他们付出额外努力做的事情。

2. 奖励要具有社交属性。

3. 奖励正确和积极的行为而不是结果。

4. 赋予孩子自主权，来激发他们的创意行为。

具体来说，什么样的奖励最有效呢？在我们家的奖励清单里，短期效果最明显的就是游戏时间。

我们家是这么玩游戏的——

首先要确保游戏的约束机制。我们玩的是主机游戏，一般是周末在客厅玩，主机连着电视机。爸爸操作主机，两个孩子来指挥，妈妈看热闹。这样一方面全家参与，另一方面也方便控制游戏时长。

然后就是具体的奖励方式了。一般来说两娃周末都有 20—30 分钟的固定游戏时长。但是如果孩子平时的学习，比如诗词背诵或者其他短期任务完成得不错，会奖励 10 分钟游戏时间。同样，游戏时间作为一种奖励，也得符合前面提到的四个原则。

这只是我家的奖励方式。每个孩子和家庭都是独特的，奖励方式也会各种各样。为了有更好的效果，我建议打一套奖励组合拳——设计一整套解决方案，灵活组合物质奖励和精神奖励，来适配不同年龄的孩子、不同的场景，以及家长与孩子不同的兴趣和需要。

那具体怎么组合呢？我举个例子。

学校要求小朋友练习跳绳，但是老二的跳绳水平很差，一分钟最多能跳 60 个。我们想看看有没有校外培训班，结果发现跳绳居然也有完整的课程体系了，一个学年要 8000 块。于是就找跳绳能手姐姐帮忙。姐姐说：

"我凭什么帮忙?"然后就要了 1000 块酬劳。

我本来以为姐姐要手把手教弟弟,还问她准备上几节课。姐姐说:"你别管了,让我来办。"

拿到钱后,姐姐就让爸爸给买了一筒薯片。她坐在弟弟对面,拿出一片薯片,说:"如果你能够坚持连续跳 30 个,我就给你一片薯片。"弟弟就盯着薯片跳绳。三天后,他一分钟跳了 150 次。

姐姐收获 1000 元人民币,付出一桶薯片;弟弟获得跳绳技能,以及三片薯片;爸爸以培训班学费 1/8 的支出完成了跳绳培训任务。皆大欢喜。

1000 元呢?姐姐没有要,只是记在了爸爸的 Excel 表格里。三片薯片呢?弟弟也没有吃,只是放在了饭桌上。

我当时望着已经摆在桌上一整天的三片薯片,心想:

"那么大家到底图啥呢?"

两娃战争论

作为独生女，我很难体会和兄弟姐妹在一起是什么感觉。也因此，当我怀孕的时候，听到周围朋友用"相爱相杀"这四个字来形容他们的关系时，感到非常吃惊。

难道不应该是骨肉相连、手足情深、兄友弟恭吗？

问了周边的朋友才知道，这些形容词都是父母的幻想。

一个朋友说，她4岁的儿子因为妹妹的出生大哭大闹，一步也不离开妈妈，连妈妈上厕所都扒着门缝哭。

还有一个朋友说，他的大女儿在弟弟出生后，突然爱上了吃奶，连上学都要叼着奶瓶出门。

还有一个朋友说，家有两娃就意味着家庭已经变成了法庭。因为她每天都要做法官。

这些让人哭笑不得又有点儿害怕的经历，让我开始认真思考如何帮助大宝适应二宝的来临，也帮助自己适应可能发生（后来才知道肯定会发生）的两娃战争。

以下是我的亲身实战。

▌关于两娃的十件事

怀孕期

1. 如何开口？小宝贝就和你的鞋子一样大

我怀孕的时候，老大朵拉 3 岁半了。对于这个年龄的孩子，安全感和稳定是很重要的。二宝的出现绝对是她人生中的大事。我一直在想，应该什么时候以什么方式告诉她。拖着拖着，直到怀孕两个月都没和她谈过。

怀老二快三个月的某一天，机会来了。朵拉看见我在看一款手机 APP。这是一款很著名的孕期用 APP，中文名字叫"妊娠"。每天都会给你推送一张腹内胎儿的图片，惟妙惟肖，一直到 40 周。

朵拉问我这是什么，我就告诉她这是妈妈肚子里宝宝的图片。她非常好奇，我就一张张地给她讲解宝宝的成长，并且告诉她，她也是这么长大的。她觉得特别有意思。"开口"这一关就这么顺利度过了。

此后，朵拉每天都要求看"小宝贝的照片"。每次我介绍这周小宝贝的样子都会引发她的惊叹。比如我告诉她小宝贝只有葡萄那么大，还有一次我告诉她小宝贝只有她的鞋子这么大，后来小宝贝长到她的小红马玩具这么大。看胎儿图片猜小宝贝的样子成为我们母女俩的重要话题。

2. 生病了怎么办？——怀孕也得和大宝玩

对朵拉来说，老二闹闹的冲击来得猝不及防。

怀孕早期，我的妊娠反应非常强烈。每天晚上 8 点就睡着了。有时候我在客厅看书，看着看着就睡了过去，醒来后发现身上盖着毯子。由于我早早睡觉，过去和朵拉的亲子读书时间也无法保证了。

可是怎么向朵拉解释呢？难道说是因为老二的到来，我就不能陪她读书了吗？

当朵拉问起来,我灵机一动说我病了,希望她当医生来照顾我。于是,亲子读书变成了医生和病人的角色扮演游戏。

我们用线和一次性纸杯当听诊器,用纽扣当药,每天都要玩医生的游戏。前三个月她主治食欲不振和呕吐,后三个月主治腰痛。朵拉拿我的润肤油,称之为"医生油",每天都给我按摩。就这样玩了整整六个月。

照顾妈妈这一点,也浸润到朵拉的日常行为里。每天我下班回到家,她都会给我倒杯水。有一次我说要喝茶,她就让爸爸给倒茶(因为保温壶太大她举不起来),然后自己倒杯凉白开。她先让我喝凉白开,等我喝完了茶水也不烫了,然后可以喝茶。

因为我的呕吐症状非常严重,每次出门,朵拉都会准备纸巾,一路上都先找好垃圾桶,知道哪里可以丢我呕吐用过的纸巾或者纸袋。在商场里我有次呕吐,把她的外套全吐脏了。她安慰我说:"不要紧,不要紧。"回家后她就自己把外套洗了。

我很欣慰,说:"妈妈吐到你衣服上,你没有生气,你宽容了。"她也感叹道:"是啊。"我看着3岁的朵拉一边洗衣服一边感叹自己的成长,觉得很有意思。

现在回想起来我怀孕的日子,虽然反应很大,但心情很好。这和老大的懂事是分不开的。我对朵拉说:"这次孕期过得那么顺利,多亏有你照顾。"她说:"是啊,上次没法照顾你,是因为我在你肚子里。"

3.他不好看,不会陪你玩,只会哭和睡——实话告诉她未来可能发生的事情

不要让孩子期待过高,否则失望越大。这是我从很多二胎家长那里得来的教训。

很多家长会告诉孩子生老二是为了老大,老二会陪大宝玩,老二很可爱之类的。小朋友会很期待。但小宝宝出生后都是皱巴巴的,不会说话,

只会哭，会占据爸爸妈妈的时间。期待和现实的巨大反差很快就把孩子击倒了。

为此，每次朵拉问我"小宝贝长什么样子"的时候，我都会告诉她，刚出生的孩子都不好看，皱巴巴的，眼睛都睁不开，白天都在睡觉，晚上经常哭。但是，四五个月以后就会好很多。

我告诉她，她出生的时候也是皱巴巴的，整天睡觉。她的表哥兴冲冲地去医院看她，很失望地说："一点儿都不好看。"还有一个小男孩到我们家来，看到她一直在睡觉，失望地说："她都不会说话。"

我还告诉朵拉，她出生的时候比很多小婴儿都成熟，因为她是 41 周+3 天出生的，一头极其浓密的黑发，一双大眼睛，在新生儿中非常漂亮了。"那小宝贝呢？"朵拉问。"那我就不知道了，因为我也不清楚他 / 她什么时候出生啊。"我如实回答。

朵拉对于要不要喜欢小宝贝犹豫了很久。一会儿说因为小宝贝不漂亮还老哭就不喜欢他 / 她了，一会儿又说能接受。但我永远实话实说。最后一个月，她似乎下定了决心，拍拍我的肚子说："小宝贝，就算你长得很丑，姐姐也会爱你。"

等到孩子生下来，朵拉兴冲冲地到医院来看老二。第一句话就是："他一点儿都不丑。"

4. 小宝贝不可以吃冰激凌，只能吃奶，因为他没牙齿——指出老大的优势

最容易让老大妒忌的就是喂奶。看到妈妈的怀抱不再属于自己一个人，而且让老二长期占据，肯定是非常不好受的。我在孕期就告诉朵拉我将不得不经常抱着老二给他 / 她喂奶，不是因为我更爱老二，而是因为老二除了奶什么也吃不了。

每次在朵拉吃冰激凌的时候，我都会提这件事。

"以后我会带着你和小宝贝一起去吃冰激凌，不过你吃，他/她看着。"

"为什么？"

"因为小宝贝没牙齿，所以只能吃妈妈的奶。"

类似的对话经常出现，无论是谈及吃巧克力、玩游乐场，还是看动画片。我记得《正面管教》一书里有一种说法：孩子的观察力非常敏锐，但解释力非常差，也就是说孩子很敏感，但并不知道现象背后的原因。以上的现象很容易被误解为"妈妈不爱我了"。与其对孩子解释然后让其领悟到"妈妈没有时间"，不如给孩子"因为我更棒"的暗示。

坐月子时，我白天1—2小时喂一次奶，晚上3—4小时喂一次奶。可以说，大宝眼里的我总是抱着孩子。我每次喂奶的时候，都会当着大宝的面对二宝说："刚才妈妈和姐姐吃过饭了，现在你来吃饭了。别着急啊，谁让你没牙齿啊。等你长到姐姐那么大，就可以自己吃饭了。"

朵拉遇到的变化不会仅仅是喂奶一项，因为父母的时间、精力、金钱等其他资源都会分给老二一部分。朵拉得学会适应。但同时，朵拉也应该意识到她具有优势。

5. 把你的旧衣服给老二，你可以得到一件新的，以及老二的感谢——老二的收获并不意味着老大的损失

接近宝宝出生的那一个月，随着我不断地购入衣服、尿布、奶粉等各种物品，老大终于意识到老二即将出现了。

第一次发现别人给的礼物不是给她的，老大很不习惯。她看见奶奶寄来的新生儿衣服，使劲想把自己的身体挤进去；看到我买的洗澡椅，朵拉非说是她的，试了几次发现很难坐下后，干脆把洗澡椅藏起来了；朵拉看到我买的安全提篮，立刻钻了进去，丝毫不理睬她自己的安全座椅。

在给老二整理衣服的时候，朵拉终于爆发了。因为她看到她小时候的一件衣服被我们塞进了老二的抽屉。"这是我的！"她大叫。虽然我们强

调她早就穿不下了，她还是不肯放。

我解释说，她旧衣服本来就穿不下了，当她给弟弟一件旧的，我们就会给她买新的。但如果她不给的话，我们就给弟弟买一件新的，而她什么也没得到。

朵拉想了想，同意把所有黑色和蓝色的小衣服给弟弟（因为她不喜欢这两种颜色），把所有她穿不下的袜子给弟弟。

我也同时告诉亲朋好友，如果给弟弟礼物，一定要给朵拉也准备一份。一张卡片也行，要让朵拉意识到大家并没有忘记她，弟弟的收获并不意味着她的损失。

产后

6. 让家里人发挥作用的正确方法

老大和老二的关系，在很大程度上取决于家里大人的看法。

怀孕时我看了央视的中文版《超级育儿师》，发现问题宝宝往往出现在这样的家庭：隔代教育（家里有老人照顾）；两个宝宝，且大宝总是被忽视；父亲不作为，而母亲则是教育孩子的主力。这三点其实是彼此相关的，也因此，问题儿童往往出现在这三个特点都有的家庭。

这意味着，家庭成员必须统一意见、互相配合。但统一意见真的很难，尤其是在月子时期。因为那个时候大家尤其是老人和月嫂的注意力自然会集中在老二身上。于是，我决定自己带老二，让阿姨腾出时间和精力来照顾老大，爸爸则负责陪老大并在晚上 9 点半到 12 点之间照顾老二。

7. 每日一抱、每日一讲和每周一玩——就算弟弟不会说话和走路，也能和姐姐一起玩

由于胎位是臀位，我最终定了剖腹产。我特别定了周五做手术周一出

院，这样住院的三天，朵拉都能和我们待在一起，方便在她和弟弟之间建立感情。

从第一天开始，每天我都让朵拉抱抱弟弟，给他们俩拍照，发给亲友，就当作记录。

后来，每日一抱迅速发展到了每日一讲。那段日子朵拉热衷于编故事，弟弟就成为她的忠实听众。大宝自己画画，让我帮忙写字，装订成绘本，讲给老二听。然后我再给两个孩子一起读书。老大选书，我来读。

这是我们家每晚的温馨时刻，有时候也能减轻我的负担。有时候弟弟闹觉，朵拉就会给他唱歌和讲故事。

渐渐地，我们的每日一讲演变成每周一玩——把弟弟当作道具，我和朵拉一起拍创意婴儿照、画画、玩各种小游戏，等等。

就这样，弟弟融入了朵拉的生活。

8. 你是独一无二的宝贝

当老大对老二的来临感到不快时，很多家长的回答是"我们对你的爱是一样的，不会少"或者说"我们依然爱你"。可他们不知道的是，这对老大根本不够，老大要的是独占的爱、全部的爱和一心一意的爱。

所以我们需要以实际行动来向朵拉表白：父母虽然也爱老二，但是她在父母眼里依然是独一无二的。

我们的办法是尽量安排时间多和她单独在一起。在老二出生第八天后，我就恢复了去幼儿园接老大的工作。

此外，整个月子期间，我和孩子爸爸都花了更多时间来陪伴老大。晚饭后，我们会把老二交给阿姨照顾，带老大出门散步聊天。如果天气不好，我们就在家里陪老大玩游戏、念书、做手工、画画、搭积木、跳舞等。可以说，我没怀二宝的时候也没花过那么多时间陪孩子。

9. 让老大发泄

尽管我们非常注意，但老大还是会感到委屈和焦虑。

某一天，我去幼儿园接孩子的时候，老师跟我反映说朵拉突然中午不怎么吃午餐了，而且必须老师喂。

朵拉以前在幼儿园里吃饭又快又好。按照老师的说法，是"榜样级的宝宝"。我想，大宝是不是想当小婴儿了呢？

老师建议我们多陪陪孩子。于是我们就在周末带着两个孩子出去玩了一天，尤其关注老大。过了几天，老师告诉我，朵拉又恢复如初了，吃得好睡得香。

还有一次，因为一个很小的事情，老大突然爆发了，冲到小宝贝的床前大声地说："你是个垃圾，我要把你扔到垃圾箱。"那一刻，我默默地看着她，没有说话。我想她有焦虑和不安全感是很正常的，这个时候言语抚慰也没有什么用，就让她发泄一下吧。

现在老二已经 10 岁了。回想起来，这也是过去十年来朵拉最严重的一次抗议。

10. 我有弟弟了，你有吗？——让老大为成为姐姐而感到自豪

有一天我去幼儿园接朵拉，遇到她同学的爸爸。那位家长笑着问她："你喜欢你的小弟弟吗？"

这是因为我在朵拉幼儿园家长群里报告了有老二的消息，朵拉的幼儿园同学也都知道了。小朋友都会好奇地问她关于小弟弟的事情。

有一次，我带着老二去幼儿园接朵拉，小朋友和他们的家长都围上来看宝宝。这下朵拉兴奋了，得意地告诉同学这是她的小弟弟。回家路上，她还热情地邀请同学到家里玩："可以给你们看我的弟弟。"

朵拉终于意识到弟弟不是负债，而是可以炫耀的资产了。

以上是我本人的经历，那么专家是如何建议的呢？

▌ 专家建议

老二来了，我跟老大说永远爱你，只不过也要爱他/她，不就行了吗？不行。

设想，如果你对太太说，我永远爱你，不过现在我要娶二房，也要爱她。你觉得这样你太太会怎么想怎么做？

这个情境来自《如何说孩子才能和平相处》(*Siblings Without Rivalry: How to Help Your Children Live Together So You Can Live Too*)，作者是阿黛尔·法伯、伊莱恩·玛兹丽施。这是一本讨论同胞竞争的畅销育儿书。

作者是专业人士，曾经为多子家庭的父母开设工作坊，提供管理孩子们之间冲突的策略建议。作者自己也养育多个孩子，因此具有大量的生活案例和丰富的实战经验。

作者提出三个最重要的原则：第一要承认、面对现实，也帮助孩子们接受要与兄弟姐妹共存的现实；第二要倾诉、倾听；第三要划清边界，但边界内的事情要让孩子们自己处理。具体建议如下：

- 保证每个孩子每周都有几次可以和你单独待在一起。能够和父母单独待在一起，会让孩子感到被珍惜和疼爱，也因此会更加容忍自己的兄弟姐妹。

- 当和其中一个孩子待在一起的时候，不要谈论另一个孩子。这会让孩子更讨厌自己的兄弟姐妹，"人都不在，还把爸爸妈妈抢走"。

- 不要把孩子在家里的角色固化（老大、老小、中间），给每个孩子机会来体会各种身份的责任和权利。

- 不要一味要求"在一起"。"一家人在一起"这幅画面看上去很美，但总和兄弟姐妹在一起有时候会让孩子感到压力。如果孩子到了那种一触即跳的年纪，可以采用由不同的家长带着参加的游玩方案。

- 让孩子知道兄弟姐妹最喜欢他 / 她什么。孩子往往不知道兄弟姐妹喜欢自己的什么地方，了解会带来影响。

- 组织家庭会议。事先了解大家的看法，搜集意见和建议，避免突如其来的决定造成对孩子的冲击以及随之而来的反弹。

- 家有两娃会遇到问题，但也是一个机会。我们必须和自己的情绪做斗争，并帮助孩子管理他们的情绪。这是一个机会，让孩子通过应对由两娃战争带来的愤怒、困惑等情感，成长为敏锐、体贴和处事周全的人，学会与不同的人相处。家庭就是我们学习社交的课堂。我们如何与孩子们相处，教他们如何对待彼此，是我们作为家长给孩子们的终身礼物。

怎样"消灭"旅途中的熊孩子

亲子游，听上去是很美好，实际上常常是一地鸡毛。

小一点儿的孩子出门，往往全家老少一起出动，众口难调；孩子多了，容易一路闹腾；孩子再大一点儿，就不跟你玩了，更烦。

在过去的十多年里，我既有带着三个月小宝宝出远门的经历，也和上了初中的孩子玩过一个想走就走的高铁周末游。我发现，要和孩子出门玩得好，必须解决三个问题：出门带什么？出去玩什么？路上干什么？

▌ 行李：让孩子自己来

从 3 岁开始，朵拉就自己整理行李了。起初并不是我们要刻意培养她的自理能力，而是因为她要自己选衣服！

买什么，穿什么，配什么，全部是朵拉自己的主意。我们只干涉过一次——3 岁那年冬天，她非要每天套三条裙子出门，我们费尽口舌，才说服她穿一条裙子就很美丽了。

朵拉不仅要自己选衣服，也要按照自己的方式穿。比如，衣服的拉链必须从头到尾拉好，颜色 A 必须和颜色 B 相配，鞋子也要按照她的要求摆放，等等。

我了解到，这个年龄的孩子正处于秩序敏感期。他们希望所有的物品放在应该在的位置，否则就会因缺乏安全感而乱发脾气。

那么出门旅行，岂不是对敏感小朋友的重大挑战？

我干脆让朵拉自己整理行李。她欣然接受。

我给她买了粉色的旅行箱，有拉手和两个轮子，可以拖着走或者骑在上面走。我还准备了不同尺寸的粉色收纳袋，方便她存放不同的行李。

每次出门之前，朵拉会先问我们去几天，然后按照天数准备同样数量的整套衣服——每套都包括短裤、裙子或者上衣、裤子。然后分门别类地放到她自己的收纳袋里，包括衣服包、鞋子袋、洗漱包等。

朵拉的行李我没有检查过，但有意思的是她从来没有出过差错。一方面是她准备充分，带的东西总是超过真正需要的；另一方面是因为她警惕性极强，总是时时看着自己的行李，从来不丢东西。倒是我，每次出门还会丢个牙刷梳子之类的。

短途旅行如此，长途也是这样。多年前，爸爸作为访问学者赴美，全家随行。朵拉的行李箱依然是自己准备的。然后，就没我的事了。

我们把所有春秋冬装都堆在地板上。我拿起一件，她说"要"，我就放在左边；说"不要"，我就放在右边。最后我们一起把左边的衣服一件件卷起来，放进收纳袋。把右边的衣服重新放进朵拉的衣柜里。

她的大部分行李放在全家衣物的大行李箱里。此外，她还有自己的一个小小行李箱，放她最重要的东西。

哪些是她最重要的东西呢？我至今也不知道。因为这是她自己的事情。我只是提醒她，在规定的空间里，她想放什么都可以，但就这么点地方。

"那你事后会帮忙检查吗？"我和朋友聊起这件事的时候，对方问我。

"不会。"

"要是该带的没带呢？"

"到了当地再买啊。"

"要是买不到呢？"

"那也没办法。就算是上了一课吧。"

▌ 目的地：孩子最爱的不是玩，而是父母的陪伴

去哪里玩，通常是亲子游首先面临的问题。现在市面上有许多设计好的亲子游项目。带小宝宝出游，一般是机票加酒店打包预订，再来一个主题公园就成了。带大一点儿的孩子出游，则会用博物馆代替游乐场。这些设计方便快捷，但可能恰恰与孩子的需求背道而驰。

孩子到底要什么？

首先是要和父母陪。不只是人在身边，还要和他们互动。

然而，大多数所谓为孩子设计的玩具、主题公园、电影或者动物园，不是为了让孩子和父母互动的，而是为了把孩子的注意力从父母身边移开，从而达到解放父母的目标。

比如大受欢迎的 Club Med（一个知名度假品牌，中文名为"地中海俱乐部"，以"一价全包"的度假模式闻名），彻底解放父母的身心。吃饭不用找地，孩子有人带，锻炼有教练，做爸妈的基本上躺着晒晒太阳就可以了。

迪士尼也有类似功能。父母只要看着孩子，互动就交给大型机械或演员扮演的动画角色。

最简单的是平板。孩子一吵，给个平板玩游戏或者看动画片，就能安静半小时到一小时。

这些都不错，但不该是旅行的全部。在最佳的情况下，父母既要有自己的空间，又要有机会与孩子互动。所以我只安排一两天去主题公园之类的，而不会参与旅行社推出的那种主题公园游。

接下来的问题就是，孩子喜欢玩什么？

孩子喜欢玩的不总是专门为他们设计的玩具，而是大人用的东西。

玩具，与他们用的任何器具一样，都是孩子认识和探索世界的工具。琢磨大人的东西，既是模仿，也是玩，两者都是学。

以老二为例，他最想玩的就是手机、推车和遥控器。这三种东西，有两个共同的特点——一是大人用的；二是其使用与结果之间具有明确的因果关系。比如推车，你推一推，车就跑一跑；遥控器也是，摁一个键就显示一个频道。

人类对世界的探索过程，往往就是寻找各种事物之间的因果关系的过程，即所谓发现。

比如说，很多小男孩喜欢车。但是经过观察，我觉得这其实也可能是喜欢探索复杂的因果关系。车就是典型——四个轮子，前后跑动，还有门啊灯啊声音啊，存在多少因果关系啊。

旅途中也一样。比如飞机上，光小桌板、可调整的椅背，还有各种按键就够老二玩很久了。朵拉在飞机上最喜欢看的就是安全指示说明书，上面有很多的图片，每次坐飞机，朵拉都会让我讲解。

我当然唾沫横飞地详细解释，包括着火了要怎么猫着腰在地上爬啊，怎么像小燕子一样坐滑梯逃生，当然最最重要的就是系安全带！自从把说明书当绘本讲，朵拉不仅没有抗拒系安全带，还主动提醒我们系安全带。

除了玩，孩子还想要什么？

成长的感觉，或者说，想和爸爸妈妈一样过日子。

有一年我们去普吉岛。找到出租车后，司机帮忙把我们的大件行李和沉重的背包都放在后车厢，然后打开门让我们进车。突然朵拉哭了，抽噎着递上了自己的小书包。

孩子不仅希望爸爸妈妈陪，还希望快快长大，享有与爸爸妈妈同等的待遇，即使只是后车厢放书包的小小空间。

有一年去国外旅游，由于我们上错了火车，本来可以一站直达旅馆，结果换了五趟火车。

但朵拉一点儿也没不耐烦。她饶有兴趣地观察我们认路、问路，还帮忙哄弟弟。大概对她，这也是玩吧。

旅游的确是让孩子接触更广阔世界的好机会，但哪怕走到天涯海角，小朋友首先关注和学习的，永远是他们和父母之间的小世界。

路途中：用游戏保持安静

每次全家出游，两个孩子一路上都会打打闹闹，轻则吵架，重则大打出手。怎么让他们安安静静、开开心心地一路同行？

我试过很多办法，比如用玩具和书来吸引他们的注意力，或者批评和吼叫，但都没什么用。

后来爸爸发明了三项活动，孩子居然再也不吵闹了，效果好得让我流下了幸福的眼泪！

第一招是安静游戏。

游戏规则如下：

1. 在 10 分钟到 30 分钟内不许说话，只要发声就算输。

2. 第一个发声的人给其他几位（一般是两到三位）没有发声的每人 10 元。第二个发声的给剩下的每人 10 元。越到最后赢的获利越多。这个规则四川人马上就懂了——这就是四川麻将之血战到底，赢家通吃，但除了第一个输家，其他人都有盼头。

这个游戏是爸爸在我们出行路上发明的。初衷就是让车里打闹的孩子立刻、马上、主动地闭嘴。没想到孩子们特别喜欢玩，几乎每次一上车就要求玩安静游戏。

一开始我们决定游戏时间为 10 分钟。因为孩子 10 分钟不说话就很不容易了。但是到后来，10 分钟无法决出胜负，不得不延长时间，最长一次达到 35 分钟。最后，小朋友说宁可不去博物馆和风景区，就坐在车上玩安静游戏好了。

为什么这个游戏比那些风景和博物馆都吸引孩子呢？我分析了一下原因。第一，这个游戏很容易操作，对孩子的技能要求不高。第二，反馈非常及时，输了立马给钱，赢了立马拿钱。第三，父母也参加游戏，而且父母有时候还输给孩子，让小朋友非常有成就感。

最后的最后，输家往往是作为爸妈的我们。看来，只要激励正确，孩子有无限潜能，包括比你更安静。

第二招叫法庭游戏。

如果孩子们已经吵开甚至打起来了，怎么办呢？要知道在两娃家庭，这可是每天都会发生的事情。从先后次序、表扬和批评的多少到分礼物的多寡，都可能引发一场小型战斗。

爸爸的解决方案是——家庭法院。游戏规则如下：

1. 爸爸当审判员，两个孩子一个当原告，一个当被告。

2. 首先，原告和被告依次陈述经过。没有被叫到的孩子必须耐心等待。然后，爸爸法官就事实经过的细节提问。最后，爸爸法官宣布结果。

3. 宣判理由和依据完全由爸爸掌握。没有上诉。

家庭法院看上去很简单，但是效果奇佳。小朋友们刚开始还哭哭啼啼的，但是玩着玩着就慢慢地冷静下来了。尤其是当时还只有 4 岁的老二闹闹，做陈述的时候因为词汇量不够，还得动用肢体语言。比如要形容"朵拉打了我的屁股，我就踢了她的屁股"，他就边说边拍自己的屁股。这个动作把法官、原告朵拉和他自己都逗乐了。

为什么法庭审判能够成为劝架神器呢？我们分析有两个原因。第一，孩子喜欢玩游戏。尽管家庭法院是个比较正式的解决方案，但是也可以看作角色扮演，这样就把孩子的关注点从打架转移到玩上了。第二，家庭法庭首先让每个孩子陈述经过。这给了孩子表达自己情绪的机会。孩子一边说，一边就慢慢地冷静下来。小孩子吵架，本来也没有什么深仇大恨，所以很快就烟消云散了。

如果说前两个活动还算是为了阻止孩子吵闹设计的，第三个活动带来了意外的效果。

第三个活动叫"下午茶"。

有一次，我们和老人一起出行。旅游嘛，大部分时间要走路，挺累的。所以每天下午 3 点，我们会结束在外游览回酒店去。半路上我们会去街边的超市买点水果、牛奶、饮料和饼干，然后一家人在酒店的阳台上自己吃下午茶。两个小孩也不打闹了，兴致勃勃地帮着摆盘、切水果、倒茶倒牛奶。吃完喝完就赶紧做作业，做完作业再玩。

外面那么多著名的风景名胜你不去，这么多博物馆里的大师作品你不看，待在酒店里吃水果、做作业、打游戏。听上去是不是太浪费了呀？要做这些可以在家做呀。但是孩子不在乎。他们觉得外面的世界很好，但是下午茶也很棒。因为下午茶就是过家家加上做作业和打游戏，这恰恰是他们平时就很熟悉的事情，做起来很轻松。

现在流行"研学"和"特种兵旅游"，即不浪费每分每秒，充分利用出游机会给孩子开眼界、长知识。其实这样一则比较累，二则也不一定符合全家每个人的胃口。

所以，全家游更好的方式是留白。简单来说，就是每天只去一个主要景点，留出时间让大家做自己想做的事情。

这三个活动都有共同的特点。

第一，用游戏代替命令。无论是安静游戏、家庭法院还是下午茶，在孩子眼里都是玩，而且是他们玩得了的游戏。

第二，用选择代替惩罚或者斥责。孩子有选择，而不是只接受父母单方面的命令。

　　第三，父母全程和孩子一起玩。一起玩，我们才能够真正设身处地去理解孩子，才能有效地和他们互动。

　　看到这里，也许你已经理解了亲子游的秘诀：无论是带什么、玩什么，还是一路上具体做什么，要想孩子玩得好，父母过得轻松，关键在于"掌控感"。

　　解决了带什么、去哪里和干什么的问题，亲子游就会比较顺利了。

　　无论是在路上还是在家，要把日子过好，我们做父母的都得做一件事：一点一点地把对生活的控制权转给孩子，最终帮助他们走上自己的路。

　　如果生命就是一趟旅行，那么我们和孩子的终点就是分离。我们珍惜亲子游，并不是因为这是孩子学习或者探索外部世界的好时光，而是因为这是难得的一家人真正聚在一起的时光。

　　而这样的时光可能会越来越少。

最重要的一门课

对孩子来说，学校里最重要的一门课是什么？

答案可能是各种各样的。语文为王？数学要提前学？还是地位提升的物理？或者是传说中赋分非常占优势的历史？

我的回答是团队合作。

学生在学校中，需要学习如何融入新的环境和集体，如何获得老师和同伴的信任，学习如何求助他人以及如何帮助别人；在融入之后，他们还需要学习如何在一个团队中寻找自己的位置，参与和组织合作，最终达成目标。

无论以后哪个专业或者课程是热门的，团队合作能力都是不可或缺的。但是这门课，却很容易被大家忽视。

这并不是说我们的学校不重视集体荣誉感，或者学生缺乏团结精神。无论是运动会的加油和汗水，还是"为班级、为学校争光"的声音，都是真诚的。而我们面临的问题是，这种团结和集体荣誉感往往是基于共同的目标，而不是彼此之间的相互需求。

彼此之间，更多的是竞争。这和考试这种单一的评估方式有关，而且教育资源的分配往往是按照区域排名来决定的。这样就导致大家过于重视个人能力的提升，而不是团队合作。学生们在教室里虽然在一起，却互相竞争。一个学校的同学本来应该是最佳合作伙伴，却可能因为有限的资源而互为敌手。

在朵拉进入初中以后，我一直很担心她会陷入恶性竞争的旋涡。但是如何才能让孩子学会团队合作呢？我也没什么招。

让我感到欣慰的是，她所在的学校创造了大量团队合作的机会。我能够清晰地看到她在这方面如何一点点成长。

┃ 让人记住你，不是靠名头

朵拉刚进初中的时候，我很担心她在新环境里找不到自己的位置。在小学里，朵拉算是一个学习很认真的孩子，而且英语尤其好。但是到了新学校，这样的孩子太多了。她所在的班级，有好几个市三好学生、大队委。对这些孩子来说，英语更是不在话下，别说什么剑桥考试、小托福了，居然还有一个孩子已经考了托福。

我想，朵拉的标签是什么？她有什么地方是与众不同的？怎样才能让大家迅速接受她、喜欢她、认可她呢？没想到，朵拉自己找到了答案。

新生报到结束后，朵拉告诉我，每个人都做了自我介绍，大家都很有意思。很多人喜欢读美国作家雷克·莱尔顿的《波西杰克逊》系列小说；有的人是体育健将，曾经徒步 20 公里，还练过帆船；很多人都擅长吹拉弹唱。

朵拉很开心："他们喜欢的小说我也喜欢。我虽然不会乐器也不擅长跳舞，但是我可以欣赏他们的表演。"

我说："他们的确很棒，那你是怎么介绍你自己的呢？"

朵拉说："我告诉大家，我的名字笔画最少。于是大家都记住了我。"

看来，让人记住并没有那么难。因为孩子们寻找的并不是你的奖状和头衔，而是共同的志趣和有趣的灵魂。

▍ 班干部就是干活的

一入校，班主任就宣布了一个令我吃惊的事情，学生可以自愿报名担任班干部和课代表。要知道，这种角色往往是竞争上岗，不是学生投票就是老师指定。但是在朵拉班里，居然只要想干就可以干。那要是人人都想当，岂不乱套了吗？

朵拉说："不会乱的，因为一个职务可以有很多人来干。"他们班有6个班长，5个宣传委员，5个语文课代表，5个英语课代表……我算了一下，班里三十多个学生，可能每个人都有两三个职务。人人都有工作，人人都有贡献，皆大欢喜。

朵拉原来在小学担任过宣传委员。本来到了新学校，看到那么多市三好、大队委，是有点儿心里打鼓的。但是在这种气氛下，她也变得积极了，最后居然担任了4个职务——语文课代表、英语课代表、宣传委员、电教委员。

回想起来，老师出这么一招是很聪明的。因为刚入学，师生互不了解，投票指定都不合适。报名上岗，可以发挥新生的积极性。人多，也可以减轻学生和老师的负担。更重要的是，这种参与式的班干部任免法，创造了一个安全与和谐的氛围，既加深了新生之间的互相了解，也促进了他们之间的合作，在课上课下就锻炼了他们的社交能力。

据朵拉说，活是大家商量着分配的。作为语文课代表，朵拉主要负责课前课后帮老师拿东西。"比如有作业本啊，我帮忙拿；或者有个袋子，我就帮忙拎。"

哦，是搬运工。

作为英语课代表，朵拉负责领读。"就是在电脑里找到音频，然后点击、播放。"

哦，是开电脑的。

作为宣传委员，朵拉负责出黑板报和写演讲稿，好歹活多了点。但是，鉴于班上有 5 个宣传委员，所以大家一起干活，反而是最轻松的。

最后一个是电教委员，听上去非常唬人。

朵拉自豪地说："整个班级，只有电教委员才能够开关教室的空调！"

▎ 能够帮到大家的能力，才是最有用的

有意思的是，报名上岗后朵拉对于班干部的定义都变了。

过去，朵拉觉得班干部专指这样一群人：人缘好，学习成绩好，老师喜欢。能力是其次，形象是首要的。她觉得，这种形象得从一开始就建立起来，这样同学们对他／她的印象才会逐渐稳固。因此，如果一个普通学生到了后期才想到要改变同学们对他的看法，进而竞选班干部，这就很困难了。

现在"竞选"这个门槛没了。那么除了印象，班干部还需要什么素质呢？随着自己上岗后，朵拉才意识到班干部是很辛苦的，要做很多琐碎但是必要的工作。或者说，班干部既不是荣耀也不是头衔，就是一个干活的人，而且要挤出时间来给大家做贡献。

那怎么样才是好班干部呢？朵拉给我的回答又一次颠覆了我的传统认知。

首先就是要负责任。她以班上的卫生委员为例，说这位同学兢兢业业，每次都要等到大家把班级卫生搞好才回家，每节下课都会去关注黑板有没有擦，然后提醒相关同学。

其次就是要掌握一些技能。以她做宣传委员和电教委员为例，就需要掌握打字、PPT 制作和美术绘画。她描述自己是如何当上电教委员的：她在课堂上，给大家展示了盲打技能，闭上眼睛打出同学的名字。

"大家都发出了'哇'的一声，"朵拉回味道，"我感觉我的双手笼罩

了一圈金光！"

后来我才知道，同年级的另外一位电教委员是区信息学竞赛第一名。朵拉对我说："技能是不分贵贱的，我打字好，用电脑熟练，照样可以帮助大家。"

▎ 传承下来的不仅仅是知识，还有职业素养

学期结束后，班干部和课代表要做述职，也可以申请退出或者换一个工种。随着学业压力增加，也有同学退出了，毕竟还是需要平衡工作与生活的。朵拉不考虑退出。而当我偶然旁听了他们的线上会议后，也大力支持她继续做下去。

那次线上会议是为下周班会做的筹备会。虽然只是班会，但几个班干部依然要做一次筹备会。在会上小朋友们像模像样地讨论，并且细化了分工。开到一半，班主任上线了，和大家一起过流程，看 PPT 草稿，提建议。整个会议仅仅半小时，但是很有章法，效率极高。

我后来才知道，朵拉班里稍微重要一点儿的活动，都会有不同形式的前期筹备会。老师也会在让学生自主发挥之余辅以指导。这不就是我们平时在工作中的模样吗？

我对朵拉说："怪不得你们学校教学管理好，因为每一件事老师都是认认真真地去做，把工作做得细致到位。"

在一次次的活动中，朵拉不仅逐渐了解了做事的方式，也习得了一种严谨、认真的行为规范和职业态度。这种职场上崇尚的态度，大部分人可能得大学毕业后从工作中才能感悟到，或者经历了社会的毒打后才能真正学到。而朵拉早从初中起就开始受到培养了。这是她在学校获得的另一种传承。

▍ 伙伴不是撞上的，也不是等来的，而是找来的

那么，是不是不做班干部就没有机会干活了呢？当然不是。他们还可以做作业。

家长们讨论学校，往往会关注平时的作业量。其实相比量，作业设计更重要。朵拉学校的作业不算特别多，但是经常会有小组作业，比如小组调研、小组表演、小组演讲，等等。老师会给每个组以及组员打分，评估标准涉及每个人的贡献、参与度以及最终作业的呈现等因素。

不过，对于朵拉来说，最难的一关在开头：如何找到一个团队。因为她每次做作业之前都要先做一些搜集信息之类的准备工作，以至于在找队友这方面总是慢一拍。

最典型的是一项科学活动。她和伙伴迟迟找不到足够的成员，只好和另外一个组合并。但是刚组队，组里的骨干就跳槽到了其他组。最后，本来是凑数的朵拉临时被选为队长。

最后她们小组并没有在比赛中入选。朵拉分析说，这个小组本来就先天不足。因为其中两个人都是住宿生，所以没有办法用电脑查询资料和保持密切的沟通。另外一个人是体育生，每天放学后要训练 2 个小时，也抽不出太多时间。

我说，这说明找团队不能守株待兔，得主动出击。我建议朵拉构建一份自己的潜在同伴清单。方法就是观察。

我建议她在每次小组作业的时候都仔细观察自己的同伴，然后在心里问自己三个问题。第一，如果你是队员，你最希望跟哪个队长合作？第二，如果你是队长，你最希望和哪个队员合作？第三，谁是你希望下次再合作的人选？

朵拉陷入了沉思。

"回答了这三个问题，你就可以开始打造自己的'愿望团队'。这三个

人也是你学习的榜样。"我说。

朵拉说:"那我需要更多的时间去和不同的人合作,而且每个人我都要至少合作三次。这样才能形成我的名单。"

从这以后,朵拉就开始构思她的清单了。为此,她每次参加小组活动都会有意识地选择自己的同伴组合——一半合作过的,一半没有合作过的,或者一半已经在她的清单上的,一半她不够了解的。就这样,她的朋友圈慢慢地扩大。

通过合作,朵拉对同学有了更多的了解。

她和数学尖子一起做作业,吃惊地发现,数学尖子做简单题的速度是她的一半,从而意识到基础扎实才是根本。她观察一位学霸一天的行程,想知道为什么这个同学总是在放学前就完成所有作业,最后发现关键是给任务排序明确重点。她也时常赞叹于一位校排球队的同学能够每天训练2个小时同时保证成绩不落下,诀窍就是会利用工具来提升效率。

合作也让她对同学的评判标准发生了变化。在她心中,最重要的品质不是成绩好,也不是勤奋,而是靠谱。一个人既要有能力,更要负责任,才能把事情做好。

同样,合作也让她更容易把周围的同学视为潜在的伙伴而不是竞争对手。看到同学的优秀,她不会感到压力,而是获得了动力、启发和帮助。这样,她就觉得很有安全感,同时不自卑。

从任务分配者变身活动组织者,就靠一张图

朵拉的同伴清单里,有一个急性子的小姑娘。每次开会,她总是第一个发言,说个不停。朵拉说:"她特别好,每次都是她第一个跳出来,提醒大家要开始干活了。"

原来,朵拉虽然有班干部的经验,却对当组长不自信。因为长期以

来她主要是作为班委接受老师分配的工作，她不知道该如何去要求大家干活，也不知道怎样给别人分配工作。

她的困惑恰好在此前的科学活动上得以消除。这项科学活动提供了从科学探究方法到项目管理的一系列课程。其中一节课介绍了如何用工具来组织团队活动和管理项目。这个工具就是甘特图。

甘特图又称为横道图、条状图，是工程师和管理学家亨利·劳伦斯·甘特发明的。甘特图其实就是用图表来显示项目进度等信息。这种图表方式，可以直观地展示整个团队工作的进展情况，提高工作效率。

朵拉第一次用甘特图是为了完成一项寒假作业。那段时间小组成员旅游的旅游、探亲的探亲、培训的培训，分散在不同的城市，要聚在一起很难。于是，朵拉用上了甘特图。大家看着时间线和具体的任务清单，根据自己的情况来选择合适的任务和截止时间。寒假期间，他们每次开会都会参考甘特图来讨论。

无论是分配工作，还是做决定，都需要团队达成一致的意见。如何在尊重不同意见的同时，达成一致意见，实际上是工作和生活中很重要的技能，也需要方法和工具。比如投票选举是常见的一种方法，而朵拉从科学活动中学到的甘特图是另外一种实用的工具。

这样一来，朵拉这个组长的角色就从一个任务分配者变成了活动组织者。这种角色转变的过程中，大家的地位平等，这种形式更容易被大家接受，也让她更加自在了。

┃ 让每个人都能被看见

学期末，学校开始组建年级学生会。和班干部、课代表不同，学生会干部是要竞选的。朵拉告诉我，她准备去竞选学生会主席。

我大吃一惊，说："谁给你的勇气？梁静茹吗？"我和爸爸，以及朵拉的爷爷奶奶、外公外婆都没有担任过学生会主席这样的职务啊。

朵拉问："梁静茹是谁？"

然后她告诉我，她一开始是去竞选学习部部长的。朵拉参加竞选主要是出于好奇。她觉得要真正了解学生会，就必须成为其中的核心团队成员。但是学生会的各个部门，像文艺、体育等她都不擅长，似乎学习和自己还有点儿关系。朵拉当时觉得，自己又不是年级第一名，竞选学习部部长是不可能的，但是说不定有机会选上副部长。至于学生会主席，那是想都不敢想的。

没想到，大家的想法如出一辙。老师告诉他们，学习部候选人爆满，学生会主席则鲜有人问津，建议大家换个岗位。于是朵拉就勇敢地报名了。

我说："捡漏是不可能的。你知道了，大家也都知道了。"果然，又多出好几个学生会主席的候选人。

我想，选是不可能选上的，但是也不能浪费这次机会。我对朵拉说，可以把竞选当作一次作文、PPT制作和演讲的练习机会。评判标准不是获选，而是听众的反馈。没想到在竞选前几天，朵拉接到通知：因为时间紧张，演讲改成播放视频。

我说："这下好了，你的练习技能又多了一项视频制作。"

竞选结束后，我问朵拉情况如何。她说："好多好多奖状，我看到后来都看不清楚了。"原来，大部分参选者都展示了自己在各个领域获得的荣誉。朵拉说，市三好和大队委都不够看了，有的居然还获得了国际比赛的奖杯。

"那你有什么呢？"我问。

"我能展示的只有谦卑，"朵拉说，"视频的结尾，我给大家深深鞠了一躬。"

我们都没有想到的是，朵拉居然被选上了学生会主席。我事后分析，朵拉能够入选，主要是她显得比较独特。眼前飘过一堆奖状和奖杯以后，你可能都分辨不清谁是谁了。这时候，你看到一个态度诚恳、谦和的人出来，承认自己的不足，强调服务精神，你很容易记住她，然后就投了她。反正这堆奖状都不归自己，投谁不是投呢？

对朵拉来说，当上学生会主席并没有让她自得，反而更深刻地认识到自己的平凡。

"我行不行呢？"她问。

我和她说，没关系，团队领导不需要在任何地方都超过其他人，只需要愿意为大家做贡献，以及支持每个成员发挥自己的长处。朵拉深以为然。

比如某次"五一"假期的小组作业，是用视频来做展示。朵拉负责视频制作，同学们负责提供素材。假期不长，朵拉几乎把三分之二的时间都用于做这个视频了。她的同学只需要给一些文字资料就可以。

我说："你干得多，收获也多。其他同学虽然轻松一点儿，但是收获也少。怎样才能让他们的参与更有获得感，并且对你更有帮助呢？"朵拉想了想，对自己最有帮助的素材不是文字也不是图片，肯定是视频。

于是她改变了一手由自己操办视频的做法，转而要求大家每个人承担部分的出场解说工作，并且拍下视频发给她，因为"每个人都需要被看见"。

她发现，虽然分摊到每个人身上的事情多了，但是大家很愿意干，她的视频也做得更快了。

▎ 团队合作是如何炼成的

回顾朵拉这一年的变化，我发现自己过去对团队合作的理解并不完整。比如，我认为团队合作需要专门上课，或者认为国内的应试教育并不鼓励团队合作。其实身边就有很多机会可以去培养孩子的合作、沟通和共情能力。

我很感谢学校能够做这样的安排。学校的活动和作业让我知道，原来这些机会并不难获得，也不需要高深的知识和高昂的成本。当今，越来越多的孩子因为过度竞争而感到焦虑，或者有社交恐惧症，或者沉迷于电子游戏而不愿意走向真实社会。他们在课堂上就可以培养社交和团队合作能力，简直太棒了。

作为家长，我只需要鼓励孩子认真完成作业，真诚地对待自己所在的团队和伙伴。

最重要的是，我们要真正把团队合作这门课放在心上，而不是把击败身边所有竞争对手作为孩子唯一的目标。

2

无痛学英语

从启蒙到自主阅读，
我踩的那些坑和做对了的事

▌ 三年沉默，一朝爆发

在英语启蒙方面，我家两娃经历了完全不同的起步过程。

老大朵拉，将近九个月就开始亲子阅读，幼儿园期间就上过外教课，之后曾经在美国的幼儿园待了八个月，回国继续上外教课。一路没有让我操心。

但是老二闹闹就不同了。直到我们回国的时候，他也就认识 ABC 三个字母，还不会写。更让我们头痛的是，双语环境导致他说话不伦不类，时不时会地冒出一两句"今天太 cold 了""萨克油"等话。

这个时候，我才意识到，应该关注闹闹的英语学习了。我想，看姐姐学英语这么久了，这次我就自己来。

没想到，弟弟和姐姐完全不同。在一年多的亲子英语启蒙过程中，闹闹既不肯读当初姐姐喜欢读的绘本，也不怎么开口。

后来我放弃自己教，给他报名各种英语试听课后，反而更崩溃了。试听课上我发现，他既听不懂老师的指令要求，也不想听课，只想着玩。

转折点在闹闹 4 岁时。

当时我给他报名了自然拼读外教课。没想到，他突然爆发了，在课堂上狂说英语。

之后闹闹的英语学习就上了快车道，不仅听说无碍，还爱上读英文书。现在他已经 10 岁，甚至自己写起了英文小说。

回想起那时候每天为孩子焦虑的自己，我特别想对孩子处于英语启蒙阶段的父母说一句：不要急。

如果你现在也在为孩子的英语迟迟没有进展而感到焦虑，我希望我接下来的分享，能够让你感到安心。

那些我踩过的坑和做对了的事，教会我一个道理：等待和陪伴，是最好的支持。

▌ 教训一：沉默不等于停滞

回想当初给闹闹做亲子启蒙的时候，我最焦虑的问题是，他什么时候开口说英语？

俗话说，老大照书养，老二照猪养。闹闹 1 岁之前，我们的注意力主要在老大朵拉的学业上，对老二闹闹以放养为主。老大从三个月就开始亲子阅读。但是老二没有上过任何兴趣班，亲子阅读也有一搭没一搭的。

1 岁时，闹闹爸爸作为访问学者赴美八个多月。那时为了让朵拉尽快适应当地幼儿园，我们在家给她天天补课，还坚持和她说英语。但是对闹闹我们则反其道而行之。为了避免他丢掉中文，我们只和他说中文，读中文书。

那八个多月里，闹闹也在当地的托儿所，但是他主要靠肢体语言和老师同学交流。我只教了他两句话来适应托儿所的生活。

第一句话是基本需要：I need to pee.（我要尿尿。）

第二句话是吵架专用：Stop doing that to me! I don't like it!（别这样对我！我不喜欢！）

回国以后，我才开始关注闹闹的英语，并且亲自辅导闹闹。我照搬当初给姐姐的训练方法，一边给他看动画片读绘本，一边找机会跟他说英语，提问题。

但是闹闹并没有如我期待的那样每次都给予回应。就算是偶尔回应，也都是一些中英夹杂、不伦不类的短句。

这让我非常着急，找了各种老师，试听了各种课程，直到 4 岁以后，他在上课的时候突然变成了话痨。

后来我了解了第二语言的相关理论，才明白了他这种情况。

语言学家斯蒂芬·克拉申（Stephen Krashen）把语言的习得分为五个阶段。为了方便阅读，我做了一份表格。

语言沉默期 The Silent Period	通过倾听来学习和理解。
输出萌芽期 The Early Production Period	开口说单词或短句，尽管短句的语法并不一定正确。
语言形成阶段 The Speech Emergence Period	学会用短语、句子和提问来交流，理解能力有所提高，可以简单阅读或书写。
中级流利阶段 The Intermediate Fluency Period	能用更复杂的句子进行书写和口头交流，并开始真正用第二语言进行思考。
高级流利 / 持续发展阶段 The Advanced Period	第二语言学习者需要不断有机会用新语言进行讨论和表达，以保持语言的流利性，最终掌握第二语言的复杂性和细微差别。

多年来，各国语言学家都在深入研究第二语言习得的五个阶段。研究者们普遍认为每个阶段的发展都需要一定的时间，而具体所需时间的长短，不仅与每个阶段的目标紧密相关，也受到个体差异的影响。

在国内，一些家长提出小学阶段应该大量学习英语，达到高考水平，到了中学就可以不管了。然而，语言学家的研究明确指出，英语学习必须持续进行，才能保持现有的水平和进一步发展。

以第五阶段即高级流利／持续发展阶段为例。语言学家认为，大多数学习者至少需要 2 年的时间才能达到这一阶段，然后需要长达 10 年的时间才能完全掌握第二语言的复杂性和细微差别。第二语言学习者需要不断有机会用新语言进行讨论和表达，以保持语言的流利性。

也就是说，就算孩子小学考了雅思满分，也不等于孩子在成年后依然是雅思满分。要想水平高，你得继续学。

像我这样为孩子开口问题而焦虑的家长，也可以在这个表格中找到答案。这五个阶段里，第一个阶段就是沉默期。语言学家斯蒂芬·克拉申提出，儿童在习得母语时，要经历大约一年的"听"的过程（沉默期），然后才开口说出第一个词。同样，第二语言的习得也会经历几个月甚至一年的沉默期。

克拉申提出，在学习的早期阶段，不应期望学习者主动开口交流，但学习者应通过积极主动的倾听来提高语言技能。或者说，早期孩子是通过听来习得语言的。孩子有意识或者听到的内容，会为将来掌握这些单词或表达做铺垫。

在克拉申看来，孩子开口并不是突然的，而恰恰是"沉默期"积累的成果。如果你能说出任何数量的单词，就意味着你已经很好地听懂了别人在说什么。

这和人们传统的观念刚好相反，人们往往会认为开口说才是真正的学习。

"倾听"在沉默期之后的其他阶段依然发挥重要的作用，即纠错。通过倾听他人的发言，学习反思自己所说的话，并对其进行修改。所以，我们只要不断提供高质量的听力材料，就可以让学习者不断改正。

在闹闹的外教课上，我也看到了聆听给闹闹带来的变化——和我所了解的其他小朋友相比，闹闹的上课反应不是标准化的。

中国孩子初次接触外教课通常有两种反应。一种只是发呆或者干笑。这种往往是因为英语听说能力不足，或者说初次见到老外有陌生感。还有一类表现则是积极回答问题，但是一旦老师谈及和课本无关的事就开始发呆。这种往往因为孩子做了充分的预习，但只限于课堂要求的内容，平时的听说和阅读拓展不多。

由于这两种反应非常普遍，专业老师在教案设计和进行外教培训的时候都会做相应的准备。但是闹闹不按常理出牌。

他不是老师提问才发言，而是想说就说。比如看到老师端起杯子，他会叫"coffee，coffee（咖啡，咖啡）"。

又比如老师让他跟读 bear 这个单词，他突然说："Brown bear, brown bear, what do you see? I see a teacher looking at me.（棕熊，棕熊，你看见什么？我看见老师正在看着我。）"很多妈妈知道这是源自著名的 *Brown Bear, Brown Bear, What Do You See?*（《棕熊，棕熊，你看到了什么？》）一书。但是课上没有啊。老师只好回一个礼貌而不失尴尬的微笑。

还有一次，老师让他认字母，回答"Yes"或"No"。他连比带划，加上结结巴巴的英语跟老师表示，希望老师根据他的表情猜答案。如果他笑了，就是"Yes"；如果他哭丧着脸，就是"No"。结果老师考孩子的环节变成了孩子考老师。

如果放到中文课堂上，闹闹只是一个活泼的小男生。但是在外教课上，他就显得很不一样。大多数学生把上课当作学习，而他试图和老师形成真正自然的对话。

这并不是说闹闹英语很好。他的识字水平不高，发音的时候把 I 和 R 发音混淆，而且 W 和 M 搞不清楚。因为没怎么上过课，连"spell"这种课堂教学相关的词汇都不懂。

但是他的日常生活词汇量很大，所以能够理解老师的不少问题。最重要的是，他自然而然地把英语视为一种交流工具。

那么这种意识是从哪里来的呢？来自过去三年来，我们在不经意间给他打造的英文环境。

闹闹 1 岁时在美国期间经常听我们和朵拉进行英文对话。当时，每个周末全家都在家看 BBC 纪录片和电影。《人类星球》《功夫熊猫》《穿靴子的猫》《恐龙列车》等，每一部我们都看了至少 10 遍。他也跟着看。

回国以后，我们会一起打英文游戏，还会带着姐弟俩去咖啡馆看英文书、听有声故事。

因为想省事，我很少给闹闹单独买英语启蒙材料，无论是书还是 APP 大都是蹭姐姐的。但是他每一样都看了好多遍。三年多来不厌其烦。

当时闹闹看了也没有什么反馈。等到他 4 岁上课时，我才惊觉这些读物和 APP 对他的影响。

他在和老师上课时，喜欢和老师聊天。他有时候会突然指着一个单词说："这个我在 Starfall（一个学习自然拼读的 APP）上学过的。"上课以后，他发现自己平时看的和玩的都能用上，就更起劲了。

总之，从 1 岁到 4 岁这个漫长的沉默期里，闹闹并不是无所作为的。很可能，我们和他姐姐的每句对话，或者他听到、看到的英文，都进入了他的脑子，这才会有上课时大段大段的"brown bear"朗诵啊。

之所以他开口那么慢，很可能是因为他要同时学习中英文，所以需要更长的时间。

这么多年来，在和很多爸爸妈妈的交流中，我经常感受到他们和我当年一样的焦虑。也常常看到，妈妈们要求孩子复述听到的内容，只有孩子完整复述了，他们才能相信孩子听懂了。甚至有一位家长说，孩子每听一本书，都要求其必须准确复述，否则就绝不让孩子听下一本。

如果你的孩子正在经历沉默期或者处在处理语言习得的早期阶段，请记住我的教训。重要的是给孩子创设英文环境，尤其是倾听的环境，而不是以开口为主要目的。这些环境可以包括看动画片、电影，听儿歌和有趣的故事，也可以和孩子一起读英文绘本等。

最重要的是保持耐心。

┃ 教训二：寻求孩子愿意学和可理解的输入，而不是追求难度

在给闹闹找亲子阅读材料的时候，我又踩了一个大坑。

此前老大朵拉的英文启蒙比较传统，上个外教课，自己看看书，很快就自主阅读了。

为了省事，我就直接用姐姐用过的书和看过的动画片给他做亲子阅读。

我用的第一套读物是 *Junie B. Jones*（《朱尼·琼斯》）系列小说，讲的是一个女孩在幼儿园的故事。这套书的主人公虽然是女生，但是可爱淘气，性格很像男孩。故事写得趣味横生。另外，这套书的有声版也非常好听。

我用的第一部动画片是 *Peppa Pig*（《小猪佩奇》）。这也是人们耳熟能详的英国动画片，讲述小猪佩奇和爸爸、妈妈以及弟弟的故事。按理说，是很符合我们家的情况，能够让他产生共鸣。

但是闹闹对这两样都不怎么感冒。相反，姐姐不感兴趣的牛津阅读树，他挺爱看。

我后来反思，我选的书和动画片，无论是兴趣点和难度，都和闹闹不匹配。

所谓兴趣，最好让孩子产生代入感。但是 *Junie B. Jones*（《朱尼·琼斯》）和 *Peppa Pig*（《小猪佩奇》）都是以女孩为主人公的，可能吸引力不够。

朵拉曾经在国外幼儿园待过八个月，后来又上了外教课，早已过了零

基础的启蒙阶段。但是闹闹的启蒙刚刚开始，我应该选择入门级的内容。

于是，我选择了自然拼读入门读物 *Bob Books* 系列。

这套书的研发者本人就是幼儿园老师，非常适合初学的小朋友。书里的插画是简单的铅笔画，笔触显得非常幼稚，反而能够引发小孩的共鸣。读完书孩子还可以给插画涂色，边画画边学习，学得更有趣，也可以锻炼手部肌肉，为写字打好基础。

读完整整六盒 *Bob Books* 的书后，闹闹就可以读简单的短句子了。这之后他再重新读绘本，就容易接受了。

如果你的孩子刚刚开始学英语，我建议选择入门级的内容。

比如分级读物的零基础阶段，Khan Academy Kids 这样的 APP 和 Starfall.com 这类的网站，都很合适。

动画片也是如此。*Peppa Pig*（《小猪佩奇》）看着简单，实际上词汇和句型都很丰富，更适合母语是英语的小朋友。对初学英语的孩子来说，可能 BBC 的 *Big Muzzy*（《玛泽的故事》）之类的教学动画片更合适。

看到这里，你也许想问，我的孩子并不是零基础，但是我也不知道应该选什么。是书呢，还是动画片？我应该选怎样难度的书呢？

我再介绍一下斯蒂芬·克拉申的研究。他认为，人通过两条截然不同的途径发展第二语言能力。一种是主动的学习，即有意识地了解、练习和记忆来掌握语言的语法、单词等知识和规则。还有一种就是习得，类似儿童发展第一语言能力的过程，即无意识地不知不觉掌握了语言。

其中，"习得"对第二语言能力发展起到了决定性作用。

那怎样才能习得呢？一个重要的方式就是对于语言内容的可理解输入（comprehensible language input），即"i+1"的输入。

其中 i 就是学习者的语言技能水平，1 就是比学习者水平略高且可理解的第二语言输入，也就是听说读的材料。

那么，什么是略高，什么是可理解的呢？

克拉申认为，这种输入需要确保学习者能把注意力集中于对意义或对信息的理解，而不是对形式的理解。也就是说有一定难度，但是还能够让学习者懂得大意。

这还不够。2020 年克拉申发表了一篇文章《最佳输入假设：并非所有的可理解输入都具有同等价值》(The Optimal Input Hypothesis: Not All Comprehensible Input is of Equal Value)，提出了可理解输入的四个条件和两个方法。

第一，输入必须是可理解的 (It is comprehensible)。但并不需要"理解每句话每个词"，也不需要懂得所有的语法规则，能够理解大部分内容即可。

第二，输入要非常吸引人 (It is compelling)，这样才能让人全身心地投入，甚至忽略内容中的生词。

第三，输入语言必须丰富 (Optimal input is rich in language)，有助于信息传递并推动故事或者文本。也就是说要有多样化的包括已经懂的和新鲜的词汇与句型，来帮助学习者理解语言。

最关键的是第四点：需要有大量的 (a great deal) 具有吸引力的可理解输入，只有丰富的 (abundant) 输入才能为语言习得提供无数的 (numerous) 机会。

总之，量大才是王道。

他还建议了两个输入方法。一是听故事，同时通过画画或者老师偶尔的解释来引导学生学习。二是在老师的引导下，自己选择读物来阅读。

这四个条件和两个方法，都非常适用于家庭阅读。一来，仅仅靠课堂是没办法做大量输入的；二来，这两个输入方法对于引导者的要求不高，家长也可以做。

接下来的问题就是，用什么标准来选难度呢？

我的建议是蓝思指数。

蓝思指数（Lexile），全名为蓝思分级阅读测评体系，由美国 Metametircs 教育公司开发，是目前比较通用的英文阅读能力指标。它的特点是，使用同一个度量标尺来衡量读者阅读能力以及读物难度，而且获得了全球出版社的认可。

这样，读者就可以根据自己的阅读能力来选择适合的读物。

蓝思指数的难度范围为 0L ～ 1700L，这个 L 就是 Lexile 的意思。数字越小表示读物难度越低或读者阅读能力越低，反之，则表示读物难度越高或读者阅读能力越高。

比如 *Junie B. Jones*（《朱尼·琼斯》）系列的第一本书 *Junie B. Jones and the Stupid Smelly Bus*（《朱尼·琼斯和臭巴士》）蓝思指数为 490L。这显然不是入门级读物了。

那么如何确认孩子的阅读水平呢？

最简单的办法是看看孩子目前读什么。然后去 Lexile 的网站（https://hub.lexile.com/find-a-book/search）查阅其蓝思指数。这些英文书的蓝思指数是多少，就选择类似数值的书。

另外，你也可以去做测试，来了解孩子的阅读能力。其中，综合英语能力测试有剑桥五级英语、朗思、领思、小托福等。专注阅读的则有 STAR Reading 测试。有的英语阅读网站和 APP 也会提供简单的测评，比如 Achieve3000 等。

还有一种方法，就是按照兴趣和年级或者年龄来选择。

兴趣可以理解，为什么要按照年级来选呢？因为不同年级孩子的学习环境和关注点也不同。

为此，你可以采用 AR 分级阅读体系——全称 Accelerated Reader，由美国教育机构睿乐生（Renaissance）研发。AR 也是用来衡量 K-12 年级（幼儿园到高中）学生阅读水平的，分为两个测评。一个是 STAR 测评，用于测试孩子的阅读水平；另一个是 AR 测评，用于评估孩子对单本书的理解。我们可以把两者配套使用。

首先，孩子通过 STAR 测出其阅读水平，会获得一系列的数据：

> SS：孩子的阅读分数
>
> PR：与同年龄段孩子相比的排名
>
> GE：阅读水平
>
> IRL：阅读难度
>
> ZPD：推荐阅读书籍的难度区间范围

其中，我们最需要关注的就是 GE 和 ZPD 这两个数据。

GE，就是我们通常说的 AR 指数，具体数值从 0 到 12.9。比如，如果孩子测评后的结果是 3.2，就代表处在美国 3 年级 2 个月的水平。

ZPD 给出的是和孩子阅读水平相应的书籍难度区间。如果要找合适的书，孩子可以去网站 http://www.arbookfinder.com，输入 ZPD 值寻找相应的书。

说到这里，再分享一个有趣的事情。

就在闹闹三年级下学期的时候，他突然爱上了曾经不屑一顾的 *Junie B. Jones*（《朱尼·琼斯》）系列小说。不仅听了音频，还读了整套书，如痴如醉。要知道，早在二年级的时候他已经读《哈利·波特》了。

可见，一旦书在孩子的能力范围内，孩子就更愿意去读了。

在和别的家长交流时，我经常被问到的一个问题是，孩子为什么不继续读难度更高的书？也有家长担心孩子没有读懂或者听懂，所以要求每读一篇文章或者一本书就做测试，或者有的家长规定每天必须读多少。

其实，孩子读书不是为了彰显或者测试自己的阅读水平，而是为了获取其中的内容。另外，蓝思指数本来给出的就是一个能力范围，难度在此上下浮动也不是问题。

如果这套书是用于精读，也就是说要认真研读其中的语句词汇、分析故事情节和人物性格，或者学习阅读策略，那么通常会选择 i+1 的难度。但是如果用于大量泛读，阅读难度低的内容可能更好，因为对孩子来说更轻松、更方便。

另外，也没有必要经常测评。因为经常测评就把阅读变成了考试，可能会影响孩子的阅读主动性和积极性。

还记得克拉申的四个条件吗？关键在于量大、可持续和有兴趣。

▌ 教训三：在大量的课外听读之外，也需要专业的指导

我在闹闹启蒙上的第三个坑，就是想靠自己来启蒙。

当时这么考虑，主要是觉得很多启蒙英语培训班学不到太多东西，也就是唱唱跳跳而已，不如在家由我自己启蒙，能有更多的时间。

后来发现，虽然在家有时间，但是孩子不配合呀。我让闹闹读书，他却想尽办法溜走。我们一个追，一个逃，把我累得够呛。

尽管我能给孩子创设一个良好的语言环境，但课堂有家庭无法比拟的优点。

首先，教师是专业人士。在外教课上，我亲眼看见外教如何先训练他守纪律，再用玩游戏作为奖励来激励他。同样，在外教课上，老师一方面对闹闹层出不穷的问题耐心回答，另一方面，也会对于闹闹的学习反馈严格要求，比如要求他尽量在回答中说整句。

其次就是同伴环境对孩子的影响力。我最早给闹闹报名的是一对一课程。但是 4 岁的孩子很难全程集中注意力。25 分钟的课，一般到了18 分钟他就开小差了。单独面对老师，也会很有压力。

后来，我给闹闹报了一个小班课，效果就好多了。一则和同伴学习不枯燥；二则便于模仿他人学习，或者因为被他人模仿而获得自信。闹闹后

来学习的动力，在很大程度上来自同学。

现在英语课外培训机构很多。什么时候上合适，怎样选择合适的老师和课外班，以下是我的建议。

1. 零基础的孩子，在上课外班之前，先在家亲子启蒙三个月。

零基础孩子的家长，最大的挑战是不知道自己的需求到底是什么。因为没有见过孩子的英语学习到底是什么样子的，所以既不清楚英语要怎么学，也不了解自家孩子的学习能力，更不知道自己的需求到底是什么。这个时候很容易冲动报班，报班之后又很容易后悔。

如果自己在家启蒙一段时间，对此就会心里有数。未来要选择课外班的时候，也有章可循。

2. 选择课外班，首先看老师，其次看同学，最后才考虑教材。

很多家长在选课的时候，最关注教材。因为对老师不了解，只能看教材。实际上，教材是死的，只不过是老师上课所用各种资源和工具中的一种。教材是不是有效果，完全要看老师怎么上课，同学如何参与。

所以，最关键的是老师能不能调动孩子的学习积极性，其次是同学是否和孩子的脾气契合。

要了解老师和同学很简单，直接去上一堂体验课。你可以通过观察课堂情况，综合孩子的课后反馈再来做决定。

3. 课后要有作业，作业要有反馈。如果老师安排预习则更好。

没有预习，上课缺乏效率，也不利于展开更深度的互动和学习。没有作业，就没法巩固，学到的一点儿转眼就忘记了。

这要求适用于所有的课堂学习，但是对英语学习尤其关键。因为语言的学习需要持续、大量和主动的输入。再好的课外班也不过最多一周一两节课，这对孩子的英语进步来说只是杯水车薪。如果老师布置作业，并且给予学生的作业非常细致和积极的反馈，不仅可以激发孩子的上课热情，还会激发孩子课外的听读热情。

但是，有的启蒙课，尤其是外教课，是不布置作业的。所以我们要关注是否有课后作业，以及老师会如何激励学生在课外去学习英语。

英语启蒙的工具和读物清单

接下来分享一下我们家用过的启蒙清单。

英语学习 APP：

Starfall、SmartyAnts、Khan Academy Kids

英语启蒙，最好的工具就是 APP。一则很省心，二则可以通过看、听、读、玩把英语给启蒙了。

这三个 APP 都可以全面培养孩子的英语能力，而且都凭有趣的互动游戏来吸引孩子。SmartyAnts 是付费 APP，系统会根据孩子的水平规划个性化的学习路径。有测试、阅读、单词游戏等。家长比较省心。其他两个是免费的，没有测试，可以自行选择喜欢的模块。

分级读物：

Bob Books、**Raz-Kids**、*My First Reading Library*、**牛津阅读树**

Raz-Kids 和牛津阅读树都是非常著名的分级阅读系列，不必多言。我要特别提一下 *Bob Book* 和 *My First Reading Library*。

Bob Book 是我见过最适合零基础孩子学习的。一共 11 个盒子，循序渐进，让孩子去学习自然拼读规则和高频词。画风和句子都非常适合孩子的认知，家长不需要去做很多讲解或者教学，孩子就能读懂。作者是一名幼儿园老师，在创作的同时也把这套书给自己的学生用，所以说效果是经过实践证明的。

My First Reading Library 是尤斯伯恩出版社（Usborne）出版的。这

个系列有三个级别，包括尤斯伯恩基础阅读系列（Usborne Very First Reading），以及尤斯伯恩初级阅读（Usborne First Reading）的第一级（Level 1）和第二级（Level 2）。

这套书的插画和排版很有特色，文字充满想象力，而且巧妙结合字母与发音，编成富有韵律的童谣。这套书很适合孩子大声朗读，在朗读中学习自然拼读。

其他读物和动画片：

在其他视频和读物里，特别适合启蒙的是 *Big Muzzy*（《玛泽的故事》）。如果孩子对相关主题感兴趣，也可以看 *Peppa Pig*（《小猪佩奇》）、*Franklin the Turtle*（《小乌龟富兰克林》）和 *Thomas & Friends*（《托马斯和他的朋友们》）系列。虽然这三个动画片不属于零基础，但是配有电影、绘本和玩具，内容趣味横生，在小朋友中非常流行，所以具有很强的社交属性，也很适合孩子。

▎ 问答

⑦ 问：家长不懂英语，要怎样帮助孩子启蒙呢?

答：英语启蒙以听说为主，引导兴趣为目的，不一定需要家长亲身上阵做老师。家长可以做的包括：

（1）给孩子选择合适的看、听、读教育产品。市面上有大量的教育产品供孩子自学，无论是看听读的材料、录播课，还是教辅。

（2）陪伴和督促孩子去进行看听读学习。语言类的启蒙需要持续和高频的输入。小朋友的自觉性没有那么强，所以需要父母来督促。父母的提醒、陪伴和鼓励，是最重要的。

陪伴有两种方式。一种是纯陪伴，也就是说在旁边待着做自己的事情。有时候父母陪着，孩子就会感到心平气和。

还有一种陪伴对爸妈来说有点儿挑战，就是和孩子一起学，或者尝试和孩子用英语对话。语言是交流的工具，用得上就学得快。真正交流的时候，孩子缺的是同伴。作为学习同伴，爸妈英语不好也完全没关系，主要是胆子大、脸皮厚。我们家和孩子用英语对话了一年，效果还挺好的。

（3）孩子学到一定程度，可以给孩子找老师。通常谈到学英语，大家的第一个反应就是找老师。但是真的把零基础的孩子送到培训班，发现学了几年也学不了多少单词，又会觉得亏。

零基础孩子的英语启蒙，主要是打造沉浸式的学习氛围，给予高频和持续的输入。这方面家庭的作用远大于课堂。爸爸妈妈可以先找老师，同时在课后督促孩子；也可以先让孩子自己学，学到一定程度了再找老师。但想要真正成长，功夫永远在课外。

（4）耐心等待。这可能是父母最需要做的事情。有的孩子可以快速提高英语能力，但对大部分孩子来说，启蒙会花比较长时间。一两年是很普遍的事情，三四年也是有的。

❓ 问：在家启蒙，是先读、先听，还是先看？

答：如果孩子的英文依然在启蒙阶段，那么我建议从看和听开始，而不是从读开始。这也是人类学习语言的通常顺序。先看，比如动画片、影片等；其次是听，可以是英文童谣或者短文；最后才是读。

所以，如果要选书的话，最好是选择配有视频和音频的书。这样看、听、读结合，孩子就可以通过多种感官来学习英语了。

❓ 问：一年级的孩子是否适合用分级读物来学习？

答：分级读物是特别适合英语学习的，可以学得更扎实，家长也省心。首先，分级读物的难度循序渐进，而且涵盖不同的主题。家长只要根据孩子的英语水平买相关的系列就行了。其次，分级读物作为教辅，提供了文章、音频和阅读测试等多种内容，这样不仅可以通过听和读两个场景输入，还可以通过测试题来了解孩子是否读懂了。

但是分级读物若使用不当，也有两个弊端。

一是其强教辅属性可能引发孩子对读书这件事的反感。比如要求每读一篇文章或者一本书就做测试，或者有的家长规定每天必须读多少。这可能会影响孩子的阅读主动性和积极性。

二是，分级读物的可读性不一定比单本读物强，其内容也不一定最适合你家孩子。所以在分级读物之外，还可以找一下其他读物。

至于要选择什么样的分级读物，主要看当前的需求。比如要选择科普类的，可以用 Achieve3000 这类分级阅读 APP 和 *Reading Explorer* 这样的分级读物。如果孩子还处于启蒙阶段，则可以选择牛津阅读树、大猫英语等分级绘本以及 Raz-Kids 这样的分级阅读 APP。如果强调趣味性和自然拼读，尤斯伯恩的 *My First Reading Library* 系列绘本是不错的。

其次要看孩子的兴趣。我一般会每种都挑一部分让孩子试一下，确定他们喜欢哪一种，再去买一整套书。不同阶段、性格不同的孩子口味也会完全不同。

比如我们家老大对牛津阅读树不感兴趣，但是老二对这套绘本里的同一个故事读五六遍也不厌倦。又比如 Raz-Kids，大家都说好，但是我们家两娃就是不喜欢。

把不背单词进行到底

▍ 永远的痛，为什么

背单词是中国学生英语学习最重要的一件事，也是永远的痛。

很多人开玩笑说，打开单词书，从第一个单词就预示了结局——abandon（放弃）。

所以单词书又名"从开始到放弃"。

但同样会让孩子去背单词的，正是这群人。为什么背单词这么痛苦的事情，会一代又一代地继续呢？

因为没有单词就是不行。

对任何一种语言学习来说，单词和语法都是基础。如果交流就像开车，单词就像汽车，语法就像交通规则。你有车，不懂规则，也不能上路。但你再懂规则，再水平高超，你至少得有车啊。

现在很流行阅读课和写作课，但是阅读和写作的基础还是单词和语法。很多时候，如果你读不懂文章，不是你技巧或者策略不够，而是你不熟悉相关主题和单词。如果单词都懂，但文章还是不明白，很可能是对长难句的理解出了问题。

总之，任何有效的沟通，都不可能离开单词和语法。

没有单词不行，背单词又不行。这不就痛苦了吗？

关键在于你是怎么背的。

记忆里，背单词往往在临考前。拿着一张单词表，左边是英文单词，右边是中文释义。然后就不断地背呀背。

这是很多人的做法。如果你去问，为什么要这么做？他们会告诉，因为学校里老师就是这么要求的。

的确。不仅是老师会让学生这么做，甚至我们的英语课本里都附带着这样的单词表。左边是英文，右边标注着词性和中文释义。

然而，英语课程标准里的词汇表恰恰不是这样的。

从 2011 年发布的中小学英语课程标准开始，单词表中就不再标注词性和中文释义了。时任课标修订组核心成员、北师大教授王蔷曾经公开表示，这正是为了体现"在具体语境中学习和使用单词"的原则。

王蔷给了四个理由。第一，英语单词的词性和词义是在具体语境中体现出来的，并且通常是一词多义，所以中文释义和英语单词并不完全对等，简单罗列中文释义和词性不利于学生学习词汇的意义和用法，不利于发展综合语言能力。

第二，标出单词的词性和中文词义有可能导致部分教师脱离语境地教授词汇，反而学习效率低下。

第三，不列单词的词性和中文词义符合在具体语境中学习和使用单词的理念，有利于教材编写的灵活性。

最后，教材编写者可以根据教材的具体语境和语义表达需要标出。

这四个理由里的关键词就是"灵活性"，不仅要让词汇学习以灵活运用为目标，更要给予教材编写者和出考卷的命题人以自由。

也就是说，课程标准只给出词汇范围。怎么编教材，怎么用词汇，怎么标注词义和词性是教材编写者的自由；怎么考是命题人的自由。

两方都自由了，但是老师和学生怎么办呢？

按照教材教的还考不考？课本后的单词表还要不要背？

十年过去了。大家是不是真的像课程标准所期望的那样放弃了"脱离语境的机械记忆和操练"呢？

没有。

大部分人的做法还在背单词，还在用带有中文释义和词性的单词表。

原因也很简单。这种做法的确在短期内能够快速提升词汇量，尤其可以用来应对校内考试。

要知道，虽然中高考是不局限于教材的，但平时的考试可都是针对教材的。背教材附带的单词表，尽管只是熟悉中文意思，也足以应付考试。至于考完试就忘记，那只能重新再背了。

更重要的原因是，在语境中记忆、理解和运用单词，这不是光靠课堂可以达成的目标。

还记得之前我介绍的克拉申的二语习得理论吗？习得，需要大量、持续和主动的可理解输入。光靠课堂那40分钟，连可理解的输入都不一定能够达到，更何况是大量？

于是就陷入忘了再背、背了再忘的恶性循环。

然而，随着2022年版英语课程标准的发布，传统的背单词方法越来越难以为继。

最新版本的英语课程标准，明确提出了词汇学习的具体要求：不只记忆单词的音、形、义，还要了解一定的构词法知识，更重要的是"在语篇中通过听、说、读、看、写等活动，理解和表达与各种主题相关的信息和观点"。

这意味着什么？

意味着光记住单词是远远不够的，还要能看懂相关的图片和视频、读懂和听懂文章，并且能够用相关词汇来说和写。

词汇学习要求再度升级，但是课堂学习时间就那么多，怎么办呢？

唯有从课外着手。

自从我家两娃学英语开始，我就决定把不背单词进行到底！

┃ 从听说读写来学单词、用单词

先申明一下，我说的不背单词，并不是说不理会学校老师的所有和背单词相关的作业，也不是不学单词了。

就如我此前所说，背单词对教材相关知识的短期记忆是有效的，只是对长期记忆和真正的习得语言效果不佳。

所以，学校怎么教，照学；老师怎么布置作业，照做。但是课外，我不会去让孩子背诵中英文对照的单词表，而是从听说读写四个角度来学单词、用单词。

你也许会说，背个中文释义都那么累了，还要听说读写全包括，那得多难啊。

恰恰相反。

总体来说，词汇学习有四种方法。这四种方法，都有工具来帮助我们。

第一个方法是大量输入。也就是说，让孩子持续浸润在语境中，从而接触和了解单词。对英语非母语的中国孩子来说，最简单有效的方法就是泛听和泛读。

"读"这件事，我在《从启蒙到自主阅读，我踩的那些坑和做对了的事》里已经介绍了相关的工具。其实和读相比，听更重要，也是英语学习的第一步。

不过，找合适的听力材料，对家长来说是比较麻烦的。你必须先了解孩子的口味，然后去四处寻找，再下载放到合适的设备里。

在我用过的提高听力的工具里，最方便的就是喜马拉雅 APP。

首先是因为它的内容够丰富。各种级别、主题和体裁的英文内容都可以找得到。

所以，我也会用喜马拉雅来筛选书。在买书前，我会先让孩子听一下喜马拉雅的有声书。他们听了要是喜欢的话，我就不买纸书了。他们要是不喜欢我更不用买了。如果他们喜欢听，但是在喜马拉雅上无法听到全套书，我再去买。

这样我可以确保买到孩子喜欢的书，也能让孩子用听与读两个方式来欣赏自己喜欢的书。

其次，喜马拉雅可以让孩子自主选书。

两娃的有声书最早是我选的。有了目标后在喜马拉雅的搜索框里搜索，帮他们下载好。这样一来在没有网络的时候也可以听离线下载的音频。

后来，朵拉发现，当选择自己喜欢的书来听之后，在听书那一栏下面会出现其他书的封面，还有文字标注：听这本书的人还会听这些书。这就是喜马拉雅的自动推书功能。

这种找到同好的感觉，非常讨孩子喜欢。我们家两个小朋友听的很多书都是这样来的。这样就大大节约了家长的时间，也让孩子享受到了选书的自主权。

也有人问，为什么不选择专门的英语听力 APP 而是喜马拉雅这样的平台呢？

这要根据你的需求来定。比如纯粹为了备考训练，用专门的英语听力 APP 就很合适。反之，如果孩子对内容有自己的想法和兴趣，在平台上选择余地则更大。

也有人会选择综合了播放、录音、跟读、倍速播放等多功能的播放器，自己存入音频文件。这种可以同时训练听力和口语，很适合准备英语听口考试时的精听和冲刺练习。

总之，要把听书变成习惯，就得既要方便孩子，更要方便家长。怎么方便怎么来。

创设语境、大量输入用喜马拉雅。那么大量输出怎么办呢？

我的工具是游戏。

在我们家，孩子们经常玩两种游戏。两种游戏都大大促进了孩子的英语口语。

一种是主机游戏，我们最常玩的是《塞尔达传说：旷野之息》（*The Legend of Zelda: Breath of the Wild*，以下简称塞尔达）。这是一款有情节、有人物、有任务的开放世界游戏。

什么意思呢？

玩家像在常规游戏里那样，可以扮演一个少年英雄去打怪升级、拯救世界。但是，即便不做任务，玩家也可以无限期地在游戏世界里到处闲逛探索，包括但不限于旅游、与 NPC 对话、做各种基础建设和炒菜做饭。因为地图足够大，人物和物品足够丰富，活动足够多。

这对英语学习有什么帮助呢？

词汇多呀。上天下地、过去现在、东方西方，无所不包。

有了词汇，那怎么才能让孩子说出口呢？

先创造英语环境。我们玩的是塞尔达的英文版，而且我们规定玩游戏的时候只能说英语。并且孩子接触的所有相关视频、图书等都是英文版。

然后限定玩的前置条件、时间、地点和具体形式。

我们一般是周末假期完成作业以后玩。每次 20—30 分钟。地点则是在家里的客厅，接上电视机，操控手持设备来玩。而且负责操控的是爸爸。

这样的话，就确保游戏的可控性。

爸爸操控，孩子怎么玩呢？

爸爸操作，但是两娃才是指挥官。孩子说东，爸爸绝不往西。但前提是，孩子必须说英语。

这样不就输出了吗？

塞尔达也成为我们日常生活的讨论主题。比如爸爸会和两娃一起看玩家视频，来对比和分析自己的战术是否合适；晚上，爸爸还会以塞尔达里的公主、怪物、英雄、神兽等各种 IP 人物为主角，给孩子讲睡前故事；我们还买了塞尔达的图册以及儿童服装道具，进行角色扮演。

以上所有相关的输入和输出，都是英文的。围绕游戏创造的英语环境就延伸到生活中。

通过游戏来输出，在老二闹闹身上效果尤其明显。

第一年闹闹看爸爸玩的时候，还不会说话，最多挥舞一下小胳膊表示支持。晚上睡觉的时候，他还反对爸爸用英语讲塞尔达的故事。第二年，他能说几句了。到了第三年，他积极地给爸爸提游戏策略建议。第四年，他和朵拉开始上手操作。现在他已经是高手了。

他是怎么学会的呢？

首先是看书。他爸爸买的塞尔达画册有两块砖头那么厚，全面介绍里面的所有人和物。闹闹有段时间早上一起床，就翻看这本书。这本书一度成了他最主要的英文绘本。

第二是观看玩家的战术解说视频。如果闹闹要自己看视频，他必须靠学习（比如阅读）去挣看视频的时间，而且每次只能看 15 分钟。所以他异常珍惜，每次都看得极为专注。

有一次他告诉我，英语还分英国口音和美国口音。我问他怎么知道的，他说是玩家说的。玩家视频相当于他的听说教材。

在不能玩游戏的时候，他就靠和姐姐纸上谈兵来解馋——口述战术来打仗。还是用英文。

所以他玩一个游戏，等于练了一遍英语的听说读写。

游戏看上去很美，但是不少家长担心孩子沉迷。那么，有没有非电子的游戏呢？

当然有。我们家玩的主要是故事接龙。

最初，给两娃讲睡前故事的主要是我。后来我讲累了，就发起了一个三人接龙的游戏。我先讲一段，把人物和环境设定好，然后就开始闯关环节。两娃中的一个人负责设计关卡题目，比如一道数学题或者一个脑筋急转弯，另一个人回答问题。答对了，我来给出 A 情节，答错了我则给一个 B 情节。就这样一直往前推进，等于整个故事由三个人共同创作了。

但是我有一个问题，就是睡得比较早。经常讲着讲着，他们俩还兴致勃勃的，我就睡着了。

这个时候他们发现，没有妈妈自己也可以讲呀。两人聊着聊着，就聊出了自己的 IP 故事——*Xiaoren*（《小人王国》）。Xiaoren 是一种只吃巧克力的精灵，生性善良活泼。小人没有头，只有两条腿，所以走路飞快，行动迅速。也许之前两人用英语聊游戏习惯了，他们聊《小人王国》的时候也用英语。

慢慢地，他们白天也开始玩故事接龙。出门路上也不吵架了，忙着继续编故事。

就这样，英语成为两个孩子之间的游戏语言。

无论是听读还是玩游戏、讲故事，都有助于孩子主动、持续地接触大量的英语内容。主动、持续和大量，正是创造语言环境的三大条件。但是，光熟悉语言不够，我们还要驾驭语言。

驾驭的关键就在于精准使用。

精准，就是在一堆看上去意思差不多的单词中，辨析出某个单词的独特意思和用法，以及背后的文化含义和社交用途，然后把它拎出来，准确表达自己的想法。

这时候，我们就需要另外两个工具了。

第三个工具是剑桥英语在线词典（https://dictionary.cambridge.org）。

我们的目标是创建英语环境，所以选择一款英英词典。就如同之前王蕾教授所言，中文释义与英语单词并不完全对等，所以用英汉词典实际上没有办法准确理解词汇的含义。

更重要的是，英英词典能帮助我们全面掌握一个单词。所谓掌握单词，实际上是指单词的辨识（音、形、义）、用法（语法，尤其是词法）。在这两项基础上，才能谈到听说读写等具体应用。

和英汉词典相比，英英词典的内容往往更丰富，有原汁原味的例句、详细的单词使用方法以及大量的相关词语搭配。

虽然英英词典对初学者来说，会造成一定的压力，但是长期使用就会发现，它不仅是靠谱的词典，每次的检索过程更相当于短文阅读，对英语阅读和理解的提升也有帮助。

我推荐使用剑桥英语在线词典。剑桥在线词典由英国剑桥大学出版社创建，可免费使用。

全球知名的词典品牌非常多，比如韦伯斯特、朗文、牛津、柯林斯等，为什么我会推荐剑桥呢？

因为这款词典对希望创建英文环境的初学者非常友好。

初学者通常词汇量不大。剑桥词典恰好能够用相对简单平实的语言来解释英语词汇。

以单词 cryptography 为例。剑桥在线词典里的解释，只有一句话：

> The practice of creating and understanding codes that keep information secret.

牛津词典（https://www.oed.com）的解释：

> The art or practice of writing in code or cipher; the science of encryption; the branch of cryptology concerned with this (cf. cryptanalysis, n.)...

朗文现代词典（https://www.ldoceonline.com/）的解释：

| The study of secret writing and codes.

韦伯斯特词典（https://www.merriam-webster.com/）的解释：

| 1. secret writing；
| 2. the enciphering and deciphering of messages in secret code or cipher.
| *also*: the computerized encoding and decoding of information.

这几个词典的解释各有千秋，但是比较而言，剑桥的解释更为简单和基础。

如果基础的英文解释还是看不懂，也没有关系。剑桥在线词典网站还提供了英汉词典，而且中文的翻译非常地道。这也是其他词典网站相对缺乏的。另外，使用在线词典时，英汉词典和英英词典是可以随时调整的。所以我们大可在不得已的情况下查阅中文释义后，迅速回到纯英文的环境里。

选择剑桥在线词典的第二个理由，是它的功能比较全，有搜词、翻译、查语法和同义词词典四个板块。

对中国英语学习者来说，剑桥在线词典还有一个很实用的地方，即其语法板块。语法长期以来都是中国英语考试的重要部分，而且语法考点通常非常细致，而你经常会发现对同一个答案或者语法点的解析是各种各样的。

这个时候，相对权威的语法解析就很关键。

市面上有大量的语法书，但纸书翻阅和搜索不易；市面上也有不少语法网站，但是解析不够全面具体，覆盖的语法点不够丰富。剑桥词典的语法板块同时具有详细、易搜和权威三个优点。

具体的应用我会在讨论语法学习的相关章节介绍。

我们先来看看单词解释这个最主要的板块。在这里，剑桥词典提供了对应单词的英式及美式发音、词汇释义、例句和同义词等内容。

具体到单词释义，剑桥词典还在单词和短语的释义前标注了从 A1 到 C2 的 CEFR 级别。

CEFR 就是欧洲语言共同参考标准，简称欧标，是用于衡量英语能力的标准。欧美推出的诸多考试，包括雅思、托福、朗思、领思以及国内家长非常熟悉的剑桥五级考试等，其分数都有相应的 CEFR 级别。比如，剑桥五级考试的 FCE 优秀水平，就相当于 CEFR 的 C1 水平，即流利英语级别。

用在词典的释义上，就表示了这个释义的使用范围。

例如，最低的 A1 就代表这个意思很基础，大家都经常用。以 help 为例：

> **A1** to make it possible or easier for someone to do something, by doing part of the work yourself or by providing advice, money, support, etc.

同样是 help 这个词，换一个释义，就变成 B2 级别，此时，就需要在更为具体的语境下才能使用。

> **B2** If something helps a difficult or painful situation, it improves it or makes it easier or less painful.

看到这里，你就可以理解，为什么课程标准不提供释义了。因为你没法脱离语境去理解和使用单词。这就是为什么背诵简单直接的中英文单词表，表面上是捷径，实际上是南辕北辙。

我推荐的第四个工具是网站 www.vocabulary.com。虽然它也有单词释义，但和一般意义上的词典差别很大，而且它带有丰富的练习功能。可以说，对中高级学习者来说，它是一款绝佳的在线单词学习工具。

我先来说说 www.vocabulary.com 独具特色的单词释义。

还是以单词 cryptography 为例。无论是剑桥、牛津、朗文还是韦伯斯特词典，都是简单几句话。到了 www.vocabulary.com，就风格大变：

> *Cryptography* is the art or science of decoding coded messages. Even if you intercept a note from one of your siblings to the other, it's going to require *cryptography* to decipher it.
>
> When you practice cryptography, you're an expert at both composing and unraveling messages that are written in some kind of code to ensure their privacy. In the old days, cryptography meant translating text into illegible nonsense that could only be understood by the recipient, and then decoding it using a code key or instructions. Today, most cryptography involves supercomputers and math. The Greek roots are kryptos, "hidden," and graphia, "writing."

这样洋洋洒洒、夹叙夹议的介绍，已经不算释义了，算是唠嗑了。虽然有点儿啰唆，但是也得承认它另辟蹊径，其文风令人耳目一新。

www.vocabulary.com 另外一个特色就在于其强大的例句库。要真正记住单词，最好是把单词放在一定的语境之下。虽然它不像剑桥那种老资格的出版社有庞大的语料库，但是它的例句来源更广泛、更多元，包括新闻媒体、《哈利·波特》等知名小说的内容，更多展现了当代的语境。

而且网站还提供分类搜索例句的功能。这样你就可以看到在小说、科技、商业、运动等不同主题和不同文体中相关单词是如何运用的。用得上的英语才是活的英语。

www.vocabulary.com 还有一点很有吸引力，就是它的单词学习功能。

在单词学习方面，www.vocabulary.com 提供了三种武器。

第一种是单词表，包括针对考试和单本书这两种。目前考试主要是托福和 SAT，而且是付费的。但是读物的单词表则是免费的，包括诸多知名文学作品、社科、科技、历史文献等。

这个功能非常实用。且不说考试，欧美学校有专门的整本书精读课程，里面势必涉及单词。按照章节提供单词表，确实对学习很有帮助。

不够的话，还可以去搜寻用户公开的共享单词表，当然，也可以自定义单词表。

第二种是多元化的学习工具。

www.vocabulary.com 提供了三种学习方式。一是类似知名在线单词卡 Quizlet 那样的学习卡片功能，可以快速浏览和记忆单词表中的单词释义。二是单词拼写功能。三是类似考试的刷题功能。总共有 10 种题型，包括图形选择题、同义词选择题、反义词选择题、句子填空题、句子选择题等。

第三种武器就是它的积分系统。它有一整套持续的动力系统。通过积分、勋章、称号，以及每周、每月的排行榜，来鼓励大家去学习单词，把学单词搞出了打怪升级的游戏感。

朵拉从 2021 年 12 月开始陆陆续续用 www.vocabulary.com 学习单词，直到上初中才因为学业忙碌而停下来。两年半的时间她已经积累了 240 万积分，获得了将近 30 个勋章。她并不是每天用，每次用的时间也就 5—20 分钟，但是日积月累下单词量还是得到了明显增长。

当然，www.vocabulary.com 并不适合所有人，更适合中高级英语学习者或者英语母语人士。因为它的释义和解析部分阅读量和难度都比较大。没有一定的英文积累，很难读懂。

说了那么多 www.vocabulary.com 的特点，接下来就是怎么用了。从我家两娃的学习经历来说，有这几个注意事项。

1. 英文能力须在 KET 或者国内初中水平以上。毕竟这是一个纯英文网站。英文不行，做题的时候可能题目、选项、解析都看不懂，很容易打击自信心。

2. 用自定义的单词表，并且一个列表不要超过 100 个单词。

www.vocabulary.com 上的单词表，主要针对美国中学生及以上水平的学习者，更适合准备出国留学的人士。用自定义的单词表，便于根据自己的水平和需要进行有针对性的训练。

具体的单词量，它的上限是一个单词表 500 个单词。但是我建议不要超过 100。因为短一点可以更快地完成从练习到掌握的闭环，取得阶段性的小小胜利。如果战线拉得太长，迟迟看不到胜利的曙光，学习积极性就会下降。

3. 找个同伴一起学。

要长期坚持学下去，最关键的还是驱动力。www.vocabulary.com 已经提供了一整套完善的激励系统，但主要还是针对个人的，更适合目标明确的成年人。而对孩子来说，最重要的驱动力依然是同伴。

4. 多种工具一起用，查漏补缺。

www.vocabulary.com 的单词库比较小，而且单词的解释有点啰嗦。所以，我建议把它和剑桥词典网站结合使用。后者词库大，而且能够照顾到英语水平一般的学习者。两个网站相辅相成，便于查漏补缺。

除了网站，www.vocabulary.com 也有手机 APP，其功能集中在背单词。对有短期应试需求的学习者来说，结合使用网站和 APP，可以更高效地利用碎片时间。

以上两个单词网站，在查单词方面我推荐使用剑桥词典网站；而在单词学习方面，www.vocabulary.com 的表现则更为出色。

然而，单词学习肯定不能只依赖练习，也不能只围绕着单词来做。语法和写作同样至关重要。我们也有相应的工具来辅助学习这两个领域。

史上最轻松的语法辅导

▋ 语法自学的难点

如果说背单词是中国学生英语学习的痛点，那么语法肯定是中国学生英语刷题的热点。

语法并不像单词那样，可以通过翻词典和背诵来自学。这是因为语法不仅包含语言规则，还涉及中外语言规则的差异。这就像开车。国内开车的时候方向盘在左边，但是国外有的地方方向盘在右边。其他规则的细节差异就更多了。

这种差异带来的困难，并不是通过大量阅读原版书或者早早进行英语启蒙就能轻易解决的。因为我们毕竟是非英语母语学习者。无论你如何努力去创造一个语言环境，孩子依然身处于中文这个大环境下。

在我家老大朵拉身上，我就亲眼见证了这个问题。当时她五年级，有一次指着一句话问我："为什么要 He says 呢？ say 后面为什么要加一个 s 呢？"我当时很吃惊，因为在这之前我曾经让她跟着网上的视频课学过一阵语法。她告诉我她都懂了。

我拿出不规则动词表来问朵拉，才发现她对时态不太了解，甚至对一般现在时和第三人称单数这两个很基本的知识点也没有概念。我再去看她的小学课本，发现课本也不太强调语法。

按照听说读写来学习英语，以及晚学语法，是符合人的认知规律的。但是对非英语母语学习者来说，这同时增加了学习难度。因为随着孩子的年龄增长，他们的母语会变得越来越强势，这可能会让他们在理解英语的语法规则时产生更多的疑问。显然，从朵拉的例子来看，简单通过录播课或者练习题来进行零碎的自学是不够的。

于是我开始给朵拉讲解相关规则。几分钟以后，我就不得不承认，专业的事情还是得专业的人来做。

如果是语文和数学，至少在小学阶段，一些基础问题家长还是可以辅导的。如果是英语的单词，家长查查词典也可以应付。但是语法问题需要更加细致的讲解，尤其是涉及中外语法规则冲突的地方，讲解对家长来说就很困难了。

我本人的英语语法算是不错的，但我还是被她一句句"为什么"给整破防了。要不是我及时住口，恐怕亲子关系就崩溃了。

那么，和大家一样去报个班？

其实不必要。语法和单词一样，在网上有大量的资源。关键在于，怎么才能真正用上、用好这些资源呢？

于是在三个月里，我尝试着引导朵拉，像学单词那样利用各种资源和工具去学习语法。效果不错。我发现，关键在于打破固有的学习模式，"以自己为中心"而学习。

┃ 打破传统顺序，先练后学

通常的学习流程是：先听老师整体讲一遍，然后完成老师布置的练习，改错以后再做老师安排的测评，最后根据测评结果进行复习。

朵拉的学习模式则是这样的：先自己测评，然后根据测评后发现的问题去强化学习相关的概念和知识，再针对性地做相关薄弱点的练习。

这里，就打破了两个传统模式。

第一个模式就是先听讲再练习。朵拉则是先练习后听讲。

对语法零基础的孩子来说，先上课后练习是一种自然的学习顺序。对于小一点儿的孩子，在听讲时老师还会通过绘本、视频、活动等激发他们的兴趣。

但是这些方法并不适合朵拉。因为她已经掌握了一些基本的语法概念，重复听课会很枯燥。而且朵拉在长期的英语听读过程中已经培养了一定的语感，也就是对于什么是合适的语法规则有所感知。因此，她不需要那种从零开始打地基的做法。至于趣味活动和内容，只能算前菜，难以帮助她深入掌握和运用语法知识。

朵拉的语法学习，主要是为了激活对语法规则的记忆，发现和修补薄弱点。所以她的学习顺序和流程也和传统的授课模式不同。

第二个破除的传统模式，就是老师主导。

从以上朵拉自学的流程可以看出，整个过程没有老师的直接参与，而是以她为主。表面上我是辅导者，实际上我的主要任务是设计一整套学习流程，找到相关的知识点、授课视频、学习资料以及练习教辅。至于讲解知识，由于我做得实在太少，几乎可以忽略不计。

这也得益于朵拉长期利用可汗学院等线上资源自学，比较习惯这种方式。

打破这两个传统模式的好处，就是能赋予朵拉更强的掌控感。因为这种学习方式完全围绕她的需求进行。另外，因为是从发现问题和解决问题出发，而不是把整个语法重新学一遍。这样就大大减少了工作量，提高了学习积极性。

不跟随固定老师，搜索最适合的解答

在没有老师指导的情况下，教学资源的选择尤为关键，尤其是知识点的讲解。准确、有条理的专业讲解，才能让孩子搞懂知识点。

一般来说，大家会选择一个名师，从头跟到尾。就算是视频课，也会选择某一位权威老师的全套课程。

但是朵拉的语法学习并不需要紧跟某一个老师。她的目的不是让老师引导她去初步了解整个语法体系，而是找人答疑。关键在于老师能否把相关的知识点讲透，尤其是要把对中国人来说很难理解的英文语法规则解释清楚。这并不要求老师具备全面的语法素质，只要求个别知识点的讲解能力。

所以，与其跟定一个老师，不如海选。为此，我选择了两个网站。

第一个是 B 站，也就是哔哩哔哩（www.bilibili.com）。因为 B 站有大量的语法讲解视频，几乎包含你能够找到的所有知识点，覆盖国内外大部分知名考试相关考点。每一个细分知识点或者考点，都能找到中英文双语的讲解，讲解方式也多种多样，包括但不限于口头、动画片、黑板报以及图片等。

有任何不明白的地方，只需要做一件事——搜！然后从搜到的上百个视频里选择孩子能理解的就行。

第二个是剑桥在线词典。我此前解释过。剑桥词典的语法板块有大量丰富的语法知识点，能够用简单明了的语言，深入浅出地解释规则。它最大的好处是查询方便。特别是在语法方面，不仅提供知识点解释，还会详细地针对令英语语法学习者困惑的共同问题提供解析。

用权威的教辅资源，但是不考试

除了讲解和答疑，靠谱的教辅或者练习册也很重要。题目质量决定了你能不能有效地发现和解决问题。

对自学者来说，理想的教辅应该包括三个部分：首先有测试题，方便自己评估当前的水平；其次，有知识点介绍，方便快速回顾相关知识；第三，有不同类型的题型，以全面考查语法知识的掌握情况。

如果是比较权威的出版社所出的教辅，则更佳。

我建议选择两款教辅。一款用于学习，一款用于复习或者强化练习。我自己选择的是《剑桥 FCE 语法与词汇精讲精练》和剑桥英语语法系列（*Grammar in Use*）。

你也许会问：前者不是一本备考用书吗？

即使不参加考试，备考用书同样适用于学习。《剑桥 FCE 语法与词汇精讲精练》的优势在于它覆盖了大部分的语法概念点，知识结构清晰，而且带有知识点讲解和非常丰富的题型。

选择剑桥系列，除了考虑到权威性，还因为它的内容和学校讲授的有区别。这样孩子在学校里学习的时候不会感到枯燥乏味。

但是能不能选择国内出版社或者针对国内考试的教辅呢？

当然可以，这完全取决于个人需求。

其实，我选择的两本教辅也有不足之处，就是只提供了练习题的答案，没有详细的解析。相比之下，国内有的教辅在这一块做得更周全，更照顾到中国学生的需求。

还有的同学用中高考真题来复习，这也是不错的选择。因为通常真题会附带比较详细的解答。就算没有附带，也可以通过网络搜到相关解析。

最后，你还需要一件重要的工具。所谓世界上最有价值的教辅，就是自己的错题本。朵拉会把觉得有价值的错题整理出来。左边写错题，右边注明答案和解析。

什么是有价值的错题呢？比如不是简单粗心犯的错误，或者重复犯的错误。这些题目才值得多做几遍。

到后来她只定期做错题本，而且专注于经常犯的错误，只要题目搞懂了，就将其从错题本删除。这样一减再减，感觉越来越轻松。随着错题本上的正确率不断提高，她也可以直观地看到自己的进步。

▌ 只做减法，不做加法

工具都准备好了，完整的流程也出来了，总共是六步。

> 1. 测试：做第一本教辅的练习题，用于自我评估，发现需要强化的薄弱知识点。
>
> 2. 学习：通过 B 站或者剑桥在线词典，学习相关知识点。
>
> 3. 错题重做：重新做测试里的错题，看自己是否搞懂了。
>
> 4. 复习：做第二本教辅里相关薄弱点的语法练习题。
>
> 5. 复盘：复盘练习题的错误，查看答案解析或者重新去观看 B 站、查阅剑桥在线词典。
>
> 6. 回顾：定期整理和复习有价值的错题。

经过六个环节，就算是完成了从发现问题到解决问题的过程。

在这个过程中，我扮演的角色是什么呢？

帮孩子做减法。

整个过程中，朵拉都是自己学习的。我除了设计流程、提供教辅，还要调控整体的做题时间和题量。一方面，我要督促她保持稳定的学习频率（比如每次学习 20—30 分钟）；另一方面，我要提醒她尽量减少不必要的题目练习，比如跳过那些没有发现问题的语法知识点，或者有选择地练习题量过大的练习板块。

这样做是为了让朵拉感受到自学不是负担，而是一个让她感觉越来越轻松的过程。

▍ 以自己的需求为中心，而不强求一切只靠自己

当然，朵拉这样的自学模式是有前提条件的。

首先必须有积累，包括大量的听读和对语法概念的初步了解。这使得她能够去理解规则，也有理解规则的强烈需求。如果是一个零基础的学习者，可能连问题都没有，何谈去解决问题？

如果是零基础的学习者，首要任务是大量听读，然后通过一轮传统方式的学习来打基础。采用中文教材和教辅也是加快理解的一种有效办法。

其次，这种学习方式主要适用于需要长期投入的学习领域，不适用于短期备考或者快速攻关的场合。要短期获得成果，老师讲解是最有效率的。

对朵拉而言，自学带来的收获不仅仅是语法知识的增长，还有对自己能力的自信——不是所有学习都必须靠老师讲，自己通过找各种资料也能学。

当然，我们不应该简单地把自学等同于不找老师。我更愿意把"自学"定义为"以自己为中心"而学习。也就是说，根据自己的阶段性需求，寻找包括老师、教材教辅、网站、家长等在内的各种资源，有针对性地解决问题。

另外，每个孩子的情况都是不同的，所以方案也会有所区别。

两年后，我辅导了老二闹闹的语法学习。当时闹闹读了很多小说，并开始尝试自己写小说。所以我让他顺便学点基本的语法，以使他的英文写作更加规范。由于他的初学年龄比较小，语法基础也不是很扎实，我选择了不同的教辅。更重要的是，与当年辅导朵拉相比，我的心态也更为平和。

我告诉朵拉，虽然闹闹也是自学为主，但是秘诀不同——必须树立坚定的信念。

朵拉问："是无论他怎么折腾你都坚持到底的信念吗？"

"不，我的信念是——他绝对不会得满分，"我说，"他从来没有让我失望过，于是我圆满了。"

和孩子用英语对话十二个月

学英语，最重要的是创设一个英语环境。

最简单的就是让孩子看动画片、电影，听音频和读书。最直接的就是把孩子送到全英文幼儿园或者国际学校，或者远赴重洋送到国外上学。

我们做了一件最硬核的事情——连续十二个月和孩子在家说英语。

最初这只是狗急跳墙之举。

2016 年夏，先生作为访问学者赴美，我们全家随行。当时我家老大朵拉也在国外的 Preschool 学习。PreSchool 相当于中国的幼儿园，收的大多是四五岁的孩子。因为她的英语是零基础，难以和同学沟通。她整整哭了两周，每天就自己待在教室的一角画画。我们非常着急，到处了解怎么样才能速成英语口语。

一位大学教授给我们出了个主意——在家只和朵拉说英语，不说就不沟通。他就是这样让孩子学习外语的，只不过他们家说的是法语和中文。

最初我总是开不了口，觉得中国人在家说英语很奇怪。哪知，一周后，朵拉开始主动和我们说英语。于是，我们也顺着她说起来，一直到回国也依然继续。

父母与孩子在家说外语，对孩子的语言发展有多大帮助？对孩子的母语发展又有多大影响？这十二个月算是一次有趣的试验。

四个发现

发现一：孩子的口音不受父母影响

最开始我担心自己的口音会不会对孩子造成影响。但很快，我就发现自己的担心是多余的。

朵拉入学两个月后，有一次我和她玩讲故事的游戏。我讲一段，她讲一段，然后录下来。我听完录音，发现她的口音和美国当地的小朋友已经一模一样，而我还带着中国腔。

我问她是怎么学英语的。她说："我听同学讲话，看他们的动作，自己在心里把这两个联系在一起，慢慢地就懂了。"

这就是所谓的自然习得吧，即中间没有翻译这一环节。朵拉平时给我解释词汇也是这样，一边说，一边比划。实在解释不了的词汇，就去找相关的图片让我看。

有意思的是，朵拉的英语既不是学自父母，也不是老师，而是学自同学。

这也很好解释了，为什么很多移民完全不说英语或者说一口蹩脚英语，但他们的孩子则说一口流利的英语。因为孩子一切都要向同龄人看齐，包括口音。

除了同伴，小朋友也深受同伴喜爱的文化影响。同学看什么动画片，她也看什么。

别说英语，就算中文也一样会受到同伴的影响。我的一位朋友，家里说东北话，但孩子一口普通话，还带点台湾腔。因为孩子在幼儿园说普通话，还经常看台湾版的动画片。

发现二：父母和孩子英文对话的内容对孩子影响大

对待孩子就和对待成年人一样，尊重而不迁就。这是爸爸一直以来的原则。

在辅导英语方面，爸爸也不走寻常路——既不讲单词，也不用低幼动画片等启蒙教材，而是争取找到自己和孩子的共同兴趣。

在朵拉毫无英语基础的时候，爸爸就开始和朵拉一起看《长发公主》《功夫熊猫》等电影，坚持每天晚上一遍中文一遍英文给她讲剧情，讲完再一起讨论。同一部电影看了三个月，逐渐过渡到只用英语夜谈。

后来改成全家都爱看的纪录片。在同样处于起步阶段的儿童还停留在 *Peppa Pig*（《小猪佩奇》）等动画片上时，朵拉已专注于 BBC 和 Discovery 的纪录片，从 *Planet Earth*（《地球脉动》）、*The Hunt*（《猎捕》）、*From Cute to Killer*（《萌娃变杀手》）到 *Life Story*（《生命故事》）等，每个系列都看了 10 遍以上。

如果爸爸和朵拉一起看，往往是爸爸做解说。换成和妈妈看，就是朵拉来讲解了。从某个词什么意思、某个动物叫什么到剧透，她都说得头头是道。这些片子看似难度大，但因为有趣好看，朵拉并不排斥，更成为全家聊天的主要话题。

这种家庭对话肯定不是专业的授课，更谈不上系统，但能够帮助孩子通过互动真正理解和使用英语。

不过这样直接选择较高难度英语内容的做法只能算是个案。现在回想起来，当时朵拉不排斥难度较高的英文内容，主要是因为她在家庭之外也沉浸在英语环境当中，这算是加强针了。

但是如果孩子是零基础，又在国内，这样就算是拔苗助长了。

发现三： 说英语便于我们了解孩子的世界

相比爸爸的学习型夜谈，我和朵拉的聊天更像是闺蜜型，主要八卦她在学校里的各种事情。

我原来总觉得小朋友的世界是很单纯的，小朋友之间的友谊是很珍贵的。但和朵拉的聊天刷新了我的世界观。

其实，小朋友之间三角、四角关系错综复杂。而且小孩子的友情很廉价，说好就好，说分就分，没有过渡地带。

朵拉能够向我敞开心扉，当然有各种原因。但是英语把家庭和学校生活联系在了一起，给我们提供了方便。如果父母说中文，她还得先把英文世界发生的事情翻译成中文。这对刚到美国的朵拉来说并不容易。

实际上，大部分在美华人和孩子说中文，以便维系孩子的中国文化纽带。我们因为只是短期访美，才没有这方面的担忧。

但很多在美华人家庭忧虑的是，即使父母坚持说中文，孩子的中文还是没有英文好。如果父母的英文跟不上，更会发现自己无法和孩子进行深层次的讨论。因为孩子的中文词汇只限于平时放学回家后和父母的日常生活交流。久而久之，即使想和父母讨论其他话题，他们也不知道该怎么说了。

沟通要顺利，语言当然很重要，但关键在于对话的质量。

发现四： 兴趣是沟通的动力

在美国待了八个多月以后，我们就回国了。

根据前人的经验，小朋友在回国两个月之内英语水平就会大幅下降。所以回国很长一段时间，爸爸还是坚持和孩子说英文，希望能够让朵拉的英语口语维持在一定的水平上。

八年过去了。那么现在我们家还在说英语吗？

虽然没有那么密集，但是还在说。只不过说话的人从父母和孩子之间，变成了两娃之间。两个小朋友在外说中文，在家说英文，可以自如地转换。

听上去可能不可思议。因为大环境和小环境都变了。大环境不必说了。即使是在家的小环境里，也有阿姨和外公外婆等。为什么能够坚持那么久呢？

因为我们用游戏打造了一个必须用英语的场景。

游戏的使用，我在《把不背单词进行到底》一篇里介绍过。回国后，两个孩子最爱玩两种游戏。

一种是叫塞尔达的主机游戏。为了孩子的英语水平着想，我们规定玩英文版的游戏，玩游戏的时候只能说英语。与游戏相关的电玩解说视频、图书以及平时的策略讨论，也都是用英语。

第二种则是睡前姐弟俩的故事创编。两个人玩接龙游戏，你说一句我说一句，编一个自己的王国。

这两个游戏他们玩了七年，所以他们的英语也说了七年，至今依然如此。

两娃现在说英语，非常像有的成年人在职场上说英语。成年人说英语，往往是因为工作需要。对孩子来说，游戏就是他们的工作。

┃ 四条建议

如果你也想尝试和孩子说英语，以下是我的建议。

建议一：做好准备，全英语对话首先挑战的是父母

父母需要做好心理和学习上的准备。即使日常会话，也会涉及很多你

从来没有使用过或者想过的词汇。在启动英语对话之前,最好自己事先把生活中的所有环节以及涉及的词汇过一遍。

建议二: 循序渐进

从全中文到全英文,对整个家庭的冲击都是比较大的,不必追求一蹴而就。开始的时候可以部分英文部分中文,或者先说一遍中文再说一遍英文,然后逐渐过渡到全英文。

以我家为例,在很长一段时间里只有三分之二的时间说英文。且我和孩子爸爸之间一直是说中文的。

建议三: 让对话尽可能拓展到更多的主题和更深层次的讨论

初期建议不以沟通为目的,而是让孩子熟悉说英文的日常环境。

我通常一边做事,一边用英语解释我的每一个步骤。不会说的就去查词典,查词典也解释不了的再说中文。通过重复这种生活中的碎碎念,让孩子逐渐习惯说英语。

一旦习惯了,则不必局限在日常生活用语,可以海阔天空地聊。家事国事天下事,皆可。

无论哪种语言对话,对话的质量都很重要。所谓质量,就是通过对话提高孩子的表达能力、词汇量和思辨能力。

建议四: 不忘关注母语

英语使用过多,导致孩子在母语方面进展缓慢,这样的情况我周围的确发生过。尤其在阅读方面,中文比英文上手难。一旦孩子能够用英语进行深度阅读，就不太愿意看中文书。

　　作为中国人，学好中文始终是重中之重。因此，在进行英语对话的同时，需要首先考虑孩子是否有足够的机会来深度使用母语。

如何用工具来提升英语写作

在前文中我介绍了两个孩子是如何学习单词和语法的，现在介绍一下如何学习英文写作。

这三项知识和技能的学习是层层递进的。也就是说，学习语法可以更好地掌握单词，学习写作可以更好地掌握单词和语法。

这三项学习当然可以找老师来教授。但是在老师教授的同时，也需要自己在课外做更多的学习和复习。

与单词和语法相比，通常大家认为英文写作的学习更需要专业的指导。其实我们还是可以找到不少资源来支持自学的。比如，我曾经带着朵拉学习英文写作，用了三个网站，总共花费为 300 元左右。

自建一个线上教室

通常学习写作，大家会选择上课，然后老师来决定什么用教材和教学资源。

那么如果不上课呢？就像我家这样，已经有一定的写作基础或者以前上过课了，想在课余时间再提升一下写作技能。

在这种情况下，教材不一定是好的选择。因为教材是教师的工具，更适合专业人士使用。对自学者来说，给学生用的教辅更称手。

我也没有选单纯的写作教辅书。因为这对自学者的自驱、自律和自学能力要求很高，对朵拉这样的小学生来说还是比较难的。

没关系，我们可以自建一整套线上教室，包括教材、讲解、作业、批改和同学。

首先就是教材。教材是什么呢？我选择了考试教材或者教辅。因为围绕考试的学习往往会有完整的资源，尤其是批改系统、讲解内容和同学。

如果选择教材，也许可以找到讲解视频或者读物，但自学者没有人给你详细的批改，更不容易找到同学参与讨论。

考试就不同了。无论是中高考还是托福、雅思等标准化考试，在网上很容易找到围绕真题的讲解和讨论。这些讲解和讨论对自学者来说是十分关键的。老师的讲解可以解惑。其他学习者的讨论则能够鼓励自己，让自己觉得不是孤军奋战。

至于批改，这个看上去很复杂的事情其实最简单，市面上有不少英文写作批改工具。

一切就绪，那就开干吧。

┃ 用托福免费真题来写作

朵拉学英文写作，主要是为了进一步掌握语法规则。语法到底掌握没有，还是要看能不能看懂复杂的文章、听懂复杂的内容以及写明白复杂的话题。

有没有把这三种结合在一起的考查方式呢？

有的。就是托福考试中的综合写作。

此前我在辅导孩子学语法的时候，就用了备考教辅。目的不是为了备考，而是因为那本教辅很适合语法学习。这次用托福真题来练习写作也是出于同样的道理。

托福写作包括独立写作和综合写作两个部分。其中，综合写作中不仅仅有写，还有读和听。学生需要先花3分钟阅读一篇文本，花2分钟听一段音频，并在20分钟内写成一篇文章，论述阅读和听力材料里观点的异同。

这实际上是一个非常典型的学习场景，先通过课前阅读来进行预习，然后上课听讲，最后变成自己的总结和分析。所以说，综合写作不仅仅考查写作能力，也考查信息的综合处理能力。一个项目，听读写全包了。

在大部分考生心目中，练习综合写作远不如独立写作重要。因为后者更难。除了写作本身，独立写作还要考查作者对论点主题的理解以及有效论证的能力。这对于学生对于社会、科学和人文等相关话题的整体认知以及思辨能力都有要求，不是一朝一夕可以达到的。也因此，大部分托福写作的教材和教辅，都会聚焦于独立写作。

但是，如果给朵拉这样的学生来练习写作，综合写作是特别合适的练笔题型。

因为她的主要目标是运用语法技能和基本写作能力，而不是提升认知和思辨能力。

综合写作特别适合用于考查语法。它主要考查这几个技能：

1.对于长难句的理解，包括阅读和听力理解。因为综合写作的内容都是学术内容，充满了复杂句。如果通过听与读都可以理解，你的复杂句语法就基本过关了。

2.对于重点名词、形容词、动词和短语的敏感度。综合写作是需要听记的，这样才能快速抓住听力材料的重点，并且整理和输出。这个时候，就需要对关键词和短语有敏感性，其实这也和语法相关。

3.句子改写能力，包括对句型、语态、词性和词义的把握。虽然已经有内容了，但是不能原文照搬，是要改写的，而且要进行归纳和总结。这样一来，就涉及对各项语法规则的综合运用了。

对朵拉这样一个五年级的小学生来说，练习写作还有另外一个障碍。除了认知和思维深度，她也缺乏写议论文的经验，因为她在学校里写的基本都是记叙文。

好在综合写作的写作范式相对固定，并且题干和听力材料中已经提供了论点和论据。这就相当于做菜，食材都准备好了，你只要炒一下就行。这样就大大降低了难度。

再加上她不需要考试，压力就更小了。

那么，是不是可以选择其他的方式来训练英文写作呢？比如其他类型的考试或者教材？

当然可以。

适合自己的就是最好的。

┃ 两个网站和两个批改工具

接下来，就是具体的工具和资源了。

题目从哪里来？如何判分？怎样才能提高呢？

真题和判分系统都可以从托福的官网或者和 ETS 合作的考试辅导网站找到。托福官网现在上线了名为 TOEFL®TestReady™ 的备考平台，可以供备考生练习写作，并且给予评分。

我个人更倾向于使用国内的考试辅导网站。因为这些网站往往有考生社区。考生会在社区里讨论针对该题目应该如何写，并且互相打气。这对自学者来说很有帮助。

我选择的网站是 www.KMF.com，中文名称为考满分，是一个托福、雅思和 GRE 备考网站，提供免费的托福官方题库，以及考生交流的论坛。这里的考试界面和正式考试比较类似。虽然朵拉并不考试，但是这种仪式感让她把写作更当一回事。

写完以后，就可以去评分了。KMF 使用的是 ETS 的官方评分系统，叫 E-rater。真题是免费的，评分需要付费。因为不是人工评分，每次评分也就几块钱，费用不高。

题目和批改都有了，同学也找到了。但仅有这三项还不够。

我们还缺特别重要的一个部分：老师的讲解。

朵拉主要是搜索 B 站的托福写作视频。为什么不是紧跟一个 B 站 Up 主而是搜索呢？和当时学语法是一样的道理：B 站讲托福写作的 Up 主特别多，每个人都有擅长的地方。朵拉可以根据自己的需要选择最适合的视频来学习。

需要老师的讲解还有一个原因，就是 ETS 的判分系统 E-rater 的评估太粗略了。朵拉第一次用其来批改自己综合作文的时候，懵了。因为 E-rater 给了一个分数区间：18—24 分。E-rater 的给分理由也很笼统。虽然评估报告里会指出大致的问题，但是没有提供具体的修改意见。相比之下，老师的讲解会涉及考生的易错点和共同问题，能够消除朵拉大部分的疑惑。

不过，要通过练习来提高，还是需要更精准的评分或者详细的批改意见。所以我又找了 Grammaly（www.grammarly.com）。

Grammarly 是一个自动写作批改工具。我们把文章上传到 Grammarly 网站，就可以看到评分和修改建议。它能够检查单词拼写、标点符号、语法错误，也可以根据你需要的语言风格来提供句子改写的建议。

在 Grammarly 上，你可以选择商务风格或者通用风格。但是无论是哪种风格，Grammarly 还是有一定的偏好——强调短句，偏好主动语态。这也是当代语言发展的趋势。这样的风格我也很喜欢，但是不一定适合考试。因为有的考试强调写作时应该包含丰富的句型和多样的词汇，所以该不该完全接受 Grammarly 的意见，还是要根据具体情况来判断。

除了在其官网上修改，Grammarly 还提供 Microsoft Word 插件。这样的话，如果在 Word 里写完文章，可以直接利用 Grammarly 插件来进行修改。

其实，市面上的英语批改工具很多。但是对家长来说，Grammarly 是比较好用的。

因为 Grammarly 会给你一个分数。Grammarly 的评分体系是 100 分制，区分度比 5 分制更高，也和国内的考试分值一致。这样家长就有了一个衡量孩子是否进步了的尺子。

另外，Grammarly 不仅会指出错误，还能提供具体的修改建议。等于批和改都有了，用起来很省心。

Grammarly 的免费版只提供部分批改意见，付费版会给出所有的错误和修改意见。最初朵拉的初稿放到 Grammarly 上，只有六七十分，满屏的修改意见。以前学过的语法知识，她在写作的时候几乎都忘记了，尤其是不规则动词、冠词和时态。她这才明白，知道、理解和运用是两码事。而逐级进阶的关键就是练习和修改。

我看她这么沮丧，自己也试着简单写了一段英文，看都没看就贴到 Grammarly 网站里，结果只有 45 分。我赶紧把分数给朵拉看。告诉她，任何人，如果写的时候不谨慎或者写完不检查，都可能得很低的分数。

这下朵拉就感觉好多了。

第一轮自己摸索

我把朵拉的自学分为两轮。第一轮属于完全的自我摸索。

第一轮学习一般安排在周中。她每周的周中只做一道综合写作题。但是每道题要写三遍。

先在 KMF 上找到真题写一遍，然后用 E-rater 来批改。

批改完以后，她根据 E-rater 的评分以及看网站上其他学生的稿子和意见，写第二稿。

第二稿写完后，她会用 Grammarly 再批改一下，然后再获得一个来自

Grammarly 的评分和非常具体的修改意见。

每次 Grammarly 改完，朵拉都要拿出错题本，把自己的错误全记录下来。然后再去重写。这样一来，基本的语法错误慢慢地就没有了，她的分数也从 60 多分逐渐增加到 80 多分。

这之后，她再去看 B 站的综合写作教学视频。B 站有很多教授托福作文的 Up 主，以及大量免费的写作视频课。其中，综合写作一般只有三四节课，很快就能看完。

但是为什么要安排在第二稿之后才看呢？因为只有解决了基本的语法问题，朵拉才会去思考写作本身，也才会产生学习的需求。

但是在 E-rater 上，她的分数始终不高。相比之下，KMF 社区里有的考生的写作出了很多语法错误，依然得了 5 分。

原因在哪里呢？朵拉的自学遇到了瓶颈。

第二轮进阶

这个时候，我决定帮她开启第二轮进阶练习——每周末让她选择一篇自己觉得比较困难的或者有价值的题目，修改作文。

朵拉的瓶颈主要在于指导工具还不够人性化。因为 Grammarly 主要批改语法错误和字词拼写，对于逻辑和行文组织方面无法判断。也就是说，Grammarly 作为程序，看不懂全文的意思，也无法提供全面的修改意见。

要跨越瓶颈，有两个办法。一个是选择更合适的批改工具，第二个是多方请教。

在批改工具方面，我又加上了 DeepL Write（https://www.deepl.com/write）。

这个工具第一个特点是免费。Grammarly 也有免费版，但是免费版给予的批改建议非常少，所以要得到全面的服务还是要买付费版。但是

DeepL Write 全免费，而且不注册就可以直接使用。

其次，DeepL Write 不仅关注单一的语法点，更关注句子和整体语言风格，并且提供丰富多样的句子选择。在句子调整的时候，它通常会提供三四个句子，你可以选择你喜欢的一个。相比 Grammarly，DeepL Write 是一个更低调但是水平很高的批改小老师。

"我觉得 DeepL Write 比 Grammarly 更聪明。"这是朵拉的看法。

除了工具，我也会让朵拉去看一下相关的教辅书，或者其他 Up 主的讲解，开拓一下思路。不过，最有价值的是一位真人老师，就是爸爸。

每篇文章写完后，朵拉先用 Grammaly 或者 DeepL Write 修改，然后打印出来给爸爸看。

其实爸爸曾经给她辅导过一阵子英文作文。当时朵拉先写初稿，爸爸批改，然后给朵拉讲解，最后让她抄写一遍改过的作文。

但是效果并不好。当时朵拉的水平有限，所以爸爸的批改意见特别多。每次看到密密麻麻的圈圈，朵拉就开始大哭。

经过这一轮自学以后，朵拉的错误少了很多，改起来也更轻松了。爸爸建议她：既不要僵硬地套用模板，也不要为了凑字数添加没有必要的内容，而是要力求把事情讲清楚，重视用词精准。

比如"快速变化和发展"这一说法，朵拉最开始用"quickly developing"，我的建议是"fast developing"，爸爸根据全文的内容，建议写"fast changing"。就这样，每一篇文章爸爸都会找出一些用词不准确的地方，然后和朵拉一起反复推敲。

令我欣慰的是，朵拉不仅欣然接受了新的作业，对于爸爸直言不讳的批评也一并笑纳，完全没有像起初那样哭哭啼啼。

她告诉我，一方面是因为爸爸的建议非常有用，另一方面是她发现爸爸的批改里也有语法错误。"其实爸爸应该多用用 Grammarly。"她说。

她面对批评的坦然，正是来自对自身能力的自信，也来自对于原来所谓"权威"的重新认识——无论是书本、课程，还是老师，都不是完美的，但是都可以为自己提供有价值的建议。

这大概是朵拉自学写作最重要的收获。

具体用法

以上是我家使用各种工具来支持孩子自学英语写作的经历。

如果你也感兴趣用工具来训练英语写作的话，以下是我的建议。

1. 选择最适合自己使用的软件

如果是自家孩子写作，我会倾向于首先使用 Grammarly，一方面意见给得比较细致，另一方面也便于家长督学。我们可以从分数上简单判断孩子这篇文章写得如何，与之前的相比是否有进步。也可以从具体的评价里看孩子到底错在哪里。

如果是自己写作，我就直接用 DeepL Write，看它的建议，然后选择我觉得适合的修改方案。

2. 注重细节

在自学的过程中和使用工具的时候，有很多细节需要关注。

比如，写作的时候，强烈建议在电脑系统自带的软件，如"备忘录""便笺"或"文本文档"上写。为什么不在 Word 软件里写呢？因为 Word 可以自动订正标点符号和拼写错误，等于掩盖了很多小问题。

又比如，可以保留最初的版本，以便和修改版进行对比，如此建立一个错题本。比如，某一个句子或者段落，修改后变得更加通顺和准确，就可以收集起来，日后进行复盘。

3. 避免陷入应考模式

虽然我较早地使用了托福综合写作题目来锻炼孩子的写作能力，但当时并没有让她去备考，这样就大大减少了学习不顺带来的焦虑。

具体来说，就是做到"三不"和"三要"。

"三不"是指不要求在规定时间内完成，不要求作文字数，以及不过度关注考试分数。

综合写作要求在 20 分钟内完成 150—225 字的文章。这对很多中国考生都有挑战，对小学生的特殊挑战主要在于打字。因为小学生习惯用纸笔，用电脑的经验相对成人少很多。

所以小学生要在短时间完成规定字数的文章，必须先花大量时间去练习打字，以及学会套用模板。

但是，我对朵拉的写作没有时间要求，最多偶尔问一下她写一篇作文要花多长时间。不要求快速完成，朵拉就可以把更多时间用于学习如何组织内容和准确表达自己的含义。她也不需要去套模板凑字数。

同样，做完题目估分，是冲刺模考必要的一环。但是，在自学的情况下，除非有特别了解托福考试的老师来进行评估，仅靠学习网站很难获得全面的评估。Grammarly 只能批改基本的语法和拼写错误，E-rater 的评估也是模糊不清的。所以，没有必要局限于某个评分系统的分数，而是可以结合各方的评估，来综合看待孩子学习的变化。

做到"三不"，就可以有更充足的时间，以坦然的心情去训练。

那么"三要"是什么呢？要循序渐进、要留白以及要有耐心。

说起孩子自学，一般都会强调用兴趣引导。其实，除了兴趣，驱动孩子去主动学习的，还有孩子对自己能力的信心和求知欲。而这样的信心和求知欲，是需要一步步打造的，包括根据孩子的能力提供适合的教材，设立恰当的学习目标。而不是急于求成，一股脑地把所有的教材、所有的要求都扔到孩子头上。

留白则是指给孩子留出空间去思考和探索。比如每周只写一个题目，每一稿之间都留出至少一天。又比如，在挑选 Up 主的时候，让孩子自己去选择适合自己需求的课程和老师。这些都让孩子有时间去思考自己到底想要什么，以及什么适合自己。

第三，就是耐心。朵拉用综合写作题目来训练总共将近 6 个月。她每周雷打不动写一个题目。从每周三稿到每周两稿。每篇文章的写作时间从最初的一个小时减少到 15 分钟。这种持续的练习，是需要耐心的。

那么如果是备考冲刺呢？则是完全不同的做法了，包括强化训练、应试技巧学习，乃至专业培训。备考怎样避免焦虑呢？最好的办法，就是打好基础，在胸有成竹的时候再去考试，这时候就水到渠成了。

4. 坚持练习

经常有人说，大量阅读有助于提高写作。大量阅读的确可以提高文学素养和认知，培养自己偏好的语言风格，影响自己的写作风格。但是大量阅读是不能直接培养写作技能的。

因为写作是一项技能。这个技能不像骑自行车，学会一次以后不会忘记了。它更像是开车。你不仅要手脚协调，还要眼观四路耳听八方；不仅要懂得车子怎么开，还要理解其他司机的行为、了解交通规则；等等。

所以，"读得多就写得好"这种想法太简单了。打个比方，大量听音乐会，难道就会弹钢琴了吗？学几天钢琴，难道就能过钢琴十级了吗？

先写起来。

小说是怎样炼成的

▎ 选了一门网课

我们全家都很激动。

因为一个长期的秘密就要揭晓了。这个秘密就是闹闹的第一部英文小说。

自从三年级上学期末得了支原体肺炎后，闹闹就迷上了写小说。当时他的体育活动都停止了，每天都要去医院输液。那段时间，他总是边打吊针边听英文小说。听得多了，他就决定自己写。

于是，在医院，他往往左手挂着吊瓶输液，右手拿着铅笔，在护士给的草稿纸上拼命地写啊写。

他写过忍者为主角的小说。一开头，忍者就和一个女子在火车上一见钟情，"love at the first sight"。他还构思过以男女生大战为主题的校园小说，听上去像是一个欢喜冤家的故事。

遗憾的是，没有一部小说是完结的，全部半途而废了。

到了下学期，闹闹的病好了，体育项目一一恢复，这些小说也被抛诸脑后。到了学期末，我开始筹划他的暑假活动，再度想起他的小说梦。不如就写一本完完整整的小说吧。

一般来说，一提到学习英语写作，肯定会报班。但问题来了。

第一个问题，就是时间。

报课外班就要做课后作业，像英语写作这样的课程往往很花时间，甚至不是一个假期能够完成的。但是闹闹不仅暑假事情多，而且开学也会参加学校体育社团，训练频密。所以，我们很难保证长期上课外班。

我的解决办法是录播课。

录播课时间更灵活，但是缺乏互动，往往不适合孩子。

好在闹闹曾经上过一段时间网课，这自控力也锻炼出来了。我觉得他可以试一试。

第二个问题是，小说写作是可以教的吗？

很多人认为写小说是需要天赋的，而不是靠后天努力。其实，小说创作有很多套路，而且写作能力可以经过训练来提高。知名惊悚小说家斯蒂芬·金在他的自传《写作这回事》里就曾经表示，如果辛勤工作，全身心投入并得到及时的帮助，一个勉强称职的作家也可以变成一个好作家。也就是说，写作是一项可以习得的技能。

在国外的大学，创意写作是比较成熟的一个专业，不少此类课程会聘请知名作家和专业人士来教授。

我给闹闹找的就是这样一门课，它开设在全球在线教育平台 Coursera 上，由密歇根州立大学提供，名字就叫"写你的第一本小说"（Write your first novel）。

授课老师戴维·惠勒（David Wheeler）有丰富的内容创作经历。他毕业于英国伦敦电影学院，曾在哥伦比亚广播公司、斐凡迪环球游戏公司（Vivendi Universal Games）等任职，从事广播新闻、电影、电视和电视广告的编剧、导演、摄影师工作，后来又担任视频游戏和互动电影的导演与内容总监。

当然，Coursera 上的创意写作课不止这一门。我之所以选择这门，是因为它的教学目标正合我意——帮助零基础的作者完成第一部小说。

最后一个问题是，Coursera 上的课，闹闹能学吗？

Coursera 集纳了全球知名大学和企业开设的网课，主要用户是大学生，但是欢迎各种年龄的学生。

虽然不少课程是有门槛的，但是创意写作这件事是老少咸宜的。不试试怎么知道呢？

Coursera 上的课程，如果不需要证书，可以免费上。当然你也可以付费，或者申请助学金以免掉大部分学费。我选择让闹闹申请助学金，以便体验一下在 Coursera 上课的整个流程。另外，申请就要写申请信，也算是一次写作练习。

申请助学金需要讲明上这门课的理由。闹闹写的是："大家都说，学习就要勤奋刻苦。但是，我希望让我自己和我的朋友都体会到，学习也可以是充满乐趣的。"

写小说就像做项目

"写你的第一本小说"这门课总共 26 节，每一周对应一节课。每一周都规定了任务。整个课程看上去非常像做项目。

比如，第一周老师要求学生为自己的小说创作一个概念，撰写一份给出版社的投稿文件，以及小说大纲，等等。

这像不像立项书？

到了第二周，老师要求学生为主要人物建立档案，并撰写小说第一章的大纲。到了第三周，才正式开始写作。

写作也不是随心所欲的。

为了确保和同学们同步以便相互批改和学习，全体学生的写作结构是相同的——分为 3 幕，总共 20 章，每章 2500 词。在课程完成后，学生就能完成一部 50000 词的小说。

甚至连写作的节奏也要求一致：每天写 500 词，每周写 5 天。不多于 500 词，也不少于 500 词。

有时间表、有大目标和小目标，这像不像一个严格管理的项目？

老师解释说，这种自律，是所有成功的作家都长期坚持的。如果能保持这样的节奏，小说会写得更好。

老师自己会不断在课程视频里督促学生。

比如到了第四章也就是第一幕的中间时，老师说："我知道你们中有些人可能会有挫败感，觉得很难坚持下去。我知道这很难，但是你必须坚持下去。如果你做不到，可能你永远也完成不了。这就浪费了你的才华和热情。"

老师要求这么做，也是为了方便大家互相评价。

Coursera 的作业不是老师评的，是学生互评的。也因此，同学的及时反馈非常重要。

在这门课里，每周除了写一个章节，学生还要看五个同学的作业，并且给每个作业写 100 词的评价。

在评价框前面，会有相关章节的关键提示。

第一章评语的要求：

This is the beginning, Chapter One, the first written words of your story - and the beginning of the entire novel. You've decided on your point of view so be consistent and pay attention to the rules of novel formatting. The emphasis is on capturing your readers immediately. Catch them now and never let them go.

这是开头，第一章，你的故事的第一个文字，也是整部小说的开头。您已经确定了自己的视角，因此要前后一致，并注意小说的格式

规则。重点是立即抓住读者。现在就抓住他们，不要让他们离开。^①

第五章的提示词是这样的：

You've passed the halfway point of Act One and you need to maintain momentum in these middle chapters of the first section of your novel. Keep it exciting as you push through chapters five and six towards chapter seven which will be pivotal to your story.

第一幕已经过半，你需要在小说第一部分的中间章节保持势头。在第五章和第六章向第七章推进的过程中，要保持兴奋，因为第七章对你的故事至关重要。

这些提示不仅对作者有帮助，也可以供评价者参考。

因为不同章节在小说中的任务可能是不同的，所以互评的同学最好处于同样的节奏，比如写一样长度的内容，同样的章节数，等等。这样就有了同样的参考标准。同学们不仅容易互相理解，更可以互相学习。

这有点类似项目合作中的流水作业。在统一的流程中，一个人干完，下一个人接着干。在统一的标准下，你生产，我质检，分工合作。

┃ 小说创作成功的三要素

从这门课上，我也看到了小说创作成功的要素。

说到加强写作，小学家长主要做的是买书和组织课外活动，认为阅读好了写作就好了，或者多做点课外活动，孩子就有兴趣和内容可以写了。

---

① 编注：原提示为英文，中文为作者所译，后同。

到了中学，家长主要做的是买书和报班，认为教辅或者老师可以给孩子提供作文套路和模板。

这些方法各有各的道理。前者提供了写作的动力，后者提供了写作的工具。但是它们都不是写作的核心要素。

写作写作，首先还是要写啊。

小说创作成功的要素很简单，就是多写、多听意见以及多改。

什么叫大量写？戴维·惠勒老师给了答案：每天写 500 个词，一周写 5 天，坚持下去。至于为什么是 500 个词？因为这是微软 Word 里一个单页的量，比较好统计，相当于每天写一页。

什么叫大量改？就是根据收集到的反馈意见反复调整。

以上两个都好理解。但是最出乎我意料的还是收集反馈这一条。如果不是这门课，我还不知道反馈对写作有这么重要。

尽管 Coursera 的不少课程都会让同学评价作业，但是这门小说课对这件事尤其重视。几乎在每一章节，老师都会强调这一点。

有时候简单地说："衡量成功的标准取决于你给予和收到的反馈。"

有时候语重心长："请记住，作为一名作家，你成功的基本要素是尽最大努力向同行提供有意义的反馈，并接受良好的反馈，这将有助于你的写作达到最佳状态。"

到了第七章，也就是第一幕结束的时候，戴维·惠勒老师要求做圆桌围读（table review），即让一群人坐在一起读小说，提出意见和建议。

围读也是有具体要求的：给每人一份前七章的手稿副本，然后给每位朋友分配一个角色，让其通读手稿。每位朋友读一个角色的对话，一个人读旁白。为达到最佳效果，作者尽量不要参与朗读，而是听，非常认真地听。

听是为了达到什么目的呢？

为了更好地理解自己写的角色。他们听起来像独立的个体吗，还是彼此间过于相像？

　　戴维·惠勒老师说，小说的成功就在于角色的鲜活。为此，作者需要把角色建立在其现实生活中认识的人之上。如此，就可以通过回顾他们的言行举止来获得启发，创造出独特并且合情合理的角色。

　　找到熟人或者朋友来围读，等于帮助作者创造出这一氛围。

　　如果发现角色不够形象立体，那么作者必须重新思考，搞清楚这些角色的行事逻辑和背后的原因，最终找到他们的真实所在。

　　反馈之所以如此重要，是因为小说创作本来就是面对他人的写作，而不像日记那样是面对自己的。所以，我们追求的效果，就是读者的感受。他人的反馈，才是客观的评价，能够帮助我们了解自己的长处和短处，以及需要重点关注的地方。

　　先写，再收集反馈，然后修改，这三步缺一不可。听上去很简单吧，但是我们能做到吗？

　　对学生来说，并不容易。

　　首先，练习写作的时间不够。孩子小学时候去搞活动了，中学阶段去学习套路了。虽然都是以"积累素材"为名，但是总体写的量不多。

　　其次，收到的反馈不多。课内老师时间太紧，很难给予单个学生细致的评价，也就是打个分，给句话，然后在班上说一下。

　　最后，不重视调整。老师能要求学生改一两遍就算很不错了。但其实真的要写好，修改是不可避免的，多次返工更是家常便饭。

　　当然，到了初中，很多学生的确会围绕一篇文章多次修改。但那是为了给最终的中考准备模板素材。也因此，学生只会专注打磨几篇文章，而不会大量写、大量改。所以写作能力依然难以快速提升。

▌ 关键是自己的目标

　　那么，老师的要求，闹闹都做到了吗？

并没有。

首先，每章 2500 个词对他来说就很困难。要知道，除了写小说，他还要读 5 个同学的小说，并且给每个人写至少 100 词的评价。

最初，连这 100 词的评价他都费了好大劲才写出来，更何况自己的那 2500 词呢。

我看他那么焦虑，就说："你去书架上拿一本你喜欢的小说，看看人家一章写多少词。"

闹闹就去拿了一本书，数了数，发现是 1000 多词。他松了口气。但是，到底要听老师的还是模仿手头这本书的作者呢？

后来是朵拉解放了他，朵拉跟闹闹说："这是你的小说。你来定义每章写多少词。"

其次，他也没有听老师的要求去积极寻求反馈。他甚至很长时间都向我们保密，不说自己写的是什么。可以说，他唯一获得的反馈来自同学。

其实，大部分同学的评价都很温和。

比如有个人写道："我希望在第五章之前能对故事做一个小结。你能很好地进入每个人物的内心世界，并让人物参与其中。"

还有人写道："不错的一章！多一些细节来帮助确定背景可能会有帮助。对话很好，感觉很自然。继续努力。"

还有人给出更具体的建议："我喜欢你这一章的构思，我认为它相当吸引人。不过我认为你可以改进对场景描述的使用，让它们更有诗意，不那么平淡。此外，我还希望你能扩展你的动作场面，让它们更长一些，因为它们看起来相当短暂。其他方面做得不错！"

当然也有非常直接的评论："这一章我完全看不懂。它是一堆片段，我不明白你到底想表达什么？我看不出故事的方向。"

无论是暗示还是明示，总体评价是他的行文节奏过快，事件描写不够细致完整。

那么这些意见他听了吗?

我并没有感受到。我唯一观察到的,就是闹闹每天都在"唰唰"地写。不是写评语就是写小说。每章大概 1200 词,想怎么写就怎么写。

这样行吗? 没问题!

这可能不符合老师的要求,也无法奠定一个优秀小说家的基础。但是对我们来说,已经收获满满了。

除了写自己的小说,每周闹闹还要看 5 个同学的小说,写 5 篇评价。总的加起来,相当于每周约写 2000 词,看 5000—10000 词的小说。整个暑假,光这门课他就写了 18000 词,读了 40000—100000 词。

一个三年级的中国小男生,每天都认认真真地坐在那里看小说写小说。我们还能要求什么呢?

我对闹闹说:"你能写完小说,就是全村最靓的仔!"

▎ 他的名字

写到第七章的时候,课程要求找周围的读者来做围读。于是,我们终于看到了闹闹的小说。

闹闹并没有按照要求让我们坐在一起朗读,而是单独把文章发给了我们每个人,而且只给了前四章。

孩子害羞,我们就凑合凑合读吧。

闹闹写的是一本魔幻小说,讲述了主人公和小伙伴一起闯关冒险的经历。这也是这个年龄的孩子喜欢的常见题材。

一方面,的确如他的评论者所言,闹闹缺乏驾驭长篇小说的能力。他在讲述事件时不够注重完整性,也不太注重细节描述。所以读者会感觉像是在坐火车,情节快速掠过,不知道经历了什么。

但另一方面，他的文字显得地道、自然，很难想象作者是一个不到10岁的中国小男孩。比如这段景物描写：

It was cold; the mist and fog happily floated together, the trees and birds were in a deep slumber, and the mermaids were on the move.

天气很冷，雾霭愉快地飘浮在一起，树木和鸟儿都沉睡不醒，美人鱼也在蠢蠢欲动。[①]

还有这段动作描写：

Kyle stifled a laugh as he saw the scene unfold before him. But there was no time to be like this; he needed to move quickly. He ran towards the dark woods, already hearing the crack of trees bending.

看着眼前的一幕，凯尔忍不住笑了起来。但没时间了，他必须赶快行动。他向黑暗的树林跑去，他已经听到了树木折断的声音。

他还引用了中国的成语：

He had heard a Chinese saying before: "If you don't go into the lion's den, you can't get the lion's cub." It meant that you have to go through the dangers to get the precious thing you want.

他以前听过一句中国俗语"不入虎穴，焉得虎子"。意思是说，要想得到你想要的珍贵东西，就必须经历危险。

---

① 编注：闹闹用英文写作，中文为作者所译，后同。

和闹闹谈反馈时，我先大大吹捧了他的文笔，然后谈了我对整篇小说谋篇布局的看法。

我说："我觉得你的文风特别适合网文。因为主人公过关斩将，每次都赢，而且赢得很快。对劳累了一天的人来说，看到这一章，所有压力和辛苦都得到了释放。"

闹闹笑了。

我继续说："但是如果是要写一本拿在手上读的小说，这种做法就不行了。因为当捧着一整本书阅读的时候，读者希望看到变化。所以你的故事要有起伏，人物需要成长，要经历成功，也要经受挫折。"

闹闹想了一下，说："这样吧。我本来打算第七章之后，让主人公迎来一场大胜，我把它改成大败！"

我说可以。接下来还有一个围读的任务——分析人物性格。

这就难住我了。

因为在闹闹的魔幻小说里，有美人鱼、独角兽、矮人等各种生物，好多我都没有听说过，连记都记不住。比如主人公凯尔是天空精灵，而他的小伙伴则是半人半狐的生物。

"这不是狐狸精吗？所以故事的主要人物就是一个小精灵和两个狐狸精？"我说。我努力把这些生物和我对魔幻世界的传统认知挂上钩。闹闹给我解释了半天，为什么半人半狐的生物不是狐狸精。

好吧。我勉强接受了他的魔法世界，但还是觉得两个狐狸精的性格不够合情合理。比如，其中一个狐狸精已经 20 岁了，居然还在问妈妈暑假去哪里玩。

"一个 20 岁的女孩，暑假可能首先想到和男朋友玩，或者和闺蜜玩，再不济也可以去打工和学习，怎么也不会想到和妈妈玩呀。"

闹闹哈哈大笑，然后解释说："我写错了，应该是 12 岁。"

好吧。我继续分析主人公，也就是那个天空精灵。按照小说的构思，这是一个小天才，德智体全面发展，智慧勇敢、阳光开朗。问题是，现实生活中有这样完美的人吗?

"当然有了!"闹闹说，"我是融合了我，还有我的好朋友 A 和 B 的性格塑造这个角色的。"

我说："也行。虽然现实生活中这样的人少，但是在网文里这算是一种典型人物。"

闹闹高兴地说："是吗? 是谁?"

我说："他的名字叫作龙傲天。"

3

跳出从众陷阱

怎样让孩子爱看我想让他们看的书

选书最关键

谈起阅读，令家长最头痛的恐怕不是选书，也不是到哪里买书，而是精心挑选买来书以后，孩子不读。所以，阅读这件事，家长要解决的核心问题是：怎样让孩子爱看我想让他们看的书？

要回答这个问题，我们先梳理一下阅读的过程，也就是选书、买书和读书这三个环节。大家都说要重视阅读，那么你的重视体现在哪一个环节呢？

据我观察，很多父母的重视体现在买书这个环节。有的人是不由分说激情下单，有的是想尽办法到处下载电子书和音频，还有的经常逛书店。

有的父母重视读书环节。孩子小时候每读一本英文书就要孩子复述，大一点儿每读一本就要做阅读理解测试；孩子读中文书就要求其做读书笔记或者摘抄好词好句；等等。

我则把重点放在选书上。因为开头走好了，后面就会非常顺畅。选错了书，买得再多孩子也不一定会读，读得再努力也不一定有效。

那么如何选书呢？主要和以下四个因素相关。

▍ 提高时间利用率

第一个因素就是有限的时间。大家都知道中学时间紧张，但是很多家长可能没有意识到，小学生的时间也是有限的。

以我家闹闹为例，我统计了孩子每周的校外文化课学习时间。他周中每天是 2 个小时，周末每天大概有 5 个小时，满打满算 20 个小时。这 20 个小时，是全部的文化课时间。也就是说，它包括完成学校作业、上课外班、接送孩子上课外班或者在家自己做一些课外练习以及读书等。这么多事，你能拿出多少要留给纯粹的阅读？

其实是不多的。

所以我的选书策略是一鱼两吃。比如通过一本书来增强多个科目。闹闹的识字课本是数学启蒙绘本，这样语文数学一起学了。还有一种方法是听书而不是读书，以便利用好碎片时间。

▍ 为了解决问题而阅读

第二个因素，就是我们让孩子阅读的目的。

在选书方面，我还是有几分经验的。在过去几年，朵拉和闹闹每个人每年的听读数量都有 100 多本书，其中 90% 都是我推荐的，10% 是他们自己找的。基本上只要我推荐的书，他们都会读，也都爱读。

我的秘诀是，明确自己的目标和孩子的喜好，然后把这两点对接在一起。能够对接的必然是我想让孩子看的书，同时也必然是孩子想读的书。

明确目标就是要想清楚为什么要让孩子阅读。你可能会说，这件事还用想吗？

用。因为大部分人买书的时候很随意。比如哪天老师说了一嘴，或者在一个家长群里听到了相关的信息，或者在逛书店时遇到合心意的封面，又或者是哪个主播说了什么，于是立马激情下单。这种激情下单很容易让人上头，但结果可能就是你买的书放在角落吃灰。所以选书还是要深思熟虑。

我让孩子阅读的理由总共有三个。

第一个是能激发孩子的学习热情，这个不用多说。第二个是减轻家长的负担。这个也很容易理解。如果孩子不哭不闹自己拿着本书在那里一看几十分钟，那多么省事！如果孩子不用报班自己读书就可以学习，那该多么省妈！

最重要的理由是：我希望孩子学会通过阅读来解决问题。

在孩子小学的时候，遇到的问题大都是父母和学校来解决的。无论是提高成绩还是能力，父母主要的招数是大力出奇迹——课外多花时间，给孩子报班或者自己辅导。

这一招到中学就很难用了。因为他们的学业太难，家长没法自己辅导，时间太紧张也导致无暇去上课外班，而且青春期的孩子也不再像小时候那样配合父母。家长能够发挥的空间会越来越有限。

到了大学乃至工作后，这种趋势就更为明显：孩子要离开父母、脱离对学校的依赖，走向独立。

那么，能够让他们在充满不确定性的人生中始终学到新知识和新技能应对新挑战的办法是什么呢？不是上课，也不是父母辅导，而是阅读。

我们从小要培养的，是通过阅读来解决问题的意识和习惯，从文本中汲取有用信息来印证和理解周围环境的技能，以及将读书和实践相结合的能力。这样的阅读，才可以为中学、大学乃至进入职场和社会打下基础，为终身学习提供最重要的工具。

既然如此，阅读就不只是为了语文学习而进行的文学赏析，也不是单纯为了应试，而是为了帮助解决孩子当下和未来的问题。那我们的书单也就不能只有文学经典名著，或者只有和学校科目相关的读物，而是要涉及孩子在人生每一个阶段会遇到的生活、学习、身心发展等各种问题。

只有这样的书，才能成为孩子的工具。

那这样做有没有效果呢？据我对闹闹的观察，还是有效的。有一次他和爸爸吵架后，回到自己的桌子前。我去看他，发现他打开平板电脑搜索：

"How to deal with a bad dad?（怎样对付坏爸爸？）"

和父母之间的冲突是每一个孩子都可能遇到的挑战。我很欣慰的是，对于这个挑战，闹闹既没有撒泼打滚，也没有找另一个家长来帮忙，而是试图在网上搜索和阅读网页来寻找解决方案。不管是否成功，至少他有了用阅读来解决问题的意识。

▌ 关注孩子的四大需求

影响我选书的第三个因素，就是孩子的需求了。

方向有了，接下来就是孩子这一方。我们得从孩子的角度出发，看孩子喜欢什么。孩子主要喜欢四件事。

首先是幻想。幻想对孩子的重要性，大家很容易理解。大家难以理解的是，幻想对人的一生都很重要。也就是说，人从青少年、青年到成年，甚至老年，都需要幻想。

很多家长的书单里，小说只是给小学生的。到了中学以后，书单里就全是非虚构类的书了。文学作品主要以语文课或者考试要求必读的经典名著为主。

其实，处于青春期的中学生恰恰最需要幻想。这个阶段的孩子面临极大的内心冲突，价值观和世界观的重建，对于家庭和社会的重新认识，以及生理变化、学业、社交等各方面压力带来的自我怀疑，都让他们的身心承受着巨大的压力。

那这些，现实文学可以做到吗？不行。

很多现实文学，或者出于"正能量"的考虑而不会触及极度的恐惧、原始欲望等内心冲突，或者因为要"接地气"提供不了圆满结局。但是在幻想小说里，既有残酷的绝境，也有慷慨的幸福承诺以及肆意生长的空间。

面对应试教育的种种套路和局限，他们可以在幻想小说里驰骋想象、天马行空。在面对学业的压力和反复的自我怀疑时，他们可以在幻想小说的圆满大结局中获得心理解脱和巨大的安慰。面对真实社会的种种疑惑和挑战，例如，适应环境的难题、同龄人间的交往压力、价值观的重建，以及对自己未来方向的迷茫，他们都可以在小说中模拟演练。这样的过程有助于他们更好地理解各种社会角色以及相应的社会行为规范。

第二个需求，就是避免费力的思考。这是认知心理学家丹尼尔·T. 威林厄姆（Daniel T. Willingham）在其知名著作《学生为什么不喜欢上学》里提出的。作为认知心理学家，丹尼尔·T. 威林厄姆通过研究大脑的工作机制来研究基础教育。他发现，大脑本来就不是用来思考的，是用来避免思考的。因为与大脑的其他功能相比，思考既费力又缓慢，还不可靠。所以，威林厄姆提出了帮助大脑思考的各种方式，比如提供背景知识、加强练习等。

他的发现对我们有什么启发呢？选书的时候，要特别考虑孩子的接受程度，比如，不要在孩子很小的时候就选择大部头的书，可以选择音频、视频、插画书等。

第三个需求是社交。也就是说，孩子希望读的，是能够帮助他吸引同伴的东西。

人的成长，就是不断探索和适应外部环境的过程。对儿童来说，最重要的外部环境就是同辈环境，更具体地说，就是学校和班级。获得同伴的认同，就是孩子最大的内驱力。

阅读是否对孩子有用，就看它能不能提高孩子的社交能力。比如，为孩子增加谈资，让他在同学眼里变成一个幽默的人；帮助孩子更好地和人沟通，懂得情绪管理，应对校园霸凌；让孩子提高成绩，从而获得老师的肯定和同学的认可……

社交这件事，有一个很简单的抓手——课间 10 分钟。这是孩子在学校最重要的社交时间。他们平时上课的时候都是坐在教室里听老师讲，回答老师的问题，互相之间的交流没有那么多。下了课都各自去上课外班了，也没有机会交流。

于是，我选书时会思考，这本书能不能让闹闹在短短 10 分钟里一举成为班里的孩子王？

一旦从孩子的角度来思考，你就不会去想什么大语文啊，数学思维能力、历史啊。你想的是，哪些内容更有吸引力？比如脑筋急转弯这样的段子、笑话，特别有意思的漫画书、游戏、谜语等，都是孩子可以下课时和同学分享的。

第四个需求是适应青春期的身心变化。

10—18 岁，就是人们常说的青春期阶段，孩子面临身心的巨大变化。

在生理上，激素的变化导致发育期来临、第二性征的出现，大脑结构发生明显变化，认知和思维能力也得到提升。在心理上，孩子一方面会重新认识自己，一方面会重新看待家庭和社会，探索自己在社会上的角色。他们会不断问自己："我是谁？我要做什么？我要成为什么样的人？"

青春期就像一场风暴，让人从身体、头脑、情绪到心理都处于动荡不安之中。叛逆、强烈的自尊、冲动、易怒往往是青春期孩子的特点。而且这个阶段的孩子还很难求助于父母。因为这个阶段往往是青春期撞上更年期，家庭大战一触即发。

所以，阅读对于孩子和父母都很重要。孩子通过阅读去了解自己生理的变化，学习情绪管理和社交技能，也可以进一步认识社会，去探索自己到底想要成为什么样的人。父母通过阅读去了解青春期对于孩子在生理、心理上的挑战，学习与他们和平共处，了解孩子到底需要哪些帮助，以及怎么帮才容易被他们接受。

具体怎么选呢？下面我列举了一些我家两娃听过或看过多次的书，方便大家清楚地了解如何结合我的目标和孩子的喜好。

这是中文书：

书名	科目	孩子喜好	载体
李毓佩数学故事	数学、语文	幻想	书
奥德赛数学大冒险	数学、语文、地理、历史	幻想	书
从小爱数学	数学、语文	幻想、多感官	书
可怕的数学	数学	社交	书
幻想数学大战	数学	幻想、社交、多感官	书
米小圈脑筋急转弯	语文	社交、多感官	书
米小圈漫画成语	语文	社交、多感官	书
可怕的科学	科学、语文	社交	书
林汉达历史故事系列	语文、历史	社交	书、音频
妈！这是我的人生	语文、生涯规划	青春期	书
心的力量	语文、生涯规划	青春期	书

这是英文书：

书名	科目	孩子喜好	载体
You are a Champion 你就是冠军	英语、体育	社交、多感官	书
Life of Fred 弗雷德的生活	英语、数学	幻想、多感官	书

续表

书名	科目	孩子喜好	载体
Encyclopedia Brown 侦探少年百科全书布朗	英语	社交、多感官	书、音频
Dog Man 神探狗狗	英语	幻想、多感官	书
Captain Underpants 内裤超人	英语	幻想、多感官	书、音频
Hatchet 手斧男孩	英语	幻想、多感官、青春期	书、音频
Percy Jackson 系列 "波西·杰克逊"系列	英语	幻想、多感官、青春期	书、音频
Shoe Dog 鞋狗	英语、生涯规划	青春期	书、音频

其中科目一列，就是我想实现的目标。一本书涉及的科目数量越多，就越符合我提高效率的想法。其中喜好一列，就是孩子的需求。一本书涉及的喜好越丰富，就越容易让孩子喜欢。载体则说明了书的内容可以通过哪些方式来输入。载体越多，孩子理解起来就越轻松。

比如《米小圈漫画成语》，这套书符合我让孩子学习语文的需求，同时也满足了孩子对社交和多媒体的两种需求。

因为闹闹的好朋友懂的成语特别多，很让他羡慕。所以我鼓励他去学一些成语，可以和同学有更多的共同语言。他还可以用漫画来考考同学，看同学能不能猜出成语。

再看《可怕的数学》这套书，有很多的数学小游戏。孩子可以在课间和同学玩，所以也是一个社交利器。

Dog Man（《神探狗狗》）这套书，它满足的主要是孩子对于幻想的需求。同时，因为有大量的趣味漫画和短句，容易懂又令人发笑，具有很强的社交属性，适合课后分享。

还有 *Percy Jackson*（《波西·杰克逊》）系列，虽然已经是章节书了，但是这套书的故事极具吸引力，又配有电影、音频，理解起来并不困难。而且这套书在小学高段和初中生里非常流行，所以也是社交工具。

在应对青春期方面，我选择了三类书：一类是心理学的相关书籍，可以了解人格的发展如何贯穿人的一生，有助于孩子了解自己，也可以帮助父母去解释和预判孩子的各种行为；一类是介绍中学、大学学习生活和成长经历的书，有助于孩子对学校生活做好心理准备；一类是各行各业的人物传记或者各个领域的入门通识读物，有助于了解行业、社会，从而为孩子未来的社会角色定位把握方向。

┃ 从聊天和观察开始

那么这些书是如何选出来的呢？

我一般会先确定孩子的兴趣，主要是通过和孩子聊天或者观察孩子。

比如最近闹闹经常和他的好朋友一起回家。我发现，回家路上他的朋友总是会给他讲历史故事。于是我就拿出了家里的《林汉达上下五千年》。

如果家里没有相关的书呢？比如去年闹闹加入了学校的足球队，我打算找点和足球相关的书。于是我就在知乎、豆瓣、小红书、百度、微信等地方搜索关键词：足球、孩子、书、推荐。

在浏览搜索到的信息时，我比较关注读者的个人体验。因为个性化的读书体验更为真实，也有关于书的各种剧透。

搜到书后，如果是中文书，我会去微信读书试读一下。如果是英文书，我会去喜马拉雅搜一下音频，让孩子试听。如果我读过或者孩子听过觉得不合适，我就不用买了。如果孩子爱听就让他直接听，我也不用买了。这就既省时间又省钱。另外，喜马拉雅还会给听众推荐其他适合的书。这样孩子就可以自己选书。

确认书不错，我就去网上平台购买。为什么不去图书馆借或者去书店买？因为我要提高效率。当你已经很明确地知道你想要什么的时候，直接网上下单就可以了。

┃ 坚持读书，重在父母的体验

这并不是说图书馆和书店不重要。如果我们去图书馆和书店，就不是为了选书，而是为了感染读书的氛围，保持孩子的读书兴趣。

为什么要保持呢？因为坚持阅读这件事并不容易。能否坚持下去，正是影响我选书、买书到阅读这整个流程的最重要因素。

阅读本身比较耗时，一时半会儿又出不了效果。所以一旦有短期任务目标，比如考试等，阅读往往是第一个被放弃的课外活动。

那么，要如何坚持阅读这件事呢？

首先要腾出时间来，安排一个固定时间、固定地点的固定阅读活动。在我们家，一般周末会一起去家附近的咖啡馆读书，大概花 2 个小时吧。一个上午就这么没了。

固定时间、固定地点和固定项目，很容易培养成习惯。但是这个习惯的终点并非每周读一次书，而是让孩子意识到，我们对于阅读这件事是认真的。阅读不仅是学习的需要，也是生活的一部分。

其次就是关注孩子的同伴。孩子的同伴玩什么，对什么感兴趣，我们就读什么。什么能够吸引孩子的同伴，我们就读什么。哪里可以找到爱读书的同伴，我们就去哪里。只要牢牢把握住同伴社交这个支点，就一定能撬动孩子的长期阅读兴趣。

第三个办法是长期记录。每个月，我都会把孩子读过的书放在地板上拍照留念。因为最近两年孩子听书量急剧增加，我就改成做 PPT。长期记录可以让孩子有成就感，也有数据来分析孩子的读书特点，为以后的选书做判断。

以上是方法。比方法更重要的，是原则。具体来说，就是不逼迫孩子，不累着自己。

怎样才算不逼迫孩子？除了选书从孩子的喜好出发，在具体阅读方式上我主张以泛读为主。

精读是一种相对复杂的学习。读的书可能会略微超出孩子的认知和理解范围，会伴随查字典、做思维导图、摘抄好词好句以及做阅读理解题目等学习方式。泛读则强调大量阅读，难度适宜甚至低于孩子的阅读水平，主要关注孩子的趣味，让孩子在无意识之间就自然理解和学到。

相比之下，家庭阅读比较适合泛读，精读则更适合在专业老师带领下完成。

不累着自己，就是在支持孩子阅读时按照自己觉得舒服的方式，而不是别人觉得家长应该采取的做法。

比如我很少带孩子去图书馆，或是去书店买书，又或是参加什么读书分享活动；我也不怎么给孩子讲书，而是喜欢让孩子读了讲给我听；我也更愿意让孩子在喜马拉雅找书听书，而不是自己去到处下载音频。

这么做，主要是嫌麻烦。这样做，不一定是对孩子最好的，但肯定让我自己更轻松。因为让孩子坚持一项活动，前提是父母要能够坚持。所以父母的体验才是关键。

10 年用了 30 个 APP，怎样用才有效

现在教育资源特别多，尤其各种教育类 APP 层出不穷。似乎手指点点，就可以轻松代替老师。

真的吗？

我是教育类网站和 APP 重度使用者。过去的 10 年里，我用过将近 30 个学习网站和 APP。其中一半已经停用，另一半时不时用一下，只有少数是长期持续高频使用的。

这 10 年来，我对这些学习工具的态度，也从新鲜到熟悉，从盲信到祛魅。

那么什么样的工具能够真正帮到孩子和家长？什么样的工具能够长久地用下去？如何才能用好呢？

我发现，这和家长的目标有关。尽管都是为了学习，但是在孩子的不同阶段我们的目标是不一样的。这决定了使用这些工具的体验和最终效果。

▎启蒙阶段很满意，小学都停用了

在孩子启蒙阶段，也就是上小学之前，我对使用的网站或者 APP 是最满意的，尤其是这四款：拼音识字类的 2Kids、英语启蒙类的 Starfall、数学类的嘟嘟数学，以及综合类的可汗学院幼儿版（Khan Academy Kids）。

这四款都非常经典，分别是对孩子的语文、英语自然拼读、数学以及综合能力的启蒙。它们的共同点是通过大量的互动游戏和可爱的动画人物来吸引孩子去主动学。

其中，Starfall 和可汗学院幼儿版虽然以英语启蒙为主，但也教授了其他方面的知识。比如 Starfall 有大量的数学互动游戏，可汗学院幼儿版对数学和音乐都有所涉及。

现在回想起来，我满意的主要原因是我没有把效果放在首位。相比学到什么，我更重视的是学习的过程。孩子是不是有兴趣、是不是愿意主动学，是我最关心的，也是这些启蒙工具能够实现的。而且孩子愿意学，家长就轻松了。

到了小学阶段，我的要求就变了。

首先，必须有效，能够经得起课内课外的测试。其次，还得体验好。这里的体验不是孩子的而是家长的体验，最好不用家长操心。

为此我选择了不少自适应学习工具，包括 NoRedInk、IXL、可汗学院、Exact Path 和 Achieve 30000 等。它们都有网站和 APP 两种版本，既可以在电脑上使用，也可以在平板上使用，非常方便。

什么是自适应工具呢？就是这个软件或者网站可以根据孩子的学习情况推送难度相匹配的教学内容和练习题。听上去既有针对性，也能提高效率，属于人们理想中的个性化教学。

而且不少自适应的工具都标榜"具备完整的教、学、练、测、评功能"，即实现了所谓教学闭环。这不就等于家长完全放手了吗？

然而慢慢地，以上这五款工具都逐步停用了。问题在哪里呢？

┃ 不匹配、不适合

有的是和国内的教学重点不匹配。

NoRedInk（www.noredink.com）是一个提供语法自适应练习的网站，题型丰富，文字原汁原味，不仅提供了语法概念的解释，还有针对多个国外考试的题库。

但是对中国学生，尤其是公立学校的学生不适用。

语法实际上跟交规差不多。你在国内开车开习惯了，去国外一定会先关注国内外的区别。同理，中国学生学英语语法，不仅要懂语法规则本身，更要理解中英文语法的差异。年级越高，母语越强势，越需要理解中英文差异。光靠 NoRedInk 很难做到。

另外，NoRedInk 作为国外的语法题库，和国内考试的关注点不同，对国内备考针对性不强。所以这个 APP 更适合打算出国的学生。

有的则是因为学习功能太弱。

比如 Prodigy（www.prodigygame.com），是一个包裹着角色扮演和冒险类游戏外衣的数学网站。孩子们通过解题获得魔法武器，参与游戏对战。但是一则题目非常基础，二则没有教学，三则只要不会就会快速给出提示，这样就难以真正锻炼孩子的解题能力。

还有一种则是功能太过"凶悍"，没有考虑到孩子的承受能力。

知名自适应练习网站 IXL（www.ixl.com）就是一例。IXL 提供英语、数学、科学、社会等科目从幼儿园到中学阶段的练、测、评。其题型之丰富、题量之大，堪称学习网站之首。

但是，IXL 对于错误的惩罚毫不留情。如果你一道题做错了，它会重复出多道类似的题让你做，直到你做对所有的题才确认你掌握了这个知识点。

我家老大以前做题比较粗心。于是，本应该 20 分钟完成的一组题，足足做了一个半小时，最后崩溃了。

我们发现，题目做错主要是因为她打草稿不写步骤，或者比较潦草。这样折腾了几次，孩子就养成了做题认真打草稿的好习惯。但是这样"全部清零"的设计对孩子来说压力太大，产生了厌学情绪。

以上几类工具，有两个共同点：第一，它们不是给中国学生设计的，所以其理念和教学重点不能完全匹配中国孩子的需求。第二，它们主要作为补充作业而用，缺乏完整的教、学、练、测、评的闭环。

▍ 看上去很美，但是假的

那么，如果找一款功能齐全的自适应工具，是不是更完善，能让家长全面放手呢？

不一定。

最明显的例子是 Exact Path。它提供了 K-12 数学、英语的自适应录播课，教学设计严谨，教学动画活泼有趣，同时还有阶段性测试和报告。这一套组合拳，给人的感觉既周全又轻松。

老二闹闹在小学一年级的时候，我让他使用过。因为教学视频特别有趣，孩子学得很开心很顺利。三个月后，我惊讶地从测试报告得知，他大部分知识和技能已经达到美国小学三年级阶段，有的领域甚至到了四年级，蓝思指数也嗖嗖地上升。

难道我的孩子是天才吗？

我用其他的测试题试了一下相关的知识点，发现要么他掌握得不扎实，要么就一问三不知。

那是 Exact Path 的报告错误了吗？我相信就在做题的那个时候，闹闹的确是做对了。但是他会忘记啊。

我家老大用可汗学院这个网站来学习数学的时候，遇到过同样的问题。可汗学院是美国的一个免费在线教育网站，提供从幼儿园到大学的免费数学视频课程和练习题，同样是自适应的。

朵拉在一年之内学了从小学二年级到小学六年级的全部知识。然后我给她做了四年级的测试题。发现，她全忘记了。

学习是螺旋式上升的过程，会有起起落落。知名的艾宾浩斯遗忘曲线就说明了人类的记忆会随着时间变化。这也是为什么我们的教材也好，课堂的教学也好，往往会重复出现之前教过的内容，并且按照繁简、深浅、难易程度逐步扩展和递进。

但是，大部分自适应工具的设计更像是直线推进的教学方式。也就是说，在教材的内容排列中，后面不会辗转重复已讲过的内容，而是直接跳转到下一级的知识点。所以，阶段性的报告也显示出孩子如火箭般上升的趋势。

但是，一旦你用其他的测试去检查，发现根本不是这么回事。这样一来，学习就很难扎实，效果评估也不准确。

这不仅仅是 Exact Path 的问题，其他知名的学习网站，如可汗学院、Achieve3000 等，或多或少都有类似的情况——乍看上去孩子进步很大，拿别的卷子一测却不是那么回事。

看上去很美，但是假的。

工具不完全可靠，还得靠人。对小学生来说，教学要有效果，不能完全依赖 APP，而是需要线上和线下相结合。

最后一种则是因为比不上线下的读物。

比如有两个大名鼎鼎的工具，就被我家孩子弃用了。一个是 Raz-kids，另一个是 Achieve 3000，都是知名的分级阅读APP。这两个工具既有系统的多媒体读物和题库，又有完善的激励机制和报告，广受欢迎。

那么我家孩子为什么不喜欢呢？因为家里有很多纸书可以代替线上分级阅读。

一旦孩子可以自主阅读了，就自然会寻找最符合他们口味的书。无论是 *Magic Tree House*（《神奇树屋》）、*Geronimo Stilton*（《老鼠记者》）等系列章节书，还是 *Science Explorer*（《科学探险》）等教材，从文笔和趣味性来看，都不逊于这两个网站，甚至更好。

最根本的原因，是孩子很难从阅读＋测试这种形式上获得阅读的快感。这些英文阅读网站或 APP 因为附带阅读理解测试，能够让家长便捷地了解孩子的阅读能力。即使家长读不懂，一看到测试报告，就知道孩子是否读懂了，水平是否提升了。这就给家长带来了获得感。但是，对孩子来说，测试让阅读从主动的探索变成了被动的考试，从休闲变成了学习。这相当于以牺牲孩子的兴趣为代价来满足家长的获得感。

看到两个小朋友每天放学后扑向书架而不是电脑，我也乐见其成。保护视力嘛。

总之，小学前三年，我的经验就是：不要妄想用了工具就完全放手。

┃ 让工具当助手

接下来我转向那些可以作为助手的学习工具，这些基本上都留下来了。

第一类是工具类，比如剑桥在线词典、古诗文网、www.vocabulary.com 和 Grammarly。这些工具的优点就在于在各自领域里相对专业、权威，同时用起来也很容易。

比如，剑桥在线词典和古诗文网就是我和孩子都特别喜欢用的网站。因为内容非常丰富、靠谱。孩子学语法和古诗文，基本上就靠这两个网站了。

第二类是平台类，比如喜马拉雅、得到、微信读书、B 站、知乎、小红书等。在这些平台上，我们可以通过精准的搜索引擎，在丰富的读物和课程中找到最适合自己的内容。

其中，喜马拉雅是小朋友听书的首选。

得到和微信读书是我给孩子选书时用来做调研的工具。

在得到可以看到很多高质量的非虚构类读物。微信读书不仅有海量的图书，还提供对各种载体电子书的文字转音频以及英译中的功能。这样一来，我们可以充分利用时间去学习。来不及看的就听，看不懂的就翻译成中文。

第三类是学科类的教学网站或 APP，比如可汗学院、Brainpop、AoPS（https://artofproblemsolving.com）和 Coursera。这四款工具能够提供学科领域的专业授课视频和练习题。孩子可以自学，也可以在家长的辅导下使用。

Brainpop 的视频短小、有趣、易懂，而且科学、数学、英语等无所不包，还配有各种各样的练习，都是小测试、小问答，量不大，难度不高，但是很有意思。

此前，老大朵拉用可汗学院学习数学的时候，曾经发生快速学完又快速遗忘的事情。所以，老二用可汗学院学习的时候，我就特意匹配了同步计算练习册《三招过关》以及阶段性的测试卷。这样学测结合、中外兼修，就好多了。

AoPS 是一个美国的数学网站，包括题库、网课和数学社区。我家两个小朋友使用最多的就是它的题库。题库是免费的，总共有一万五千多道题。题目质量很高，而且有非常详细的答案解析。

Coursera 是一个全球在线教育平台，由美国斯坦福大学两名教授创办。课程提供者既包括斯坦福大学、普林斯顿大学、北京大学、东京大学、香港大学、南洋理工大学等中外顶尖大学，也有 IBM、谷歌等知名企业。虽然 Coursera 主要面向成人，尤其是大学生，但是它欢迎各个年龄的用户，其中部分课程也适用于零基础的学习者。

这三类学习工具共同的特点是：适用的年龄跨度大，内容很丰富或者专业，并且给予用户很大的自主权。

最重要的还是自学、自驱和自律

最近几年，有关学习工具的使用出现了一个巨大的变化，就是 AI 的出现。

随着 AI 的出现，我们面临两种可能的情形：与之共舞或者被取代。学会利用工具就变得更重要了。怎么才能用好呢？我觉得需要注意以下三点。

首先，在启蒙阶段就要培养健康的电子设备使用习惯。因为这个时候是孩子使用电子设备的第一步。

我的建议是尽量不要给孩子用手机。我发现一个很有意思的现象。很多家长一方面非常担心孩子沉迷手机，另一方面在给孩子启蒙的时候很喜欢下载手机端 APP 而不是电脑软件，让孩子用手机来学习。

我估计是家长觉得这样既方便，又可以监控孩子。但实际上可能南辕北辙，因为手机使用的场景和机会实在太多了。

举一个例子。我和亲友聚会的时候，看到有的家长为了方便聊天，就把自己的手机交给孩子玩。类似这样的场景堆积起来，很容易养成手机依赖症。等到孩子拥有自己的手机，就已经难以自拔了。

所以，我建议尽量用网站，在电脑上使用。如果要用 APP，尽量用平板电脑。因为电脑只能在家使用，平板也不太方便携带，这就限制了电子设备的使用。

我们家两娃通常是在书房或者父母的房间，用电脑学习。这样方便管控他们的使用时间。比如每使用 30 分钟，我就提醒他们停下来休息一会儿。出门和亲友聚会的时候，我会带个足球，这样大人聊天的时候孩子可以去玩一会儿。

其次是注意学习的顺序，要引导孩子主动思考而不是被动接受知识。

传统线下学习模式最大的劣势有两个。一是无法实现个性化教学，二是很难找到特别合心意的老师。所以很多家长到处搜集名师讲课视频。

但录播视频本身就缺乏互动，也不像线下那样有同伴一起学习，这样上课比传统讲堂更像灌输式，更无聊。

解决问题的方法其实很简单，就是改变学习的顺序：先自行摸索，再去听讲；先确定自己的问题，再根据问题选择合适的老师请教。

如果课外要复习，就先做测试了解薄弱项，然后看书、在网上查资料或者看讲课视频去进行专项学习，搞明白了再重新做专项的练习题来检测效果。如果要提前学，则可以先看教材做习题，搞不懂的话再去网上查资料和看视频，然后再做专项练习。我家两娃的英语语法和数学都是这么学的。

改变顺序，实际上相当于带着问题去学习，这样目的性和主动性都加强了。

在这整个过程中我们都会用到学习工具：测试环节采用线下的教辅；专项学习环节用学科类网站；遇到问题再去用工具类或者平台类的网站和APP，从海量的视频或者资料中搜索对相关知识点最权威的解释或者最容易听懂的内容。

最后，也是最关键的，把握放手和督学的度。

一方面，不能完全依赖网站或APP，线下还是离不开家长的督促和辅导。另一方面，如果要真正用好这些工具，还是得让孩子自己摸索。

具体怎么做呢？我们家的做法是，和孩子在一个房间里，他们学他们的，我们干我们的。

孩子不懂的时候还是需要爸妈辅导和帮忙的，不过大部分时间是自己解决。这首先是因为我们找的题库或者网站能提供非常专业的解答，其次是他们越来越多地发现父母也解决不了难题。父母做得更多的就是陪伴，让他们感到学习是生活的一部分。

我们已经进入一个全新的自学时代。我们不能决定去什么线下培训班，也不知道什么时候会在家上网课还是去学校上课，更不是全学段全科全能的专家。我们能做的，是教会孩子充分利用所有可以利用的资源，围绕自己的需要去规划和学习。

网站或 APP 只是资源的一部分。其他还包括社区、学校、家庭、老师、同学、书籍、媒体等。我期待未来我的孩子能够有明确的目标和想法，依靠但不被任何一方牵着鼻子走。

如果能够做到这三点，我们虽然不能像起初幻想的那样全面解放，但可以放心地逐渐放手。

以下是我用过的所有工具的清单。

序号	工具	学龄段	科目
1	嘟嘟数学	幼儿园到小学	数学
2	Prodigy	小学	数学
3	可汗学院	小学到大学	数学
4	NoRedInk	小学到中学	英语
5	Raz-kids	小学到中学	英语
6	Achieve3000	小学到大学	英语
7	www.vocabulary.com	小学到大学	英语
8	Grammarly	小学到大学	英语
9	剑桥在线词典	小学到大学	英语
10	Brainpop	小学到中学	科普
11	古诗文网	小学到大学	中文
12	2Kids	幼儿园到小学	中文
13	现代汉语词典	小学到大学	中文
14	Starfall	幼儿园到小学	综合
15	可汗学院幼儿版	幼儿园到小学	综合

续表

序号	工具	学龄段	科目
16	Exact Path	小学到中学	综合
17	IXL	小学到中学	综合
18	喜马拉雅	小学到大学	综合
19	Bilibili	小学到大学	综合
20	得到 / 少年得到	小学到大学	综合
21	微信读书	中学到大学	综合
22	DeepL Write	小学到大学	英语
23	Deep L	小学到大学	英语
24	SmartyAnts	小学到中学	英语
25	AoPS	小学到大学	数学
26	KMF.com	中学到大学	英语
27	Coursera	大学为主	综合
28	小红书	小学到大学	综合
29	知乎	小学到大学	综合
30	quizlet	小学到大学	英语

要不要提前学，怎么学

谈到超前学习，往往有两种截然不同的观点。一种认为超前学是拔苗助长，另一种则认为超前学习是学霸的不二法则。那么到底应不应该超前学？如果超前学了，怎么做才有效呢？

朵拉从小学二年级开始自学数学，两年之内学完小学数学课程，到小学六年级已经基本学完了初中数学，并且在美国数学协会主办的 AMC8 竞赛中获得了 Honor Roll 的荣誉证书（成绩排名在前 5%）。

这算是妥妥的超前学习了。

不过我要声明一下。朵拉虽然超前学习了，但算不上什么学霸。因为她并没有特别突出的成绩。AMC8 虽然是全球性比赛，但朵拉取得的成绩并非顶尖。这项比赛有大量中国参赛者，而且中国学生的成绩普遍不错，甚至有二三年级的小学生就获得 Distinguished Hornor Roll（成绩排在前 1%）的杰出荣誉证书。

反之，朵拉的学习过程波折不断，甚至几度推倒重来，获得的教训远多于经验。

那么，要提前学吗？在我看来，"提前学"本身不是一个问题，问题在于如何提前学。

特别的提前学

先介绍一下朵拉的数学学习经历。

和很多孩子不同的是，朵拉既没有上课外班，也没有采用大多数人用的奥数教材，而是在家用在线教育网站自学。

她先后用了两个提供免费教学视频和题库的在线教育网站——可汗学院和 AoPS。这两个网站都是非常有名的自适应网站。这种自适应网站把数学知识细分成上千个知识点，用 2—5 分钟的短视频来进行讲解，同时根据孩子的水平匹配相应的数学题。

这种方式有三个特点。

第一是对小升初择校作用不大。我们选择这种学习方式，一开始就不是奔着小升初择校，而是为了同时促进朵拉的英语和数学。

第二是过程非常曲折。因为缺乏有经验的老师指导，她不得不摸着石头过河，几次推倒重来。小学数学学了两遍，初中学了两遍，总共四遍。

第三则是外在压力不大，全靠内驱。因为没有小升初的升学备战压力，就算参加竞赛也不会太过焦虑。而且在整个过程中虽然有受挫，但大大增强了孩子的自信。这是最大的收获吧。

虽然朵拉提前学的方式有点小众，但是在她身上还是可以看到大部分孩子的特征：不是天赋极高的牛娃，并不完全指望靠顶尖的数学成绩获得提前点招，但是希望提前学有助于小初衔接。

能做到吗？

根据我家孩子的经历，这是可行的。而且我相信很多孩子会比我家孩子更顺利。因为他们大都会报课外班，在专业老师的指导下提前学。不过，要有效提前学，需要解决四个问题。

问题一：提前多久学？

理论上来说，这得根据目标倒推。

比如坊间那些竞赛牛娃的传说：幼儿园开始规划，小学学完初中，初一学完高中，然后开始参与数学竞赛的准备，高一就进入国家队，迈入辉煌人生。

如果为了小升初择校，那么至少在简历投递之前要取得相关学校关注的证书或者竞赛成绩。

如果是为了更好地应对校内课程，一般来说提前一个月或一个学期预习即可。

但是为什么要说这是理论上呢？因为以上三条路都是笔直的道路，一旦走上只能一心向前绝不后退。

但是朵拉的经历让我意识到，对大部分孩子来说，学习的路径是螺旋式的。

其实，最初朵拉的超前学习并非有意而为。

在自学之前，朵拉也曾经上过一段时间的数学课外班。但是进入三年级下学期，由于"大流行"和"双减"政策，课外完全自学，学校课业有所减少，结果是学习进度反而突飞猛进。到了四年级，她已经学完了小学六年级的课程，开始学习初中数学。

这种火箭式上升的学习进度最后被一张测试卷打断。在别人的提醒下，我们让朵拉做了一张五年级的考卷，发现她一道题也不会做。

她都忘记了。

遗忘，是学习最大的敌人。这就是为什么学校的课程设计往往是螺旋式的。

"螺旋式课程"（Spiral Curriculum）是美国著名教育家、心理学家布鲁纳（J. S. Bruner）在20世纪60年代提出的，这种课程和教材，致力于让学生在一定的时间内学习、探索一套逐渐加深、拓宽的复杂概念体系。

这意味着什么呢？意味着课程设计要根据学生的年龄、认知规律和学习方式来决定。也意味着，同一个知识模块，可以放在不同的年龄阶段以不同的形式和深度来教授。

比如对于小朋友，教授的知识肯定是广度大而深度小。一些深奥的理论和概念，可以转化为趣味游戏，让孩子来体验，从而有一个感性的认识，为未来学习更深级别的知识打好基础。

然而，可汗学院这种自适应学习网站，并不符合螺旋式教学的理念。

自适应学习 APP 往往会鼓吹两点优势：一是细分知识点，方便让学生按照自己的需求进行个性化学习；二是逐级上升，只要过了阶段性测试，就可以一直往上学习，上不封顶，给学有余力的学生提供了发展空间。

这对时间有限或者能力较强的学生来说，的确是优势。但也存在劣势，因为它很难根据学生的认知和思维方式，对相关知识和概念提供多样化的学习与测评方式。

另外，数学是非常强调综合应用的。但是可汗的阶段性测试主要关注单一知识点的考查，而且难度不高，所以无法评估孩子的综合理解和运用能力。

总之，可汗学院这种直线性的教学方式会给人一个错觉，学过就掌握了。这就是为什么朵拉当时似乎都懂了，但是事后却都忘记了。

大幅度提前学有什么影响呢？

就是你得学好几遍。

朵拉在小学六年级的时候学了两遍小学数学、两遍初中数学，才算基本掌握。

到了初一，刚开始时我们觉得提前学还是很有好处的。因为初中的上课节奏比小学明显加快，如果没有提前学的话一时很难跟上。然后就发现，她做难题还行，但是基础题扣分比较多。

听上去很奇怪，但其实这和她提前学的方式有关系。

因为整个初中的重点是几何，但是初一的重点是代数。她刚学完初中三年的课程，到了初一，脑子里都是几何，那么代数呢？

又忘记了。

所以，提前学是可以的。但是大幅度超前学性价比不高。如果要设定一个提前学的时间段，我建议提前一个学期。

到底提前多久，还是要根据学校的教学节奏和孩子自己的认知水平。如果学校的教学节奏很快，孩子认知水平较高，可以学得多一点。反之，则可以放缓步伐，甚至提前做一些预习即可。

另外，为了确保不会遗忘，课外提前学要注意和课内的衔接。

比如，到了小学六年级，很多家长会让孩子提前学习物理。因为物理难度较高，提前学似乎有必要。

问题是，在全国大部分地区，物理是初二才学习的。尽管孩子在小学六年级就提前学了物理，但是很长时间里在学校接触不到这门课，也就缺乏足够的动力和时间去熟悉相关知识。再加上初一孩子会忙于其他课程，课外给予物理的时间也有限，到了初二正式学物理的时候，还是有比较大的遗忘风险。

所以，如果小学阶段要提前学初中课程，更适合学语数外三门主课。

问题二：用什么材料提前学？

以数学为例，大部分学生会选择两种教材：一种是国内的中学数学课本或者奥数教材以及相应的练习册，还有一种是国内的授课视频和在线题库。

我们家选择的教材比较丰富，先用了国外在线教育网站，后来又采用了国内的练习册，甚至做了全国各地的中考卷。这也是在孩子自学的过程中逐步选择的。

最初选择可汗学院，一方面是为了同时学习英语和数学，另一方面也不想课外和校内课程重复，免得孩子因为无聊或者提前学了上课就不好好听讲。

但是我们很快发现，可汗学院的题目简单且练习题不够。于是我们改用另外一套教材——由 AoPS 网站出的系列教材。这套教材对概念的解释和推导非常清晰、有条理，例题有难度而且具有灵活性。

除了教材，朵拉还会做 AoPS 的免费题库 Alcumus。这套题库有13000 多道题，涉及初高中的所有知识点。题型多样，每一个知识点有30—60 道习题。每一道题都会标注相关的知识点和难度。题目难度级别从 1 到 25。

和教材一样，Alcumus 也非常适合自学者。一方面它是自适应的，会根据学生的难度来提供相适配的题目。更重要的是，每一道题不仅有答案，还详细介绍了多种解法和相关的知识点，方便学生了解自己的问题所在。

这套教材和题库也是英文的，所以符合我们英语和数学同时学的初衷，里面还有大量的应用题。在我看来，这相当于阅读理解题。如果能把英文教材搞懂，把题目做出来，不就说明理解了吗？

到了小学六年级下学期开始准备小初衔接的时候，我又选择了中考卷。这样一方面可以让孩子真切地了解一下初中数学到底考查哪些方面，另一方面则是想看看国外教材会不会让朵拉水土不服。

所以我买了一套全国各地的 2022 年数学中考卷。

为什么不选择北京地区的模拟卷呢？因为我们的目的不是冲刺中考。到了朵拉初三的时候，学校自然会让她做大量的本地卷子。我的目的还是让孩子了解自己在国内教育体系里是什么样的水平，还有哪些地方需要补足，也了解一下北京的卷子在全国属于什么样的难度。

朵拉很担心，说："中考卷对我来说是不是太难了？"

我说："大家都说是小升初难度，不正适合你嘛。再说了，你也学了不少初中的知识。"

朵拉又问："如果我做得不好呢？"

我说："你是小学生。你只要去做了，你就是全村最靓的仔。你做得再差也是应该的。"

于是，她每周做一套中考卷，总共做了 10 套中考卷。做这些卷子给她的冲击还是很大的。

首先，她发现，自己需要补三点：几何与函数的知识、计算能力以及综合运用各项知识的能力。这三点里，唯有计算能力是目前她的自学没有涉及的，于是之后她主动要求增加计算能力的训练。

她发现中考卷并没有人们说的那么容易。尤其是重庆卷，有的题她就算看了答案解析还是做不出来。根据朵拉的感受，这五套卷子里，最简单的是广州的（满分 120 分她得了 108 分），最难的是重庆的（满分 150 分她得了 48 分）。被很多人视为"小升初"难度的北京卷在全国也只处于中间位置。

朵拉说："我要是去广州读书就好了。"

我说："你到了广州，可能考不上高中，因为大家分数都高。"

因为之前考过 AMC8，朵拉也将其与国内的中考相比较，发现中考比 AMC8 难多了。

为什么呢？因为中考的题量更大，耗时更久，而且压轴题往往会综合考查学生对不同知识点的理解和运用。

相比之下，AMC8 比较重视知识点的广度和答题的速度，并且出题灵活新颖，但题量要少得多。

单纯依靠刷题是不能对付 AMC8 这类比赛的，但是在 AMC8 比赛上取得高分的学生也不一定能赢下中考。

等朵拉进入初中以后，她又发现了用 AoPS 网站和可汗学院学习的另外两个问题。

第一个问题是，国内考试非常重视数学定义的背诵和记忆。但是因为语言不同，孩子在用外语学习时这块是有所欠缺的。

第二个问题是，这些在线教育网站的计算练习不够，难以应对国内尤其是初一的数学考试。

于是朵拉每天限时练习一张计算题，然后再按照老师的建议老老实实地把错题做三遍。这样，两个月下来，她的数学有了很大进步。而计算练习册，也是她目前唯一使用的课外教辅。

当然用国外教材的好处也很明显。一则真把英语用上了，在英语学习上省了不少时间；二则国内外的出题方式不同，大大开拓了思路。

那么如果要提前学，是不是要用国外教材，或者说用什么好呢？

这主要看你的目标。如果只关注数学，尤其是希望对小升初择校有所帮助，并且会在国内培训机构学习，那么选择国内教材和教辅是最佳做法。

选择国内教材也不耽误学英语，只要选择有针对性的英语学习资料，照样可以英语数学双丰收。

那么，什么情况下用国外的网站和教材更合适呢？

如果你希望自学并提高英语的应用能力，就很合适。因为这些网站和教材非常适合自学，无论是视频还是文字、图片，对于概念和题目的解析都很到位，而且有的网站还为数学学习者提供了讨论社区。如果英语好又比较自律的话，可以很方便地进行自学。

当然，最好是中西结合，同时锻炼孩子的自学能力、数学思维以及针对校内的应试能力。

老二闹闹依然用可汗学院和 AoPS 网站学习，但是他同时每天做一页

《三招过关》来补充计算练习，每隔一段日子做一张单元考卷，以了解自己在学校数学体系中的位置。这样做，他的学习速度放缓，但是返工重学的情况也少多了。

问题三：提前学，要按照什么样的节奏？

这里的节奏指的是频率。如果要提前学，孩子是平时每周上课呢，还是集中在假期提前学？是一次到位尽快学完呢，还是像朵拉这样学个好几遍？

这当然和你的目标、时间以及孩子的能力都有关系。从我家小朋友备考 AMC8 的经验来看，慢比快好。心急吃不了热豆腐。

AMC8 的考查范围是小学高年级到初二。从竞赛名称来说，更适合初中生。但是朵拉是五年级开始参赛的。

当时让朵拉参加这个比赛，一则想知道她的数学学得究竟如何。因为她自学使用的是 AoPS 的教材和网站，其中的很多题目和 AMC8 比赛题目思路相似。二则，AMC8 作为一项全球知名的比赛，不仅题目质量高，而且报名方便，费用不高。三则，近年来很多低年龄段的中国学生都纷纷参加 AMC8，甚至有二三年级的学生，我们觉得五年级的朵拉在其中并不突兀。

报名之后，问题就来了。

我们发现竞赛涉及的知识点，比如数论、组合、概率等，她并没有学到。另外，她也缺乏考试技巧，包括做题的时间分配以及用电脑答题的注意事项，等等。

于是，在做了几套不太成功的模拟卷后，我们就开始加大学习强度。

爸爸找到过去 10 年来的 AMC8 真题，并且花了几天按照专题分门别类地整理。朵拉就开始了学习、刷题、再学习的日子。

同时，我也给朵拉找了辅导老师。国内的 AMC8 的辅导班非常紧俏，很难报上名。最后朋友帮忙联系到一位国外的老师，给她上几节冲刺答疑课。朋友说，唯一的问题是这位老师是个印度人。

这对朵拉不是问题。可汗学院的数学视频不就是印度裔美国人录制的吗？她长期学习可汗的经历终于发挥了作用。老师讲解得非常清楚。但当时明白了，类似的题目她还是不会做。到了最后一个月，家里的气氛都有点压抑。如果朵拉的表现出色，家中就会充满欢笑；反之，如果她做得不好，气氛就会显得沉重。

到比赛前两周，朵拉觉得眼睛不舒服。医生检查后警告说，她的视力储备已经所剩无几。

那天从医院回来，我辗转反侧：备考这项比赛真的有必要这么紧张和急迫吗？

其实，因为这类竞赛对于北京市的小升初择校没有重大的影响，我们没必要这么紧张。而且，朵拉从知识、能力和经验上，也没有做好准备，不可能在短短几个月里有巨大的变化。更重要的是，和长期的健康相比，考试没有那么重要。

这样一想，原来在备考旋涡里挣扎的我们彻底抛弃了之前的备赛方案，从冲刺改成了"重在参与"。后来在比赛中她获得了 14 分，和 Achievement Roll（15）的奖励只差一分。

第二年，朵拉再次参加了 AMC8 竞赛。但是我们的做法变了。

首先，我们不再找老师，决定干脆让朵拉自学到底。

其次，我们调整了朵拉的学习频率和时间。她以前是每周两到三次，每次学习 40 分钟。这 40 分钟里，她需要自己看书，做书上的例题和 AoPS 网上的习题。对小学生而言，整整 40 分钟自己一个人做难题，是很难熬的。

我改成周一到周五每天都要学习，每次只做 5 道题。周末集中整理和复习错题。这样虽然每次的学习时间减少了，但是总量不变。

几个月下来，变化非常明显。朵拉每次学习只花 15 分钟，积极性比以前高多了，做题的正确率也提高了。

另外，我的态度也发生了变化。以前她提前完成了，我就想加点量，现在做完了就让她去休息或者玩了。我也不再因为她做错题而焦躁。有一次她突然问我，已经做错 4 道题了，还要不要继续做下去。我说当然要做了，做完 5 道题就行。至于错误，可以周末的时候复盘。

在这种宽松的氛围下，虽然朵拉总体的学习量不变，但是她的学习积极性比以前高了。

两年之后，闹闹也参加了 AMC8 竞赛。相比姐姐第一次参赛时的学习进度，他要慢得多，才学到初一的代数，纯属"到此一游"。

但我们的心态比当年要松弛得多。我们既没有打乱平时的学习节奏去给他补考试涉及的相关知识，也没有找老师补习，只是给他做了几套过去的真题。

所以，那天考试，他也相当放松。没想到，闹闹最后得了 19 分，远高于姐姐第一次的成绩。当然，19 分不算高分，而且我估计他有些题是蒙对的。不过我们全家都很满意，因为我们做到了轻装上阵。

结合两娃的经验，提前学习尤其要注重放慢节奏，给孩子思考、犯错和改正留下空间。从学习的量和时间来看，与其偶尔高强度学习，不如持续稳定地轻度学习。

问题四：家长如何督学？

课外提前学，往往离不开家长。那么家长要做什么呢？

如果找培训机构，家长的工作会轻松点，主要是陪作业和督学。如果是在家自己辅导，家长的工作会困难一点，因为你不仅要懂知识，还要懂教学；如果是孩子自学，家长的工作看上去最轻松实际上最困难。因为孩子不懂，你也不懂，你们一起摸着石头过河，前途充满了不确定性。

我们恰恰选择了第三种，也就是最困难的模式。

在我们家，我主要负责规划和找资源，爸爸则负责日常数学辅导。我们做的主要是三点：一是持续陪伴；二是提问为主，讲解为辅；三是提供学习方法。

持续陪伴的字面意思，就是每天一起学习，但是不给孩子讲课。

朵拉一般自己学习。爸爸要求她先看书，然后做书和网站上的练习。如果做不出来，就先看答案和解析。如果还没有搞懂，就重新去看书和相关知识点的视频。实在不行了，再找爸爸。

朵拉的这种自学方式，其实有点反传统。通常都是先上课听讲再练习。如果是自学，则往往是先看视频讲解，再读书或者做练习。但朵拉是读书、再练习，然后需要的话再通过看视频来补充学习，可以说是由难到易。

她一开始是很不适应的，但是后来就逐渐习惯了。就算是不懂去找爸爸，她也不用爸爸讲解，而是坐在爸爸身边再重新做一遍题目。两个人你干你的，我做我的。很有意思的是，尽管爸爸一言不发，但是在爸爸身边她居然能够把一些原来不会的题做出来。这可能是爸爸带来的情绪价值吧。

如果她实在做不出来，爸爸再去看题目和后面附的解析。但他还是不讲，而是向朵拉提问，引导朵拉去重新思考，两个人一起解题。一般情况下，题目就解答出来了。解答不出来，再去重新看答案解析。就是这样周而复始。

那么有没有怎么做都解不出来的情况呢？

非常少。即便有，我们的解决方法就是搁置。虽然听上去有点怂，但是的确减轻了双方的压力，让学习得以继续。

后来朵拉做中考卷的时候，也是采用同样的方法。爸爸要求她先自己重新做一遍错题。如果做不出的，就去看答案解析；如果看不明白，就去 B 站等平台找相关的试题讲解。B 站讲解视频上经常有"太难了，太难了"之类的弹幕飘过。看到那么多人和她一样不懂，朵拉瞬间被治愈。

这种陪伴方式，大大减轻了爸爸的讲解负担，也增强了朵拉的自信心。

在整个过程中，我时不时会给朵拉想点小招。比如之前谈到的，建议朵拉从偶尔高强度学改成持续高频轻度学习。我的另一个建议是做错题本。

在备考过程中，她总共整理了 182 道错题。每一道错题里，除了题目和官方解析，朵拉还添加了相关的知识点和自己做错的原因。我查看了她的错题本，发现她最初的错题难度级别通常是 10 几级，到后来就变成 20 几级，这也说明朵拉一直在进步。

到了考前三天，朵拉什么题也不刷了，专注于自己在 AoPS 题库上做过的所有错题。

光是错题还不够。第一年比赛的冲刺阶段，朵拉就是反复刷真题和恶补知识点。但那也是她压力最大的时候。第二年，她的知识点差不多补全了，关键任务是释放压力。

所以我给她找了一个伙伴，也是同年龄的要参加 AMC8 的学生。那个孩子上过国内的奥数班，但是对 AoPS 的教材以及 AMC8 的题目不熟。两个人正好互补。

他们每周做同样的卷子，然后在线上讨论自己做的错题，把解法讲给对方听。有人搭伴学，积极性一下子就上来了。两个小朋友很认真地分享自己高妙的解法，讨论中经常口出各种定律、定理什么的。

最后一个释放压力的办法，则是让她自己考试。前一年比赛的时候，爸爸在房间外一直陪着她。第二年考试一开始，我们全家就出门去溜冰了，直到她考完才回家。

现在回想起来，即便是提前学习，我们家长也只是辅助者。这也是朵拉自信心的来由吧。

以上是我对提前学这件事的看法。同样的问题，当事人是怎么想的呢？我也和朵拉聊了聊。以下是她的说法。

我要过什么样的人生

小学三年级的时候，我一度很不想上学。我问爸爸妈妈："人为什么要学习？我可以不上学吗？"

爸爸妈妈很紧张。爸爸说了一大通道理。妈妈很直接地说："这是法律规定的，每个中国人都要接受九年义务教育，相当于要上完初中。"

我问："那我可以不上高中吗？"

妈妈说："可以，但是你要自食其力。就是说，你要找到一份工作来养活自己，有能力从这个家搬出去，独立生活。"

这以后，妈妈经常带我去看外面的各种招聘广告，看哪些工作是初中毕业生可以做的，问我愿意不愿意做。我们看过超市收银员、快餐店服务员等，但是还没琢磨清楚，就发现这些岗位越来越少，都被机器代替了。

妈妈说："你看，初中毕业很难找到合适的工作。你得学习，成为机器背后的人。"

我说："是维修工人吗？"

后来我告诉妈妈，她想多了。其实我当时不想学习，并不是觉得学习有困难。恰恰相反，因为那时候学校里学得很简单，又经常做一些抄写的作业，我觉得没什么意思。

但是很快，我就发现学习没那么简单。因为我开始在课外学习数学了。

最初我上过一阵子网课。我和同学们在老师的带领下解题。题目很难，我们要花很多时间来讨论，最终把题目解出来，还可能有好几种解法。虽然学起来不容易，但是我能够跟上，就很高兴了。

很快，因为"大流行"，我开始全天在家上课。担心上太多网课会影响视力，妈妈停了我的数学课外班，从此我就开始自学。

自学太难了。

一开始，我是用可汗学院自学的。后来，为了锻炼我的计算能力，爸爸曾经让我做过一个网站的练习，叫 IXL.com，这是美国一个课外练习网站，提供英语、数学、阅读、科学等题目。题不难，但是题型丰富，量很大。

这个网站可以根据你的错题推送同类题目。但是，只要错一道题，它就会推送无数道题，让你反反复复地做。有一次，我因为做错了一道题，就多做了一个多小时，怎么都做不完，急得大哭。后来，爸爸陪着我做，这才发现我没有打草稿，做题的时候跳步骤，所以就容易错。改掉做题的坏习惯，正确率就高了。

没想到，更难的在后面。

五年级时，我开始用 AoPS 的教材和网站学习。我的课本最早是爸爸从官网上买的电子版。每次爸爸打印一个章节，然后让我学习。后来我也开始看相关的教学视频和做题。但是无论是课本还是题目，都比可汗学院的文字量要大很多。这相当于我每天都在啃英文书，还是那种特别难的英文书。后来有的知识点连视频教学都没有，我只好硬着头皮读下去。

到了准备 AMC8 比赛的时候，我发现自己有很多东西要学，压力非常大，然后字也看不清楚了。去医院检查以后，我开始减少学习量。

我真正感觉自己有进步是在第二次参加 AMC8 比赛。虽然我的学习量比前一年要少，但是我比过去有自信了。等我完成比赛后，看到网上很多分析文章说题目比前一年难。这和我比赛的感受恰恰相反，我觉得比前一年要简单。这时候，我就知道我的成绩应该还不错。

不过我的自信在做中考卷的时候又遭到了打击。我发现中考比 AMC8 竞赛还要难得多，尤其是重庆的卷子。另外，我发现自己初中数学的学习并不完整。实际上，我还需要补充学习几何与函数的知识，提高计算能力以及综合运用各项知识的能力。

刚入初中的时候，我还是很自信的。我甚至担心学校的作业没意思，还把中考卷带上，打算晚自习的时候做。

但是学校第一周就给我来了一个下马威。我参加了三场数学考试，其中有一场特别难。

老师说，你们要实在太累，就趴着休息一会儿。我旁边的一个同学睡了 1 小时，还打了呼噜。我没有睡，坚持思考，最后居然做出了好几道题。

以前我觉得 AMC8 特别难。后来做了中考卷，觉得 AMC8 太简单了。

不过，我还是有信心。那些看上去就超难的题目，我以前根本不会认为自己可以做。但是这次发现，如果给我足够的时间，我也有机会做出来。过去没有老师教我，全靠我自己学，也能搞定一些题目。现在有老师教我，我不就如虎添翼了吗？

妈妈说，上课好好学还不够，应该课后找老师答疑。但是我习惯了课后自学，迟迟不能迈开这一步。

周末她问我："你问了老师吗？"

我说："我在问老师之前，把所有的错题都自己先过了一遍，到时候老师问我的话好回答。"

妈妈说："那很好呀，然后呢？"

我说："然后我就没有问题了。"

等到我最终鼓起勇气去找老师的时候，发现办公室里排起了长队，太不容易了。于是我找到了另外一个好办法，就是和班里的数学尖子一起做作业。

我发现，我和她的差距并不在难题，而是在基础题。难题我们花的时间差不多，但是基础题她的速度比我快一倍。尖子之所以成为尖子，正是因为他们的基础更扎实。

平时的小测也证明了这一点。让我翻车的根本不是难题，而是基础题。

好几次小测，我经常做不完题目，既没有时间去思考难题，也没有时间检查基础题和中档题。我才发现，自己的基础题准确率不高，做题速度不够快，关键就在于计算能力不行。

现在，我做作业都会用上计时器。这让我更专注，也更关注自己的速度。除了每天加练一页计算题，我也不放弃老师布置的选做难题。我很喜欢做选做题。有一次我花了 2 小时终于把一道题给做了出来。第二天，老师介绍的方法居然和我的方法是一样的。真的太有成就感了！

其实，并不是每个学生都有机会做难题的。

我朋友告诉我，在她的学校，老师课上不怎么讲难题，课后也不布置难题。因为只要把基础题和中档题做出来就可以应对中考了。从中考角度出发，这是有道理的。但是从个人成长以及高考出发，就不一定对我们有帮助。

因为初中的难题并没有那么难。如果有更多的时间，你是有可能做出来的。但是如果一直不碰难题，你就不会做了，甚至认为自己本来就是做不出难题的人。

我对朋友说，如果老师既不讲难题也不布置难题，我们还是要自己去接触，这是为了我们自己的未来。

总之，考试的时候我们可以策略性地放弃难题，但是学习时我们千万不要放弃。

经过初中一年的学习，现在我再回头来谈谈当年提前学的价值。提前学了数学，并不意味着我上课可以不学。我依然有解不出难题的时候，依然会在基础题和中档题上出错，依然会忘记此前学过的内容。那么我到底有没有必要提前学呢？

我觉得还是有用的。

首先初中上课的节奏远远快于小学。老师讲得飞快，有时候你都来不及记笔记。所以提前学一点儿，至少在初一新入校的时候，能够让你不会太过慌张。

其次，经过当年的自学和备考，我掌握了一些自学方法和备考方法。比如说自己看书和看视频而不是完全指望老师，比如说自己整理和分析错题来确定薄弱项，然后专项复习。而且我反反复复学过好几遍数学，所以我在学校里遇到困难也不会感到太惊讶。

我不会因为一时的挫败就急着去上课外班补习。因为我经历过困难，知道怎么扛过去。因为我初中一个课外班都没报，就可以挤出很多自由的时间。我可以掌控自己的学习进度，进而学习主导自己的人生。

什么叫主导自己的人生呢？举例来说，现在选拔优秀学生都会考数学，大家也都以参加数学竞赛为尖子生的标准。尽管我的数学成绩不是最牛的，但我毕竟提前学了数学，也非常喜欢数学，那我是不是必须以进入数学竞赛班为目标呢？

不一定。这主要看你想过什么样的生活，你想怎样分配你的时间和精力。

比如我有一个同学从小跳舞，水平很高，她父母也希望她继续跳，但是她没有报名学校的舞蹈团。

一方面是因为她觉得自己水平还不够高，更重要的是，她不想花太多时间在舞蹈上。

无论是数学竞赛，还是体育、舞蹈和合唱团，只要是和竞赛挂钩，你就要付出大量的时间去训练。比如我知道的一名数学竞赛班成员，每天只睡 6 小时。球类社团的同学，每周 6 天每天 2 小时训练，无论平时还是假期。

我很佩服他们对这些活动的热爱。但是如果问我，我会仔细考虑。

被看见很重要，但是这是不是你想要的生活？

我觉得不能因为爸妈希望我去做，或者因为显得自己杰出就去做，还是要看自己是不是热爱这件事。

另类的物理学习

来自老师的建议

七升八的暑假，我和很多家长一样，准备让朵拉预习一下物理。

和同学相比，朵拉已经算晚的了。她的同学中，早一点的六年级就开始学习，晚一点的暑假也已经报班了。那么朵拉怎么学才好呢？

我先找朵拉爸。刚上初中的时候，学校发了一张调查问卷，让家长填写自己能够辅导孩子哪些科目。朵拉爸豪气地一挥手，几乎把所有学科都打了钩，其中也包括物理。

现在是他兑现承诺的时候了。

朵拉爸说："我不会啊。"

我说："那你干嘛打钩？"

朵拉爸说："我就想吹个牛。不过我可以现学。"

还好，学校考虑到家长的需求，特地在期末家长会上安排未来的物理老师发言，介绍如何预习物理。有意思的是，他提了两个我们没有想到的建议。

第一，让孩子在暑假多干家务活。因为物理现象来源于生活实践。活干得越多，越有机会观察和思考物理现象。

第二，让爸爸带着孩子去中国科技馆参观，动手参与各种实验，理解实验背后的原理。

事后朵拉学习的时候，我们才意识到这两个建议非常重要。因为物理是对生活中各种现象和规律的探索，但是现象背后的原理往往和常识相悖。这就是为什么在物理学习中，实验、操作和思考比读课本、刷题更重要。

不过老师的这两个建议我们执行得也很一般。

家务活是干了。整个八月，家里的午饭和晚饭都是朵拉和弟弟做的。但是他们用的是炒菜机。我不知道，用炒菜机而不是煤气灶，是不是能看出物理规律呢？

中国科技馆就更不用提了。我奋战了好几夜，都没能预约上。

所以我想，还是报班吧。

┃ 选择了一个另类网课

但是朵拉坚决不让。

她说："我看课本就行了。"

我说："那你看不懂呢？总得找老师吧。"

她说："我可以看 B 站。"

我说："那 B 站也看不懂呢？"

她说："我可以请教同学。反正他们都报班了。我帮他们复习，他们帮我预习。"

然而，很快朵拉就发现只看课本没用。"课本真的太没意思了。"她说。

我让她上 B 站看著名的 Up 主"于总 CEO"的视频。朵拉也不满意。她说："虽然他比较幽默，但他还是围绕课本讲，在课本的段落上点点画画。我还是搞不懂啊。"

那要不试试可汗学院？

可汗学院是朵拉小学时学数学的平台，也有物理课。朵拉也否了，说可汗学院类似英文版的"于总CEO",就是不露脸边讲课边写板书,用处不大。

我突然想到 Coursera。

虽然 Coursera 上的课大部分是大学阶段的课程,但平台本身是对所有年龄的学生都开放的,也有不少课程适合零基础的学习者。

我们家三年级的闹闹在 Coursera 上就学过英文写作。为什么不试试在 Coursera 上学习物理呢?

我在 Coursera 上搜到了两个入门级别(beginner level)的物理课,分别来自新南威尔士大学和弗吉尼亚大学。朵拉参考学习者评价后发现,前者课程视频有意思但是课后作业很难,后者作业容易但是讲座视频超长。最终她选择了前一门课。

▌ 难度不低,但是看上去很好懂

新南威尔士大学的这门课叫作"力学:运动、力、能量和重力,从粒子到行星"(Mechanics: Motion, Forces, Energy and Gravity, from Particles to Planets),由乔·沃尔夫(Joe Wolfe)教授等人授课。课程简介的封面很有意思,一个人躺在地上,身上放着一面钉板,钉板上又放置了一块空心的水泥砖块,而旁边的另一个人正用锤子砸这块水泥砖块。

这门课总共 8 个章节,囊括了速度和加速度、运动的二维空间、牛顿运动定律、重量、摩擦力和弹力、功、势能和功率、动量和碰撞、万有引力。课程评估的学习时间是 29 个小时。

虽然写着入门级,但是对朵拉来说还是难了点。因为这门课的对象主要是高中生和大一新生。而且课程简介里明明白白地要求学生掌握高中数学知识:算术、少量代数、二次方程式以及三角函数中的正弦、余弦和正切函数。

当然，我们可以硬说国外的高中数学比国内浅显。但即便如此，也不是朵拉可以轻易对付的。

比如，这里的数学知识还涉及国内中学数学课程范围之外的微积分。课程简介里虽说不需要微积分，但又指出："我们提供了一个学习辅助工具，介绍如果在大学教授这门课程时会用到的微积分。"这句话什么意思呢？其实就是说你最好能掌握微积分。

这样一门课，是朵拉可以学的吗？我很怀疑。

但是朵拉信誓旦旦，可以看懂。为什么呢？

关键在于课程的视频。

这门课最大的特点就是有丰富的视频。除了老师讲课，还有大量的实验、动画以及老师亲身上场的演示。

这些视频有一个共同特点，就是生动形象地展示物理现象，深入浅出地揭示了现象背后的规律。

比如在第四周介绍牛顿三大运动定律的时候，他甚至把自己吊起来，边吊边讲解。

乔·沃尔夫教授一直非常注重物理和生活的联系以及多感官教学。这门力学课里的很多视频源于教授团队的一个知名网站 physclips（https://www.animations.physics.unsw.edu.au）。

教授本人因为创建了这个网站而获得了多个教学奖项。为了在Coursera 上开课，教授把原网站的一些视频又重新录制了一下。据朵拉说，后来录制的视频讲得更好，只不过视频里的教授也老了。

我问朵拉："这个老师讲得好，还是你们学校老师讲得好？"

虽然朵拉还没有上过学校的物理课，但是学校老师们讲解抽象概念的方法大体上是一致的。

朵拉说："这个老师讲得好。"

这是极高的评价了。因为在朵拉眼里，自己学校的老师是全世界最棒的老师。

┃　听懂了但做不出作业怎么办

这门课程的封面上有"free"字样，也就是说，如果不要证书，学生可以免费学习，且照样能看视频，能做作业。

朵拉就是免费学习的。这不仅仅是为了省钱，更因为我对于朵拉顺利完课不抱希望。

果然，朵拉看视频的时候很爽，到了做作业的时候就不行了。

Coursera 的课程最大的问题是老师不负责批改作业。

文科类的作业基本上是写作文，然后同学互评。这种批作业的方式肯定是不专业的，甚至有学生抱怨说迟迟找不到人给自己评作业。

理科类的作业则以选择题为主。虽然避免了互评，但不提供答案解析或者答疑，于是经常会出现看懂了视频却做不出作业的窘况。

朵拉就遇到了这个问题。第一周，她每次做小测的时候都无法通过。经常出现她的正确率是 54%，而系统要求是 60%。

如果是在学校里，她一定会被老师提溜着去办公室面批了。即便没有老师辅导，她也可以请教同学。但是在假期里就比较难办了。

我再度建议她请教爸爸。这段时间，朵拉爸撸起袖子加油干，已经自学了不少物理知识。

朵拉说："呵呵。"

然后，她硬是靠自己搞定了测试。

她是怎么解决的呢？我观察，她主要采用了三招。

第一招，就是补上自己缺失的知识。比如在做题的过程中，她发现里面要用到三角函数。三角函数是初三才学的知识，所以朵拉就去可汗学院简单学了三角函数相关的知识。学起来也不累，因为只是为了做物理题学习，学一点就够用了。

第二招，就是问 Kimi。Kimi 是一个很好用的人工智能助手。朵拉有什么不明白的问题，也会去请教它。

第三招更简单，就是先不管它，继续往下学，过两天再回头看视频然后重新做题。我并不担心朵拉学不会。因为这个课程的难度本来就不低。但是我很担心，这种学习方法看上去既不科学也不合理。

某个早晨，我实在忍不住，和朵拉聊了半天。核心思想就是，自学不等于自己闷头学，要充分利用家长、老师、同学等各种资源。朵拉一声不吭，频频点头，然后钻进书房打开电脑学习。过一会儿，她说："妈妈，我已经通过测试了。"

听上去很不可思议吧。但是朵拉大部分问题的解决都是靠第三招。

第三招为什么就这么灵验呢？

我后来从畅销书《学习之道》找到了答案。作者芭芭拉·奥克利是美国奥克兰大学的工程学教授，也是 Coursera 上的知名课程"学习之道"（Learning How to Learn）的主讲人。她提出，基于不同的神经网络模型，大脑有两种工作模式。一种叫专注模式，即注意力高度集中的状态，就像手电筒聚焦的光，直接地打在我们的目标事物上。还有一种叫发散模式，也即更加放松的休息状态，就像手电筒扩焦的光。光线虽然变弱了，但可以照到更广的范围。

这两种模式都很常见，而且可以自由转换。有时候，我们全神贯注于某个难题，但怎么也找不到答案。这时候我们干脆放下，做点别的事情放松放松，反而突然来了灵感。

这就是专注模式行不通，大脑转移到发散模式的结果。人们认为难题的解决是因为努力钻研，也有人归功于灵光一现，但是本质上来说是两种模式的组合运用。

那怎样才能更好地让这两种模式来发挥作用呢？《学习之道》的作者

建议，学习的时候先启动专注模式，调动全部注意力去研究问题。但是这招行不通也不必一味埋头苦干，我们可以用发散模式来奖励自己，比如游个泳、坐坐公交车、听听音乐、散步或者洗个澡等，总之让大脑放松一下。这样可以让大脑不再神经紧绷，也有助于我们放宽视野，从更多方面对问题进行探索。

▍ 自己的节奏

朵拉学得磕磕碰碰，但不管怎样一直在往前走。她第一周完全不会做测试，到了第二周要重复至少三遍才能通过测试，到第三周已经有好几次一考就过了。虽然她都是踩着及格线通过的，但毕竟通过了。除了掌握了一些力学概念，朵拉对数学也有了更多的认识，认识到数学是有用的。因为物理的很多数值，是要用数学来推算出来的。

另一个收获是，朵拉对自学这件事更自信了。本来看到周围同学早早就学物理了，她还是有点担心的。但是在 Coursera 上学了以后，再回头看课本和 B 站的视频，就觉得太简单了，也不害怕开学后的学习了。她甚至提出，在学完这门课后还想继续在 Coursera 学习。

对她来说，这门课意义重大：新南威尔士大学的物理课很类似大学开设给文科生的通识课。如果朵拉能够顺利学完这门课，甚至进一步去学习其他的物理课，那她就打开了 Coursera 的学习大门。要知道，Coursera 上有来自全球知名大学和企业的数千门课。这可是知识的海洋啊。

在学校里，朵拉这样的普通孩子不太容易获得这样高质量的教育资源。

举一个例子。全国有四十多所中学建立了丘成桐班，但是全国有多少个初中呢？五万多所。那么其他五万多所初中的孩子都没有资格、没有能力学习高深难度的数学课程吗？都没有天赋吗？

并不是。这种层层筛选的"游戏规则"的存在有其必要性，不过反过来，这些尖子生不仅要付出大量的业余时间，还要确保能在规定的时间里取得好成绩，否则就会被淘汰。

有人把竞赛视为"一将功成万骨枯"，感叹只有具有天赋的人才有资格参与其间。在凭借竞赛才可能获取更优质资源的氛围之下，超前学成为一种向上攀登和打败别人的手段。

如果高质量教育资源是奥运金牌，那么尽可能在短时间内打败其他人，是可以理解的策略。如果高质量教育资源是超市里的大米呢？难道你不想坐下来，和朋友一起做饭，愉快地分享吗？

Coursera 这样的录播课平台，教学效果和学习体验肯定比不上真人老师手把手教，但是毕竟让朵拉这样的普通孩子接触到了更广阔的世界。

从朵拉的经历来看，即便是资质普通的孩子，如果给予足够的时间和耐心，他们依然能够接受难度高一点的课程。即便这样的学习不能带来荣誉，也可以丰富孩子的知识库，锻炼孩子的思维。

看到朵拉的学习状态，我对她未来物理学习的焦虑也减轻了很多。我对朵拉说，未来分层也好，分班也好，甚至考不上好高中，都不是大问题。只要你能自学自律，就可以按照自己的节奏，充分利用校内校外的资源来学习。

朵拉说："要实现这个目标，还有一个条件，就是你们不能付钱。"

我说："为什么？"

"如果付钱了，你们就会让我做这做那，按照你们的想法来学习。"朵拉说："其实，我真正需要的，也是唯一需要的，只是时间，而且是我自己做主的时间。"

网课自学的三个条件

自从我和周围的人分享这一网课学习经历后，大家都很感兴趣，纷纷问我网址以及选什么样的课程好。

其实 Coursera 是一个知名的全球在线教育平台，并没有什么秘密可言。只不过我们把它用于中小学生的学习，显得另类了点。类似 Coursera 的录播课平台也很多，比如国内的 B 站、学堂在线，以及国外的 edX、Udemy 等。

这些平台的共同特点是：课程，尤其是大学以上的课程资源，极其丰富，学习时间很灵活，课程难度较高，没有作业，或者有作业也没有答疑和讲解，基本上没有督学机制。

所以，如果要真正用上以及用好这些平台，需要具备以下三个条件。

第一，孩子要习惯用电脑学习。

如果家长不习惯让孩子用电脑，那么孩子可能不适合用网课自学。因为长时间且有难度的学习，尤其是要完成有难度的作业，还是要用电脑的。

孩子能否快速打字，是否会用电脑来查找信息，关系到孩子能否顺利地完成作业。

在 Coursera 上课之前，朵拉已经有多年的使用电脑自学录播课的经验。这些经历使得她能够在电脑前坐得住，坚持得下来。

第二，孩子有比电脑更有吸引力的娱乐工具。

这能确保孩子在电脑前学习，而不是以学习为借口做其他事，比如看小说、看电影、打游戏，或者和朋友聊天。

尤其是面对比较难的课程和作业，孩子很容易放弃，然后去玩别的。所以用电脑学习这类课程的前提是，孩子能把电脑当作一般性的学习工具。

第三，你没有比这些平台更好的选择。

但凡有合适的线下资源，或者线下学习更方便，就没有必要选择在线学习。

　　比如有一位妈妈说让三年级的孩子在 Udemy 上学习简笔画。我觉得可以玩玩，但是没有太大必要去付费上课。因为线下美术班很丰富，而且美术这种非常强调技能的课程，更适合在老师的贴身指导下进行。

　　总之，我们要找的是最适合孩子的课，而不是平台。

怎样用 AI 辅导孩子阅读

课外阅读的三种做法和缺点

阅读算是课外学习的常见活动。一般家长会采取三种做法。

第一种是给孩子上精读课外班。

小学生课外班通常以素质教育为主，带孩子读一些浅显的经典古文，或者用浅显的方式来教授相对艰涩的经典作品。中学的阅读课主要是包含在语文同步课里，一般会教阅读理解题和应试作文。

但是语文报班的少，因为补习效果没有数学和英语那么明显。

第二种是自己在家学。

要么找一些视频或者音频网课让孩子自学，要么父母拿一些阅读的教辅给孩子讲课。

这种做法的缺点就是特别费妈。因为网课自学效果不佳，父母辅导又不专业。

第三种就是让孩子自行阅读。

这种做法家长孩子都轻松，但是对选书要求很高。但凡书的难度、主题不适合孩子，孩子就不愿意读。而且这种做法更适合泛读。因为很少有孩子在课外自行阅读的时候还会去想着推敲词句、归纳主题思想、段落大意等。

所以，如果老师让孩子做点字词摘抄，孩子家长都会叫苦不迭；如果是手抄报、读后感之类的，那更得吐槽了。

老师可能不理解：做字词摘抄和手抄报比精读课更费事吗？不是。比报班更费钱吗？也不是。

真正的原因是，这不是家长自己主动想干的。

那有没有一种办法，大家既轻松，又能够让孩子读得更细致，也可以应对学校的作业呢？

用 AI。

这篇文章我想分享一下我是怎么用 AI 帮助我家小朋友闹闹阅读的。

┃ 读什么

阅读有好几种，比如精读、泛读、诵读等。我用 AI 主要是给孩子做轻型精读。

具体来说，相比泛读，要读得更细致，也会让孩子学点生词，会和家长讨论；但相比正式的精读，没有那么复杂，家长和孩子都不累；相比诵读，则不一定要求文章朗朗上口富有韵律，只要求文通字顺。

我先拿了几套书让孩子选，比如《射雕英雄传》《少年读史记》《课本里的古诗词》等。闹闹选了《课本里的古诗词》。

也有家长让孩子读科普读物。还有家长问，让孩子读《教学全解》之类的教辅可以吗？

我的回答是因人而异。

但是总体来说，我发现适合轻型精读的书大多是非虚构读物。它们的主题和课内知识有一定关系，所以和学习能够挂上一点钩。虽然内容不乏趣味，但是有陌生字词以及比课文稍微复杂的长句型。

总之，这样的读物孩子不怎么排斥，但也不至于特别积极甚至沉迷，还是需要费点力才能读懂。

▌ 怎么学

在很多家庭辅导的时候，"讲"这件事占的比重很大。

因为大家一般会延续传统课堂讲授流程——父母先讲一遍，然后孩子再读；或者孩子先读，然后父母来讲，之后孩子再做一些作业；或者先看网课或听音频，然后读，再做作业。

其实，"讲太多"可能是家庭辅导失败的原因。因为家长不是专业教师，不一定讲得好。如果孩子反复表示不理解，讲这个过程对双方来说都是折磨。读和作业就更难推进了。

所以我改了一下。

我先让孩子自己朗读。一是为了让孩子体会文字的韵律和节奏，二是为了让其更专心，三是可以让孩子关注到陌生字词。

泛读通常是默读，孩子遇到生词和生字往往会跳过去，只是大致猜测一下意思就够用了。随着大量阅读多次遭遇到相关字词，孩子才会逐渐深入理解其意。所以，通过泛读来学习字词的效果会很扎实，但也比较慢。

朗读就不同了，你跳不过去啊。

读一遍以后，我让闹闹把读不出来以及不明白的地方圈出来。

圈出来以后怎么办呢？以前问爸妈，现在直接找 AI 了。轻松吧。

这时，问题就出现了。

比如，有一次在朗读《课本里的古诗词》时，闹闹发现自己打不出生字。因为他不会发音，就不能用拼音输入法。他也不会五笔字型，所以他还是要先来找我。

在书里，作者提到了李白的《望庐山瀑布水二首》里第一首诗里的句子——"欻如飞电来，隐若白虹起"。这里的"欻"闹闹不会读，也就不会打字。

我也不会。所以我建议他问问 AI：《望庐山瀑布水二首》里的第一首诗是什么？

他去问了 Kimi，Kimi 只给了半首。再次要求了，才给了全文。

于是他又去问了豆包，豆包给了全文。

然后，就找到了"欻"这个字。再拷贝下来，粘贴在对话框里，问 AI 怎么发音。

Kimi 说，"欻"这个字有两种读音，分别是 chuā 和 xū。在李白的诗句"欻如飞电来"中，应该读作 chuā。

豆包说，"欻"在诗中读音为"xū"。这个字是一个象声词，在这里用来形容庐山瀑布像闪电一样快速出现的样子，生动地表现出瀑布的动态美和速度感。

再去搜索百度教育。百度说：发音为"chuā"的时候，才是象声词；发音为"xū"的时候，是文言文，意思是"忽然"。

闹闹说："每个 AI 都很自信，但是谁是对的呢？"

我建议他去查古诗文网。这是姐姐朵拉在学习古诗文的时候经常用的网站。里面说，"欻"在这首诗中读音为"xū"。

古诗文网也不权威。但是，由于手头没有《古汉语常用字词典》，他也无法最终确认这个字怎么读。

这件事告诉闹闹，AI 并不是万能的，也不一定是准确的。要获得准确的信息，首先要去找可靠的信源。如果没有确定可靠的信源，就要找多个信源来比较。

这里我要说明一下，AI 的功能远大于搜索。闹闹也不只用 AI 来查询，也会询问其他问题。AI 的优势是可以基于其搜集到的信息做推测，可以不断回答孩子的各种问题，耐心地和孩子交流。

持续保持耐心，才是 AI 在辅导孩子方面最重要的功能。

总之，解决自己的问题后，他就自信满满地带着书来找我了。

因为他要给我讲。是的，我是学生，他是老师。我提问，他介绍。

我的提问可能围绕他画圈的词汇，也可能不是。有的问题我知道答案，这样我就会和他多聊一会儿。不知道的，我也可能根据他的回答再追问一下。他如果不知道，会重新去查，然后告诉我。当然，他也不会只用AI。

聊完以后，还有一个后续总结。他会把所有查到的资料备份起来，这就是他的学习笔记。

如果以后遇到不懂的地方，他可以去学习笔记查一下。如果以后老师需要课外阅读打卡、摘抄好词好句之类的，他就可以从里面选了。

总之，把我讲他听改成我问他讲，把抄写改成拷贝粘贴，大家就轻松了。不变的是阅读、提问、查询和思考。

注意事项

这就是最近几个月我们家的实践了。如果你也想用 AI 给孩子做点阅读，我有以下建议。

第一，用网站而不是手机 APP。

我发现好多家长喜欢用 AI 的 APP 来辅导孩子。

APP 有两个问题。一是通常家长来使用，这样其实不适合推动孩子利用 AI 来自学，家长也不能完全省力。但是如果让孩子用 APP，就很容易让孩子习惯使用手机。第二个问题是，使用 APP 会把人和某个 AI 直接锁定，因为人不会下载或者长期使用多个 AI 来实现单一功能，往往是一个功能只用一到两个 APP。用电脑就不同了，我们可以同时利用多个 AI 来学习和工作，还能进行比较，取长补短，助力独立思考和独立决策。

第二，逐渐把学习的主导权交到孩子手里。

如果孩子合理利用 AI，可以得到很多信息，会远超出父母能给的。但是父母一般不愿意，因为担心孩子会滥用手机和电脑。所以还是需要把握一个度，既让孩子学会自学，又不至于沉迷上网、沉迷手机。我家的做法，就是电脑共用，每个人一个账号，并且开机密码由大人掌握。所以孩子获得的是用电脑的时间，而不是电脑使用权。

第三，做减法而不是加法。

在用 AI 辅导孩子阅读的时候，有些家长首先想到的是让 AI 把挑选的文章变成阅读理解测试题，让孩子做。这其实是用 AI 来做加法。这样很容易打击孩子的阅读兴趣，而且不一定有效。为什么不会有效呢？因为阅读理解是一种非常本地化的考试题型，不同学段、不同学区的题目，出题人的思路和评分标准差别很大。AI 出题，还到不了那么精准的程度，反而可能会误导孩子。

第四，把 AI 当作学习伙伴而非权威老师或者万能辅助。

对孩子来说，AI 可能就是一个学习比较用功、掌握信息比他多、态度比较好的同伴。这个同伴会帮忙，也会出错。孩子必须对自己的学习负责。

对我这个家长来说也是如此。在阅读这件事里，从读、查、讲、问、查再到最后总结，AI 只是在其中某一个环节起到重要的作用，绝不是包揽一切的。

躺平在 AI 上是不可能的，也是很危险的。

后 记

为了告别的陪伴

谈到家庭教育，很多人都认为陪伴是非常重要的。但是陪伴的终点是什么呢？

是分离。总有一天，孩子会离开你。而离开父母，才意味着他们人生重要阶段的开启。

几十年前，当我考上大学的那个夏天，我父母就开始讨论谁送我去上学。

当时从我老家到北京，要坐一天一夜的火车，算是出远门了。那时候我父母都有工作，所以要先请假，安排好一切，再送我去。

我问他们："你们这次送我去，以后都可以送吗？"

他们说："那肯定不行。"

我说："既然不行，为什么不从这次开始呢？"

于是我就一个人踏上了去北京的路。后来才发现，我不仅是当时火车上罕见的独自出行的学生，也是我们班里罕见的独自报到的学生。

不过更令我感慨的是我爸爸的话，他说："我当时送你上火车，就有预感，你不会回来了。"

他说得没错，毕业后我就留在北京工作、成家，回老家的次数也变得越来越少。正因为有这样的经历，所以我也做好了准备，总有一天会和孩子分离。不过我万万没想到的是，朵拉的独立来得令我如此猝不及防。

因为初中离家比较远，朵拉成了一名住宿生，学习、生活都在学校。作为家长，我们能做什么呢？主要工作是每个学期缴费。然后，就是争取每天能够打个电话，最多2分钟。

这2分钟我到底要和她聊什么？这就是朵拉上初中以来，我每天思考的重大问题。短短的2分钟，促使我去认真思考，对孩子来说什么是最重要的，对我们的亲子关系来说什么是最重要的。

一开始我很担心。学业压力变大，生活环境变化，孩子又在青春期，父母的日常缺席会不会带来更大的挑战呢？不过，一年下来，我找到了答案——距离产生美。我们和孩子的感情没有因此疏远，反而更为紧密。孩子的独立生活能力也更强了。

当然，距离产生美，也是有条件的。具体来说，需要做这五件事。

第一，和孩子保持密切沟通，但是每次沟通的时间要短。

多密切？每天放学以后，朵拉会和我通一个电话。每天晚上睡前，她会给我发一条微信语音。多短？每次电话最多2分钟，语音只有20秒。

沟通频密，方便了解她的日常生活。时间短，就不得不提炼内容。有事说事，无事鼓励，吐槽、责怪就少了，双方感情也好了。

第二，聊天话题至少有一半和学习无关。

我查看了一下我和朵拉的微信通话记录。我在微信里说得最多的，就是"真棒"这两个字。

朵拉会分享她学习的一些想法，比如怎么做计划、怎么预习等。我不管三七二十一，先说"真棒"。因为只有鼓励，她才会继续分享，我才能了解她的情况。等到周末回家了，她的尝试也有一周了，我们再细聊尝试的结果和如何改进。

那我们聊什么呢？如果只聊学习，很容易把天聊死。

"作业做了吗？"

"做了。"

对话结束。

"考试怎么样？"

"你不是从学校的家校沟通 APP 上看到分数了吗？"

对话结束。

所以，必须选择合适的话题，聊天才能继续下去，比如最近发生的好玩的事、看到的好玩的书，或者周末计划。

第三，周末尽量忽视赖床和房间乱这两件事。

在学业之外，这两件事最容易引发亲子矛盾。

从家长的角度，无论是赖床还是不收拾房间都很难理解。你平时早上 6 点半甚至 6 点就起床了，为什么在家就必须 9 点才起呢？收拾房间更是必要的，一室不扫何以扫天下？

但是，小朋友的角度就不同了。我平时那么辛苦了，周末多睡一会儿不行吗？平时每天少睡 1 小时，积攒起来就是 5 小时。我周末才多睡 2 小时，多吗？

至于房间，不管乱不乱，这是我的地盘，我想怎么摆东西就怎么摆。我都那么大了，为什么连处理自己的书桌和房间的权利都没有呢？

本质上，这种争论是对生活控制权的争夺。从穿什么、吃什么、去哪里和谁在一起，以及价值观、世界观等，孩子的生活如何安排，到底是听孩子的还是爸妈的？

我一开始经常抱怨，后来释然了。因为起床和收拾屋子这两件事谈不上什么原则性问题，灵活处理反而对双方都有好处。首先，你可以换取一个平静的周末。其次，这也是一种妥协：在这些问题上我给你独立和自由，在更重要的原则性问题上得听我的。

为了避免矛盾，我还想了一些别的招，比如建议她邀请同学来家玩。因为每次同学来我家，她都会主动收拾房间。

当然有时候我会破防。记得有一次她的房间已经乱得无法下脚。可能因为这是我数月来的首次破防，效果极佳。在我吼完一个小时后，房间里变得干干净净。

但这样的破防越来越少。我知道，随着孩子长大，这样的意见不同会越来越多。我们不是每次都可以去引导和影响的，很多时候恐怕还是得妥协。

第四，周末在家尽量不做校内相关事务，而是创造新的仪式感。

催作业是比收拾屋子更容易引发矛盾的事，但在我们家是不存在的。周一到周五，孩子在学校。周末回家，我也不鼓励朵拉在家做学校作业。我希望她利用周五白天或者周日晚自习的时间在校完成作业。这样反而促使她去提高效率。孩子也愿意，因为可以掌握作业的主动权。

那周末朵拉在家做什么呢？除了她自己的事情，我们日常做的是散步、阅读、聊天、做饭。

其中，朵拉和爸爸最喜欢做的就是聊天。每天晚上只要他们能够做到9点半之前睡觉，爸爸就可以和他们睡前聊一会儿，天上地下，无所不谈。

朵拉和我最喜欢做的则是做饭，尤其是尝试做新菜。假期，她会给全家做午饭。假期结束前，我赶紧让朵拉把拿手菜教给弟弟，这样开学后我们依然可以享受美食。

散步也是常规活动。有时候我们会一起散步，聊聊她最近看的书和关心的主题。聊完后，我就会根据她的兴趣给她买新的书。有时候她会自己带着手机或者 MP3 去小区花园散步，她的好多有声书都是在散步途中听完的。

有时候，我们还会玩桌游、看电影、喝下午茶等。而且越到考试周，这样的活动就越频繁。记得某次期末考试前的周日下午，我们在家用电锅搞了围炉煮茶。她吃蛋糕，我啃山核桃，再聊聊天，就这样两个人混了好几个小时。乃至于我回想她期末考试，考卷没见过一张，眼前浮现的都是山核桃、蛋糕和普洱茶。

这些事情很大程度上是为了让孩子释放压力。青春期压力是很大的，除了功课，他们的压力来自对身体形象和人际关系的关注，来自家长和老师的期望，因为学业和人际问题导致的消极和自我怀疑，等等。

参加一些定期活动，可以让生活更有秩序，也更丰富，有助于减少焦虑，而从中形成的习惯也会产生长期影响。

比如家务这件事。父母批评孩子不做家务，在很大程度上是表达"长大对父母有所回报"的期望。但是如果从小你就很少让孩子做，如何期望孩子有这个意识呢？如果分担家务是长期习惯，那么孩子工作以后回家还是会和父母一起做家务。

又比如散步、读书、喝茶，这些都可以成为父母和孩子之间的活动。甚至到孩子有自己的孩子时，我们还是可以一起来做这些事。

最后一点，也是最重要的，就是要等待。

"等待"是我在上一个学期做得最多的事情。每天要等她放学后和我打 2 分钟的电话，每天晚上 9 点半以后要等她发一条微信语音，更多的时候，我必须等待她愿意接受我的意见和建议。

进入初中以后，小朋友首先是听同学的，然后是听老师的，最后才是听家长的。因为这个阶段是他们重新梳理自己的世界观、价值观的时期。破旧立新，我们做父母的就是那个要破的旧。

我能做的，就是静静地等着她折腾。根据我的经验，通常折腾两周之后，朵拉会回来说："妈妈你是对的。"

那么这个折腾有必要吗？

有。因为这才是经过研究之后做出的判断，所谓 make an informed decision（获得充分信息并全面理解后再做决定）。

这五件事构成了我们之间的互动方式。这种互动方式很可能会延续到未来。

经常有人说亲子关系建立在血脉之上，我却觉得主要是建立在经济、能力、情感等基础之上。在孩子弱小、没钱、没能力的时候，我们做父母的有强大的优势。孩子为了生存和生活不得不依赖我们。一旦孩子长大，双方的地位自然会趋于平等。

这时候，你拿什么来维持关系呢？

习惯。从孩子少年开始就形成的亲子沟通习惯以及日常生活习惯。

试问一下除了学习，我们还关心什么？除了学习，我们还要求孩子做什么？除了辅导和接送孩子，我们还和孩子一起做什么？

如果答案是"没有"，那么等孩子长大，逢年过节回家后，会发生什么呢？大家热热闹闹地吃饭，然后就相对无言。

希望未来，我们之间不仅因为风俗、法律或者法定节假日而相聚，也不是因为一方付出了所以另一方必须回报。我们之间保持联系，是因为共同的习惯、价值观、爱好、趣味。这些都是由平时日常生活点滴汇聚而成的。

无论是高质量的陪伴还是保持合适的距离，都是为了更好地告别以及未来更美好地相聚。这种生活琐事、日常仪式可能并不如过年过节那样重大，但是却铸成一座坚实的桥梁，使得双方在各自的世界里依然可以紧密相连。

好在我们有足够长的时间去搭建这座桥梁。